MON GRAND LIVRE DE CUISINE JAPONAISE

MON GRAND LIVRE DE CUISINE JAPONAISE

[illegible] RECETTES AUTHENTIQUES ET DÉLICIEUSES

SOMMAIRE

LES USTENSILES DE LA CUISINE JAPONAISE

Pour maîtriser la cuisine de l'archipel, il est tout aussi important d'avoir les bons ingrédients que les bons ustensiles. Que vous souhaitiez préparer des sushis, des ramens, des tempuras, des nouilles ou des pots-au-feu, nous avons listé pour vous les indispensables à avoir dans votre cuisine.

Bento

Le bento est une boîte souvent compartimentée pour contenir différents types d'aliments tels que du riz, des légumes, des cornichons, du poisson ou de la viande. Les boîtes à bento existent en différentes tailles, matériaux (bois, plastique ou acier inoxydable) et formes.

Chasen

Le chasen est un petit fouet en bambou utilisé pour remuer vigoureusement la poudre de matcha avec de l'eau chaude afin de créer un thé mousseux et onctueux. Le chasen est souvent accompagné d'un petit bol (*chawan*) et d'une cuillère en bambou (*chashaku*).

Donabe

Donabe signifie littéralement « marmite en pierre ». Fabriqué en argile ou en céramique, il est utilisé pour cuisiner des plats chauds comme la fondue japonaise shabu-shabu. Ses parois épaisses répartissent uniformément la chaleur, ce qui le rend parfait pour faire mijoter des bouillons et des ragoûts.

Hangiri

Un hangiri est un récipient plat et rond en bois, traditionnellement fabriqué en cyprès. Il est utilisé pour mélanger le riz et le vinaigre pour les sushis. Sa large surface permet au riz de refroidir rapidement tout en étant assaisonné.

Hocho

Les couteaux japonais de haute qualité sont indispensables pour découper et trancher les aliments avec précision. Les trois types de couteaux les plus communs sont :

Le gyuto : un couteau polyvalent utilisé pour couper la viande, le poisson et les légumes.

Le yanagiba : un couteau à lame longue et fine, parfaite pour trancher le poisson.

Le deba : un couteau robuste conçu pour couper les arêtes de poisson et les ingrédients les plus coriaces.

Kasuage

Le kasuage est une petite écumoire ronde en fil métallique utilisée pour la friture. Sa conception en forme de toile d'araignée lui permet de ramasser les morceaux de tempura tout en drainant l'excès d'huile.

Makisu

C'est la natte en bambou qui sert à faire les makis, il y en a souvent sur les planches d'illustration. Elle est constituée de fines tiges tressées avec de la ficelle de coton, créant ainsi une surface souple et plate facile à manipuler. Cette natte permet de rouler les sushis de manière serrée et régulière. Elle est également pratique pour façonner le tamagoyaki (omelette japonaise).

Oroshigane

L'oroshigane est une râpe plate à dents fines en acier ou en céramique. Elle sert à râper le radis daïkon, le gingembre ou le wasabi pour en faire de fines pâtes.

Ryoribashi

Les ryoribashi sont de longues baguettes généralement en bois ou en bambou, plus longues que les baguettes ordinaires, qui permettent de manipuler des aliments chauds sans s'approcher trop près de la chaleur. Elles sont idéales pour remuer, retourner et même frire, car elles permettent de contrôler et de préciser la manipulation des ingrédients délicats, comme les tempuras ou les nouilles.

Shamoji

Le shamoji est une spatule en bois (ou en plastique) utilisée pour mélanger et servir le riz. Certains shamoji sont dotés de minuscules rainures qui réduisent encore l'adhérence, ce qui les rend parfaits pour mélanger uniformément le vinaigre au riz à sushis.

Suribachi et surikogi

Le suribachi est un mortier en céramique à l'intérieur strié, et le surikogi est un pilon en bois. Ce duo est parfait pour broyer des ingrédients tels que les graines de sésame, le miso ou les épices. Les stries permettent de broyer les ingrédients plus efficacement, créant ainsi une pâte lisse ou une poudre fine. Ils sont indispensables pour préparer les sauces et les assaisonnements.

Yukihira nabe

Le yukihira nabe est une casserole légère en aluminium martelé avec un manche en bois, couramment utilisée pour faire bouillir, mijoter et préparer des bouillons. Sa structure fine se réchauffe rapidement, ce qui le rend idéal pour les soupes, les ragoûts et les nouilles.

Zaru

Le zaru est un tamis plat en bambou tressé utilisé pour égoutter ou servir des nouilles comme les soba et les udon. Le bambou permet à l'eau de s'écouler tout en empêchant les nouilles de coller entre elles. Il peut également servir de plateau de service pour les nouilles froides.

LES INGRÉDIENTS INDISPENSABLES POUR CUISINER JAPONAIS

De quoi garnir ses placards lorsque l'on veut se lancer dans la réalisation d'une recette de cuisine japonaise ? Voici une liste d'ingrédients clés, indicative et non exhaustive. À vous de la façonner en fonction de vos goûts et de vos envies.

Anko

Pour celles et ceux qui ne voudraient pas la fabriquer eux-mêmes, il est possible d'acheter cette pâte de haricots rouges, légèrement sucrée. Elle est le plus souvent vendue en conserve, soit à texture lisse, soit en purée avec des petits morceaux de haricots. L'anko entre dans la confection de nombreux desserts, notamment des dorayaki.

Dashi

Ce bouillon est considéré comme la base de la cuisine japonaise. Il est l'ingrédient primordial des soupes et des plats mijotés. Il s'achète principalement sous forme de poudre, mais on le trouve aussi en bouteille. On peut tout à fait le préparer chez soi avec de l'algue kombu.

Anko

Furikake

Le furikake est un assaisonnement sec japonais généralement saupoudré sur du riz cuit, mais il peut également être utilisé sur des légumes, des nouilles ou du poisson. Il ajoute de la saveur, de la texture et un certain attrait visuel aux plats, en combinant des éléments salés, savoureux et parfois sucrés et épicés.

Katsuobushi

Ces flocons de bonite séchée, fumée et fermentée sont utilisés dans la préparation du dashi mais aussi sur certains plats, comme c'est le cas pour les okonomiyaki, sur lesquels ces petits copeaux semblent danser sous l'effet de la chaleur.

Miso

Le miso est une pâte obtenue à partir de fèves de soja et de riz ou d'orge fermenté. Il en existe plusieurs sortes, dont la couleur dépend du degré de fermentation. Les plus courants sont les miso blanc et rouge.

Mirin

Le mirin est un alcool de riz sucré que l'on ne consomme qu'en cuisine. Il est notamment utilisé pour préparer des sauces auxquelles il apporte un petit goût de sucré-salé. Il doit être stocké au frais et à l'abri de la lumière.

Panko

Le panko est un type de chapelure japonaise plus légère, plus floconneuse et plus croustillante que la chapelure occidentale traditionnelle. Il est fabriqué à partir de pain blanc sans croûte, transformé en gros flocons aérés plutôt que finement moulu. Cela donne au panko sa texture unique et permet d'obtenir un enrobage léger et croustillant lorsqu'on l'utilise pour la friture des tempuras par exemple.

Saké

Comme en France pour les vins, il existe des sakés de cuisine. Ce vin de riz s'utilise principalement pour délayer les sauces et il est notamment réputé pour sa forte saveur umami. Il apporte aux plats un petit goût malté et terreux, toutefois arrondi.

Sansho

Le sansho, également appelé « poivre japonais », n'en est en réalité pas un. S'il s'utilise comme le poivre, il appartient à la famille des *rutaceae*, à laquelle appartiennent les agrumes. C'est pour cela qu'on lui retrouve, en plus de saveurs épicées et poivrées, des notes citronnées.

Shoyu

Cette sauce, équivalent de notre sel, est un ingrédient incontournable de la cuisine japonaise. Elle se compose de graines de soja, de blé, de sel et d'eau. La sauce soja accompagne en assaisonnement les viandes, les poissons mais aussi les marinades. Il suffit de quelques gouttes pour relever une vinaigrette en lui apportant un petit twist d'umami.

Tamari

La sauce tamari est l'équivalent de la sauce soja à ceci près qu'elle est composée exclusivement de soja, sans aucune trace de blé. Elle est donc idéale pour les personnes intolérantes au gluten.

Tempurako

Ingrédient indispensable pour qui veut cuisiner des tempuras, le tempurako est un mélange de fécule de pommes de terre et de farine de blé. Un précieux alliage pour des fritures croquantes et aériennes.

Vinaigre de riz

Indispensable dans les marinades de légumes, pour l'assaisonnement des salades mais surtout pour confectionner le riz à sushi. Le vinaigre de riz apporte en quelques gouttes un goût malté à n'importe quelle recette.

Wasabi

De la même famille que la moutarde ou le raifort, la racine de wasabi est râpée avant d'être transformée en pâte. On l'utilise pour relever et accompagner sushis et sashimis mais aussi les nouilles soba froides.

Yuzukosho

Le yuzukosho est un condiment préparé à partir du yuzu, un citron japonais, et de piment. Cette pâte peut être diluée dans la soupe miso ou dans le nabe, un plat d'hiver aux airs de fondue. Le yuzukosho peut également accompagner les sashimis.

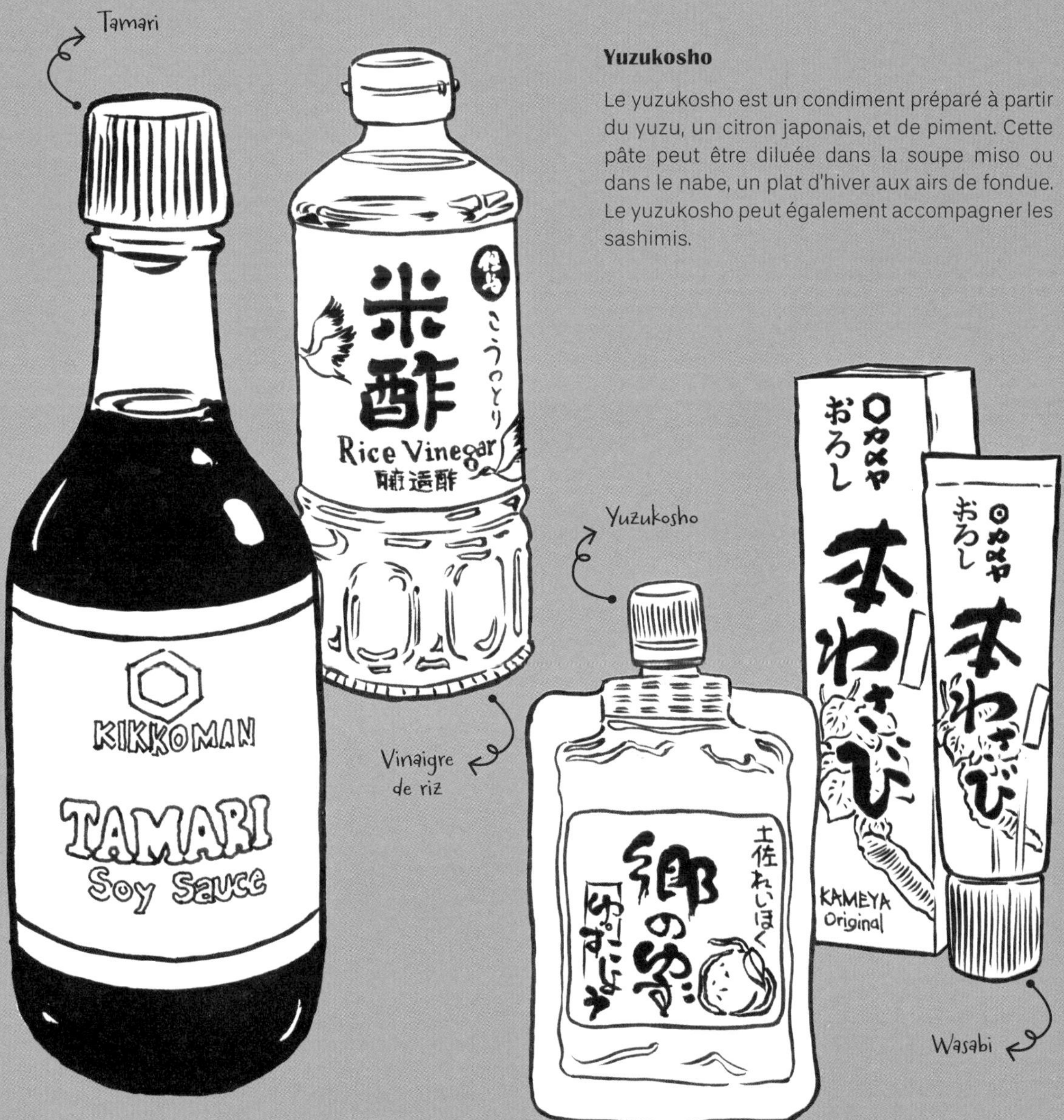

LES PRINCIPES PHARES DE LA CUISINE JAPONAISE

La cuisine japonaise, connue sous le nom de *washoku*, et reconnue par l'Unesco en 2013, est profondément enracinée dans les traditions culturelles et la philosophie, se concentrant sur l'équilibre des saveurs, la présentation et le respect des ingrédients naturels. En voici les principes clés.

- **L'équilibre et l'harmonie**

  Un repas japonais traditionnel suit le principe d'*ichiju sansai*, qui signifie « une soupe et trois plats ». Cet équilibre représente la structure idéale d'un repas : une soupe (miso ou bouillon clair), un plat principal (généralement une protéine comme du poisson ou de la viande) et deux accompagnements (légumes, algues ou tofu). Le repas comprend également du riz et des pickles. Le tout est servi avec une tasse de thé chaud.

- **Le respect des ingrédients**

  Le concept de *mottainai*, qui vise à éviter le gaspillage, est profondément ancré dans la culture alimentaire japonaise. Chaque partie d'un ingrédient est valorisée et utilisée dans la mesure du possible. Ainsi, lors de l'utilisation d'un poisson pour les sashimis, la carcasse de celui-ci ne sera pas jetée mais utilisée pour confectionner du bouillon. Ce respect des ingrédients s'étend à la manière dont les aliments sont préparés, manipulés et même consommés, avec le souci d'éviter les excès.

- **La saisonnalité**

  L'un des principes les plus importants est l'accent mis sur les ingrédients de saison. La cuisine japonaise valorise en effet l'utilisation de produits frais, de saison, afin de pouvoir tirer les meilleures saveurs de chacun d'eux. Cette pratique, appelée *shun*, garantit que les aliments sont non seulement savoureux, mais aussi nutritifs. Par exemple, le printemps apporte le sakura (les fleurs de cerisier) et les pousses de bambou, tandis que l'automne met l'accent sur les châtaignes et les champignons.

- **Le contraste des saveurs et des textures**

  Les repas japonais combinent souvent des contrastes de saveurs (sucré, salé, acide, amer et umami) et de textures (croquant, doux ou moelleux) pour créer une expérience culinaire dynamique mais harmonieuse. Ainsi, bon nombre de repas traditionnels combinent de la viande ou du poisson grillé, des légumes marinés, du riz cuit à la vapeur et de la soupe miso pour équilibrer les saveurs et les textures.

- **La connexion avec la nature et les rituels**

  Au Japon, la nourriture est souvent liée à des rituels culturels et spirituels. Les festivals saisonniers, comme les célébrations du Nouvel An ou les fêtes d'observation des fleurs de cerisier, comprennent souvent des aliments symboliques, fortement liés à la nature.

  Mais le caractère rituel ne s'exprime pas uniquement dans le choix et la préparation des ingrédients, il s'étend aussi à la manière dont les repas vont être partagés. Ainsi, lors de ces célébrations, les repas sont l'occasion de se réunir en famille, entre communauté de voisins ou religieuse afin de perpétuer les liens entre ses différents membres.

- **Le minimalisme et la simplicité**

  La cuisine japonaise célèbre le goût naturel des ingrédients plutôt que de le masquer avec des sauces ou des assaisonnements complexes. La simplicité de la préparation et de la présentation est une caractéristique du *washoku*. Ainsi, grâce à des techniques de cuisson minimales, comme la cuisson à la vapeur, le gril ou le service de produits crus, les saveurs naturelles des ingrédients sont parfaitement préservées.

- **Le service de petites portions**

  Contrairement à d'autres cuisines, les plats japonais sont souvent servis en petites portions, afin de viser l'équilibre et la variété des nutriments. Ces petites portions permettent également aux convives de découvrir un large éventail de saveurs et de textures en un seul repas, ce qui contribue à l'harmonie de celui-ci.

- **La quête d'esthétisme**

  La culture japonaise accorde une grande importance à la présentation des aliments, souvent influencée par le concept de *kacho fugetsu*, qui se traduit par « fleur, oiseau, vent, lune » et invite à contempler les merveilles de la nature. Ici, en matière de cuisine, il se déploie dans le soin pris pour disposer les plats afin qu'ils soient agréables à l'œil de celui qui les regarde, et de veiller à refléter les saisons, notamment par le choix des couleurs des ingrédients et de la garniture. Enfin, ces portions sont servies dans des assiettes dont la couleur et la texture complètent celles des aliments.

PÂTE À GYOZAS

page. 18

GYOZAS

pages 19-27

POUR **12 GYOZAS** I POUR **2 PERSONNES** I TEMPS DE PRÉPARATION : **20 MINUTES** I TEMPS DE REPOS : **30 MINUTES**

Pâte à gyozas

- 100 g de farine de blé (type 45)
- 50 ml d'eau tiède
- 1 pincée de sel

Dans un bol, mélangez la farine et le sel. Versez doucement l'eau tiède en mélangeant jusqu'à obtenir une pâte homogène. Pétrissez la pâte pendant environ 5 à 10 min jusqu'à ce qu'elle devienne lisse et élastique.

Formez une boule, enveloppez-la dans un film alimentaire ou un torchon propre et laissez reposer à température ambiante pendant environ 30 min.

Après le repos, divisez la pâte en 12 petites boules égales.

Farinez légèrement votre plan de travail et un rouleau à pâtisserie.

Étalez chaque boule en un disque fin d'environ 8 à 10 cm de diamètre. Les bords doivent être légèrement plus fins que le centre pour faciliter le pliage des gyozas.

Vos disques de pâte sont maintenant prêts à être garnis avec la farce de votre choix (traditionnellement à base de porc, de chou, de ciboule, etc.).

POUR **12 GYOZAS** | POUR **2 PERSONNES** | TEMPS DE PRÉPARATION : **20 MINUTES** | TEMPS DE CUISSON : **10 MINUTES**

Gyozas au bœuf

Pour la farce :

- 300 g de bœuf haché
- ½ chou chinois, finement haché
- 2 oignons nouveaux, finement hachés
- 2 gousses d'ail, finement hachées
- 1 morceau de gingembre frais (environ 2 cm), finement haché
- 2 cuil. à soupe de sauce soja
- 1 cuil. à soupe d'huile de sésame
- 1 cuil. à soupe de saké (facultatif)
- Sel, poivre

Pour les gyozas :

- 12 disques de pâte à gyozas (voir recette p. 18)
- Un peu d'eau (pour sceller les bords)
- Huile végétale (pour la friture)
- 100 ml d'eau (pour la cuisson à la vapeur)

Pour la sauce d'accompagnement :

- 3 cuil. à soupe de sauce soja
- 1 cuil. à soupe de vinaigre de riz
- 1 cuil. à café d'huile de sésame
- Quelques gouttes de sauce pimentée (facultatif)

Dans un grand bol, mélangez le bœuf haché, le chou chinois, les oignons nouveaux, l'ail, le gingembre, la sauce soja, l'huile de sésame et le saké (si utilisé). Assaisonnez avec du sel et du poivre. Mélangez bien jusqu'à obtenir une farce homogène.

Prenez une feuille de pâte à gyozas et placez une petite cuillère de farce au centre.

Humidifiez légèrement les bords de la pâte avec un peu d'eau. Pliez la pâte en deux pour former un demi-cercle et pressez les bords ensemble pour sceller. Vous pouvez faire des plis sur les bords pour une meilleure étanchéité et pour un aspect traditionnel.

Répétez l'opération jusqu'à épuisement de la farce.

Faites ensuite chauffer une grande poêle à feu moyen avec un peu d'huile végétale.

Disposez les gyozas dans la poêle, côté plat vers le bas, en une seule couche. Faites cuire pendant 2 à 3 min jusqu'à ce que le dessous soit bien doré.

Ajoutez 100 ml d'eau dans la poêle (attention aux éclaboussures !) et couvrez immédiatement avec un couvercle.

Laissez cuire à la vapeur pendant environ 5 min jusqu'à ce que l'eau soit évaporée et que les gyozas soient bien cuits.

Dans un petit bol, mélangez tous les ingrédients pour la sauce soja.

Servez les gyozas chauds avec la sauce à côté pour tremper.

POUR **20 GYOZAS** | POUR **4 PERSONNES** | TEMPS DE PRÉPARATION : **20 MINUTES** | TEMPS DE CUISSON : **10 MINUTES**

Gyozas au porc

Pour la farce :

- 250 g de porc haché
- 1 tasse de chou chinois, finement haché
- 2 ciboules, parties blanches et vertes séparées, finement hachées
- 1 gousse d'ail, finement hachée
- 1 cuil. à soupe de gingembre frais, râpé
- 2 cuil. à soupe de sauce soja
- 1 cuil. à soupe d'huile de sésame
- 1 cuil. à café de sucre
- ½ cuil. à café de sel
- ¼ cuil. à café de poivre noir

Pour les gyozas :

- 20 disques de pâte à gyozas (voir recette p. 18)
- Huile végétale

Dans un grand bol, mélangez le porc haché, le chou chinois, la partie blanche des ciboules, l'ail, le gingembre, la sauce soja, l'huile de sésame, le sucre, le sel et le poivre.

Mélangez bien jusqu'à obtenir une garniture homogène.

Placez une petite quantité du mélange de viande et de chou sur chaque cercle de pâte à gyozas. Humidifiez les bords, repliez en demi-cercle et pincez pour sceller.

Faites dorer les gyozas dans une poêle avec un peu d'huile environ 3 min.

Ajoutez de l'eau, couvrez et laissez cuire à la vapeur environ 5 min, jusqu'à ce que les gyozas soient cuits.

POUR **20 GYOZAS** | POUR **4 PERSONNES** | PRÉPARATION : **30 MINUTES** | TEMPS DE CUISSON : **15 MINUTES**

Gyozas au porc et kimchi

(à la coréenne)

Pour la farce :
- 200 g de porc haché
- 100 g de kimchi, finement haché
- 1 ciboule, ciselée
- 1 gousse d'ail, finement hachée
- 1 cuil. à café de gingembre frais, râpé
- 1 cuil. à soupe de sauce soja
- 1 cuil. à soupe de sauce sésame grillé (ou huile de sésame)
- 1 cuil. à café de sucre
- Sel, poivre

Pour les gyozas :
- 20 disques de pâte à gyozas (voir recette p. 18)
- Un peu d'eau (pour sceller les bords)
- 1 cuil. à soupe d'huile végétale (pour la cuisson)
- 50 ml d'eau (pour la cuisson vapeur)

Pour la sauce d'accompagnement :
- 2 cuil. à soupe de sauce soja
- 1 cuil. à soupe de vinaigre de riz
- Quelques gouttes d'huile de sésame
- Piment (facultatif, selon votre goût)

Dans un grand bol, mélangez le porc haché, le kimchi, la ciboule, l'ail et le gingembre. Ajoutez la sauce soja, la sauce sésame, le sucre, le sel et le poivre. Mélangez bien jusqu'à obtenir une farce homogène.

Prenez un disque de pâte à gyozas et placez environ 1 cuil. à café de farce au centre. Humidifiez légèrement les bords de la pâte avec un peu d'eau.

Repliez la pâte en deux pour former un demi-cercle, en pinçant les bords ensemble pour bien sceller le gyoza. Vous pouvez aussi plisser les bords pour un aspect plus traditionnel.

Répétez l'opération avec les autres disques de pâte.

Faites chauffer une poêle antiadhésive à feu moyen avec 1 cuil. à soupe d'huile.

Placez les gyozas dans la poêle, face plate vers le bas, en les espaçant légèrement. Faites-les frire pendant 2 à 3 min, jusqu'à ce que le dessous soit doré.

Ajoutez 50 ml d'eau dans la poêle, puis couvrez immédiatement pour cuire à la vapeur pendant 5 min, jusqu'à ce que l'eau soit évaporée. Retirez le couvercle et laissez les gyozas cuire encore 1 à 2 min pour qu'ils retrouvent une belle texture croustillante en dessous.

Mélangez les ingrédients de la sauce dans un petit bol pour servir avec les gyozas.

POUR **12 GYOZAS** | POUR **2 PERSONNES** | PRÉPARATION : **20 MINUTES** | TEMPS DE CUISSON : **10 MINUTES**

Gyozas au poulet

Pour la farce :

- 300 g de blancs de poulet, hachés finement
- ½ chou chinois, finement haché
- 2 oignons nouveaux, finement hachés
- 2 gousses d'ail, finement hachées
- 1 morceau de gingembre frais (environ 2 cm), finement haché
- 2 cuil. à soupe de sauce soja
- 1 cuil. à soupe d'huile de sésame
- 1 cuil. à soupe de saké (facultatif)
- 1 cuil. à café de sucre
- Sel, poivre

Pour les gyozas :

- 12 disques de pâte à gyozas (voir recette p. 18)
- Un peu d'eau (pour sceller les bords)
- Huile végétale (pour la cuisson)
- 100 ml d'eau (pour la cuisson vapeur)

Pour la sauce d'accompagnement :

- 3 cuil. à soupe de sauce soja
- 1 cuil. à soupe de vinaigre de riz
- 1 cuil. à café d'huile de sésame
- Quelques gouttes de sauce pimentée (facultatif)

Dans un grand bol, mélangez les blancs de poulet hachés, le chou chinois, les oignons nouveaux, l'ail, le gingembre, la sauce soja, l'huile de sésame, le saké (si utilisé) et le sucre.

Assaisonnez avec du sel et du poivre. Mélangez bien jusqu'à obtenir une farce homogène.

Prenez une feuille de pâte à gyozas et placez une petite cuillère de farce au centre.

Humidifiez légèrement les bords de la pâte avec un peu d'eau.

Pliez la pâte en deux pour former un demi-cercle et pressez les bords ensemble pour sceller. Faites des plis sur les bords pour une meilleure étanchéité et un aspect traditionnel.

Répétez l'opération jusqu'à épuisement de la farce.

Faites chauffer une poêle antiadhésive à feu moyen avec un peu d'huile végétale.

Disposez les gyozas dans la poêle, côté plat vers le bas, en une seule couche.

Laissez cuire pendant 2 à 3 min jusqu'à ce que le dessous soit bien doré.

Ajoutez environ 100 ml d'eau dans la poêle (attention aux éclaboussures !) et couvrez immédiatement avec un couvercle.

Laissez cuire à la vapeur pendant environ 5 min jusqu'à ce que l'eau soit évaporée et que les gyozas soient bien cuits.

Pendant que les gyozas cuisent, préparez la sauce en mélangeant tous les ingrédients dans un petit bol.

Disposez les gyozas cuits sur un plat de service. Servez-les chauds avec la sauce à côté pour tremper.

POUR **20 GYOZAS** | POUR **4 PERSONNES** | TEMPS DE PRÉPARATION : **30 MINUTES** | TEMPS DE CUISSON : **10-15 MINUTES**

Gyozas aux légumes

Pour la farce :
- 150 g de chou chinois, finement haché
- 1 carotte, râpée
- 50 g de champignons shiitaké (ou autres champignons), finement hachés
- 1 gousse d'ail, finement hachée
- 1 cuil. à soupe de gingembre frais, râpé
- 2 petits oignons nouveaux, ciselés (ou 1 ciboule)
- 1 cuil. à soupe de sauce soja
- 1 cuil. à soupe d'huile de sésame
- 1 cuil. à café de fécule de maïs (Maïzena®)
- Sel, poivre

Pour les gyozas :
- 20 disques de pâte à gyozas (voir recette p. 18)
- Un peu d'eau (pour sceller les bords)
- 1 cuil. à soupe d'huile végétale (pour la cuisson)
- 50 ml d'eau (pour la cuisson vapeur)

Pour la sauce d'accompagnement :
- 2 cuil. à soupe de sauce soja
- 1 cuil. à soupe de vinaigre de riz
- Quelques gouttes d'huile de sésame
- Graines de sésame (facultatif)
- Piment (facultatif)

Dans un bol, mélangez le chou chinois haché avec une pincée de sel, laissez reposer 5 min pour faire sortir l'excès d'eau, puis pressez-le pour retirer l'eau.

Ajoutez la carotte râpée, les champignons hachés, l'ail, le gingembre et la ciboule.

Ajoutez la sauce soja, l'huile de sésame, la fécule de maïs, le sel et le poivre. Mélangez bien pour obtenir une farce homogène.

Prenez un disque de pâte à gyozas et déposez environ 1 cuil. à café de farce au centre.

Humidifiez légèrement les bords de la pâte avec un peu d'eau.

Repliez le disque en deux pour former un demi-cercle, puis pincez les bords pour bien sceller. Vous pouvez plisser les bords pour un asepect traditionnel.

Répétez l'opération pour les autres gyozas.

Faites chauffer une poêle antiadhésive à feu moyen avec 1 cuil. à soupe d'huile.

Disposez les gyozas dans la poêle, face plate vers le bas.

Faites-les cuire pendant 2 à 3 min jusqu'à ce que la face inférieure soit dorée.

Ajoutez environ 50 ml d'eau dans la poêle, puis couvrez immédiatement pour cuire à la vapeur pendant environ 5 min, jusqu'à ce que l'eau s'évapore.

Retirez le couvercle et laissez cuire encore 1 à 2 min pour que les gyozas deviennent croustillants en dessous.

Mélangez les ingrédients de la sauce dans un petit bol, avec les graines de sésame pour la décoration.

Disposez les gyozas cuits sur un plat de service et servez chauds avec la sauce à côté pour tremper.

POUR **4 PERSONNES** | TEMPS DE PRÉPARATION : **1 H** | TEMPS DE CUISSON : **10 MINUTES**

Sui-gyoza

Les sui-gyoza sont des gyozas bouillis. Ils ont une pâte plus souple et sont servis dans un bouillon ou avec une sauce, parfois accompagnés de légumes.

Pour la pâte :
- 200 g de farine de blé
- 120 ml d'eau tiède
- 1 pincée de sel

Pour la garniture :
- 250 g de porc haché (ou mélange porc et bœuf, ou encore tofu pour une version végétarienne)
- 100 g de chou chinois ou de chou napa, haché finement
- 2 gousses d'ail, émincées
- 1 cuil. à soupe de gingembre frais, râpé
- 2 oignons nouveaux (ou 1 petit oignon), émincés
- 1 cuil. à soupe de sauce soja
- 1 cuil. à soupe de saké (ou vin blanc sec)
- 1 cuil. à café d'huile de sésame
- Sel et poivre, au goût

Pour la sauce :
- 3 cuil. à soupe de sauce soja
- 1 cuil. à soupe de vinaigre de riz
- Quelques gouttes d'huile de sésame (facultatif)
- 1 cuil. à café de piment en flocons (facultatif)

Dans un grand bol, tamisez la farine et ajoutez une pincée de sel.

Ajoutez progressivement l'eau tiède et mélangez avec des baguettes ou une spatule pour former une pâte.

Pétrissez la pâte sur une surface légèrement farinée pendant environ 5 min, jusqu'à ce qu'elle soit lisse et élastique. Si la pâte est trop collante, ajoutez un peu de farine.

Couvrez la pâte d'un film plastique ou d'un linge humide et laissez reposer pendant environ 30 min.

Dans un bol, mélangez le porc haché, le chou haché, l'ail, le gingembre, les oignons nouveaux, la sauce soja, le saké, l'huile de sésame, le sel et le poivre.

Mélangez bien tous les ingrédients pour obtenir une farce homogène. N'hésitez pas à la goûter et à ajuster l'assaisonnement si nécessaire.

Divisez la pâte en petites boules (environ 20 à 24 boules pour obtenir des gyozas de taille moyenne).

Sur une surface légèrement farinée, étalez chaque boule de pâte en un disque d'environ 8 cm de diamètre.

Déposez une petite cuillère de garniture au centre de chaque disque de pâte.

Pliez la pâte en deux pour former un demi-cercle, puis pincez les bords pour bien sceller le gyoza. Vous pouvez également plisser les bords pour une finition plus soignée.

Répétez l'opération jusqu'à ce que toute la pâte et la garniture soient utilisées.

Portez une grande casserole d'eau à ébullition.

Ajoutez les gyozas dans l'eau bouillante, en veillant à ne pas les superposer pour éviter qu'ils ne collent ensemble.

Une fois que les gyozas flottent (cela prend environ 4 à 5 min), laissez-les cuire encore 2-3 min pour être bien cuits à l'intérieur.

À l'aide d'une écumoire, retirez délicatement les gyozas de l'eau et déposez-les sur un plat.

Dans un petit bol, mélangez la sauce soja, le vinaigre de riz et l'huile de sésame. Si vous aimez les saveurs plus épicées, ajoutez des flocons de piment.

Servez les gyozas bouillis immédiatement, accompagnés de la sauce de trempage.

LE JAPON, PAYS DE LA SAISONNALITÉ

Le respect de la saisonnalité est un élément déterminant de la culture culinaire japonaise. Une pratique qui trouve ses racines en partie dans la religion shintoïste, où la nature et ses cycles sont particulièrement vénérés.

Chaque année, alors que le mois de mars a à peine débuté, le rituel est le même : au fur et à mesure que les cerisiers se parent de leurs boutons prêts à laisser éclore leurs corolles roses, les rayonnages alimentaires se parent, eux aussi, d'un rose doux. **Le printemps est là**. Hanami, la fête d'observation des cerisiers en fleur ne va pas tarder. Alors c'est tout un monde qui quitte les couleurs blanches et froides de l'hiver pour entrer peu à peu dans la vitalité. Thés, sirops, bonbons ou encore gâteaux, tous porteurs de l'arôme « sakura », envahissent les rayons, avec leurs emballages fleuris. En pâtisserie, c'est le moment de déguster les « sakura mochi », des mochis rose tendre, garnis de pâte de haricots rouges et recouverts d'une feuille de cerisier japonais, légèrement salée.

Mais il ne faut pas croire que tout cela est réservé à l'évènement populaire qu'est hanami, puisqu'à l'automne par exemple, alors que les feuilles des arbres commencent à virer du rouge feu à l'orange vif en passant par le marron doux, il en va de même pour le domaine culinaire : la star des konbini devient le café latte à la patate douce ou encore le riz aux châtaignes.

Alors, bien sûr, tout cela répond à des impératifs de marketing, puisque ces produits de saison se vendent comme des petits pains. Mais il serait réducteur d'associer ce phénomène à de simples calculs financiers. Le lien qu'entretient l'archipel japonais aux saisons est séculaire et repose notamment sur l'importance de la religion shintoïste au sein de celui-ci. Cette religion animiste, majoritaire au Japon, vénère la nature et ses cycles, notamment par l'intermédiaire de multiples rituels, offrandes et festivals qui célèbrent les changements naturels et saisonniers.

C'est à partir de l'époque Edo (1603-1868) que **la saisonnalité devient un élément déterminant de la cuisine japonaise**. Ou, du moins, que celle-ci devient un étendard du raffinement. En effet, la société s'urbanise, la classe marchande se développe et le contenu des assiettes mais aussi tout ce qui l'entoure, comme l'art de la table ou la décoration, sont davantage considérés comme des marqueurs sociaux. Les plats sont alors servis dans des céramiques aux couleurs qui s'accordent à la saison ou à l'inverse qui contrastent avec les ingrédients disposés à l'intérieur pour les mettre à l'honneur. Les éléments de décoration se parent des couleurs et des motifs de la saison en cours. Tout comme les kimonos.

L'un des symboles les plus emblématiques de l'importance de la saisonnalité dans la cuisine japonaise est sans aucun doute la cuisine *kaiseki*, un **repas traditionnel**, composé de plusieurs plats qui célèbrent les changements de saison, tant au niveau de la saveur que de la présentation.

Il existe même **un lexique de la saisonnalité** en japonais. Ainsi, les aliments et leur goût sont *hashiru*, ce qui signifie qu'ils sont précurseurs et se rapportent au début de la saison, qu'ils ouvrent. Le goût des aliments *hashiru* est par exemple plus croquant, plus acide. Ils peuvent être également *sakari*, pour le comble, l'apogée. On est alors au cœur de la saison, à son pic, et le goût sera considéré comme le plus pur. Vient enfin *nagori* qui est, comme le décrit Ryoko Sekiguchi dans son ouvrage *Nagori*, le goût de la saison qui vient de nous quitter. L'aliment dégusté aura bientôt disparu des étals, signe que la saison est terminée.

La riche diversité régionale du Japon donne également une dimension supplémentaire à la saisonnalité. **Chaque région a ses propres spécialités locales**, qui sont liées à des saisons spécifiques et reflètent leur climat et leur géographie uniques. Ainsi, l'île d'Hokkaido, au nord, est célèbre pour ses fruits de mer et ses produits laitiers en hiver, tandis que la région de Kyoto, sur l'île principale de Honshu, au climat plus doux, est réputée pour ses pousses de bambou au printemps. À Okinawa, paradis tropical du sud de l'archipel, ce sont les goûts de l'ananas et du citron qui rythment les saisons.

LÉGUMES

pages 30-53

POUR **2 PERSONNES** | TEMPS DE PRÉPARATION : **10 MINUTES** | TEMPS DE CUISSON : **15 MINUTES**

Crudités de chou blanc

- ½ petit chou blanc ou 1 chou chinois
- 2 carottes
- 1 cuil. à café d'huile de sésame
- 4 cuil. à soupe d'huile de tournesol
- 2 cuil. à soupe de vinaigre de riz
- 2 cuil. à soupe de sauce soja
- 2 cuil. à soupe de graines de sésame
- Sel, poivre

Retirez les premières feuilles du chou. Coupez-le en quatre afin d'enlever le trognon, puis coupez-le le plus finement possible. Si vous avez un robot, utilisez le disque éminceur. Épluchez et râpez les carottes.

Mettez le chou râpé et les carottes dans un saladier, puis recouvrez d'eau. Ajoutez ½ cuil. à café de sel et laissez reposer 30 min.

Dans une poêle sans matière grasse, faites revenir les graines de sésame jusqu'à ce qu'elles commencent à crépiter. Retirez-les immédiatement de la poêle.

Égouttez les légumes et essorez-les dans une essoreuse à salade. Mélangez-les avec les huiles, le vinaigre, la sauce soja, un peu de sel (si nécessaire) et du poivre. Disposez dans un plat et saupoudrez de sésame avant de servir.

POUR **1 BOCAL** I TEMPS DE PRÉPARATION : **10 MINUTES** I TEMPS DE CUISSON : **15 MINUTES** I TEMPS DE MARINADE : **1 H**

Tsukemono

(pickles japonais)

Les tsukemono sont des légumes marinés typiques de la cuisine japonaise, servis principalement en accompagnement des repas. Ces pickles peuvent être réalisés avec une grande variété de légumes, tels que le concombre, le radis daïkon, le chou, ou même les aubergines. Leur préparation repose sur des méthodes de conservation ancestrales, utilisant des sels, des vinaigres, des algues, ou encore des épices comme le shiso. Les tsukemono apportent un contraste de saveurs, allant du salé au sucré, et jouent un rôle essentiel facilitant la digestion des autres plats. Chaque région du Japon a ses propres variantes, avec des recettes uniques transmises de génération en génération. Les tsukemono peuvent être consommés seuls, ou accompagnés de riz, de soupe miso, ou encore de sushis.

- 2 concombres japonais (ou concombres longs européens)
- 2 carottes
- 1 petit radis daïkon
- 2 cuil. à soupe de sel + 1 cuil. à café supplémentaire, pour saupoudrer
- 3 cuil. à soupe de vinaigre de riz
- 2 cuil. à soupe de sucre
- Graines de sésame grillées (facultatif)

Lavez et épluchez les concombres, les carottes et le radis daïkon. Coupez-les en fines tranches ou en julienne à l'aide d'une mandoline ou d'un couteau bien aiguisé.

Placez les légumes coupés dans un grand bol et saupoudrez de 2 cuil. à soupe de sel. Massez doucement les légumes avec le sel pour les imprégner uniformément.

Laissez reposer les légumes salés pendant environ 15 à 20 min. Cela leur permettra de libérer leur humidité.

Pendant ce temps, dans une petite casserole, mélangez le vinaigre de riz, le sucre et 1 cuil. à café de sel. Faites chauffer à feu doux jusqu'à ce que le sucre et le sel soient complètement dissouts. Retirez du feu et laissez refroidir.

Une fois que les légumes ont libéré leur humidité, rincez-les soigneusement à l'eau froide pour éliminer l'excès de sel. Égouttez-les bien et séchez-les avec du papier absorbant.

Placez les légumes dans un bocal propre et stérilisé. Versez le mélange de vinaigre refroidi dessus jusqu'à ce qu'ils soient complètement recouverts.

Fermez hermétiquement le bocal et placez-le au réfrigérateur. Laissez mariner les pickles pendant au moins 1 à 2 h, voire toute une nuit, pour permettre aux saveurs de se développer.

Avant de servir, égouttez légèrement les pickles et disposez-les dans un plat de service. Garnissez éventuellement de graines de sésame grillées pour un peu de croquant supplémentaire.

Les pickles japonais peuvent être servis en accompagnement de plats principaux ou en entrée. Ils ajoutent une touche de fraîcheur et de saveur à n'importe quel repas.

POUR **2 BOCAUX** | TEMPS DE PRÉPARATION : **20 MINUTES** | TEMPS DE REPOS : **4 SEMAINES**

Umeboshi

- 1 kg de prunes mûres ou d'abricots
- 150 g de sel pour saler les prunes (15 % de la masse des fruits)
- 200 g de shiso rouge (facultatif)
- 40 g de sel pour saler le shiso (seulement si vous ajoutez le shiso rouge)

Matériel :
Éléments de votre cuisine qui serviront de poids (ils doivent peser le double de la masse des prunes)

Choisissez des prunes mûres, jaune orangé. Si elles sont encore vertes, laissez-les 2 à 3 jours dans un endroit frais en attendant. (Si vous faites la recette avec des abricots, choisissez-les mûrs, mais pas à complète maturité.)

Lavez délicatement et essuyez chaque prune à l'aide d'un linge propre. Retirez celles qui sont abîmées.

Enlevez la petite queue à l'aide d'un pic de brochette en bambou.

Choisissez un récipient (saladier, casserole, bocal) en verre, en émail ou en céramique. Évitez le plastique ou le métal, qui pourraient être sensibles au sel ou à l'acide. Désinfectez ce récipient à l'eau bouillante ainsi que les éléments qui serviront de poids et seront en contact avec les prunes.

Au fond du récipient, versez une première couche de sel, puis posez dessus une couche de prunes en les serrant les unes contre les autres, sans laisser d'espace mais sans les écraser non plus. Versez une nouvelle couche de sel et alternez pour terminer avec une dernière bonne couche de sel. Posez les poids par-dessus.

Trois à quatre jours après, vérifiez si l'eau de prune (l'umezu) a bien exsudé, et si elle recouvre les prunes.

Si l'eau a bien exsudé, réduisez le nombre de poids pour arriver à la même masse que les prunes initialement placées dans le récipient.

Si l'eau n'est pas encore sortie, ajoutez encore 45 g de sel (3 %) et attendez 2 jours.

Si vous faites l'umeboshi sans shiso rouge, recouvrez le tout d'un linge propre et laissez reposer 3 semaines dans un endroit frais et sombre.

Si vous le faites avec du shiso rouge (qui donne un parfum agréable et une jolie couleur), préparez le shiso au sel.

Retirez les grosses tiges du shiso rouge pour ne garder que les feuilles. Lavez et séchez. Saupoudrez le shiso de la moitié du sel pour shiso. Mélangez bien, essorez et éliminez toute l'eau rouge sortie. Répétez l'opération encore une fois, en utilisant le reste de sel.

Versez 1 ou 2 louches de l'eau de prune sur le shiso rouge essoré et mélangez pour bien imbiber le shiso.

Posez ce shiso imbibé sur les prunes dans le récipient.

Posez un poids de la moitié de la masse des prunes. Recouvrez le tout d'un linge propre, et laissez reposer trois semaines dans un endroit frais et sombre.

Trois semaines plus tard, consultez la météo : lorsque devant vous s'ouvre une fenêtre de 3 jours de beau temps consécutifs, étalez les prunes et le shiso dans une passoire plate ou un tamis propre, et faites-les sécher au soleil toute la journée. Retournez une ou deux fois les prunes pour qu'elles sèchent de manière homogène.

Le soir, remettez les prunes dans le récipient d'origine avec l'eau de prune. Répétez la même opération le lendemain.

Le troisième jour, faites de nouveau sécher les prunes au soleil toute une journée. Les umeboshi sont prêtes.

Mettez-les dans des récipients stérilisés. Elles se conservent un an au frais ou à température ambiante.

LA FERMENTATION AU JAPON

Du miso à la sauce soja en passant par le natto ou encore le saké, les pratiques de fermentation au Japon ne sont pas seulement un moyen de conservation : elles constituent une forme d'empreinte culturelle profondément liée à l'histoire, aux traditions et même à la spiritualité du pays.

Pour remonter aux racines de la fermentation au Japon, il faut se tourner du côté de la Chine et de la Corée qui ont, il y a plus de 2 000 ans, influencé les techniques japonaises de conservation des aliments nippons. En effet, avant l'avènement de la réfrigération, le processus de fermentation, en favorisant la croissance de bactéries et de levures bénéfiques, permettait de conserver les aliments pendant de longues périodes tout en améliorant leur valeur nutritionnelle et leur saveur.

Les graines de soja, en particulier, sont devenues un élément crucial de la fermentation japonaise. Introduites de Chine vers le ve siècle, elles ont été transformées en miso, en sauce soja et en natto, trois des aliments fermentés les plus emblématiques du Japon contemporain. Le miso, une pâte fabriquée à partir de graines de soja fermentées et de sel, est utilisé depuis la période Heian (794-1185) à la fois comme aliment et comme assaisonnement. Quant à la sauce soja (shoyu), issue de la production de miso, c'est au cœur de la période Edo (1603-1868) qu'elle est devenue un ingrédient clé du répertoire culinaire du pays.

Le saké, le vin de riz emblématique du Japon, est un autre produit issu de la fermentation, dont l'origine remonte à la période de Nara (710-794), durant laquelle les techniques de brassage ont été formalisées pour la première fois. En faisant fermenter du riz cuit à la vapeur à l'aide de la moisissure koji, les brasseurs de saké ont créé une boisson qui est devenue à la fois une offrande religieuse et une boisson partagée lors des célébrations qui rythment l'année japonaise. Aujourd'hui encore, le saké joue un rôle important dans les rituels et les cérémonies shintoïstes, représentant la purification et la connexion avec le divin.

Les tsukemono, stars de la fermentation

Les tsukemono, littéralement « choses saumurées », sont des légumes marinés produits selon diverses méthodes de fermentation et de conservation. Éléments essentiels de la cuisine nippone, ils sont souvent servis en accompagnement, comme condiment.

Avec plus de 3 000 sortes de tsukemono, le Japon est indéniablement le pays des légumes saumurés ou marinés. Ces tsukemono peuvent être préparés à partir d'un large éventail de légumes tels que les concombres, les radis daïkon, les aubergines, les choux ou encore les prunes, en utilisant divers agents de saumure comme le sel, le vinaigre, la sauce soja, le son de riz (*nuka*) ou le miso.

Les différents types de fermentation

- ***Nukazuke :*** les légumes sont fermentés dans du son de riz.
- ***Shiozuke :*** les légumes sont saumurés dans du sel.
- ***Misozuke :*** les légumes sont marinés dans de la pâte de miso.

La résurgence de la fermentation au Japon

Ces dernières années, les pratiques traditionnelles de fermentation ont connu un regain d'intérêt, tant au Japon qu'à l'étranger. Ainsi, bon nombre de jeunes chefs japonais et de producteurs locaux font la part belle à la fermentation, associant les techniques anciennes à l'innovation moderne. De nouvelles brasseries de miso et de saké émergent, expérimentant la saumure avec des ingrédients biologiques mariés à des produits régionaux. En outre, l'intérêt mondial pour la cuisine japonaise a conduit à une plus grande appréciation des aliments fermentés au-delà des frontières du Japon.

L'intérêt croissant pour la santé et le bien-être a également entraîné dans l'archipel un boom de la fermentation domestique. En effet, de plus en plus de personnes adoptent les techniques traditionnelles pour créer leurs propres aliments fermentés à la maison, dans le but d'améliorer la valeur nutritionnelle des ingrédients consommés quotidiennement. Le miso, les nukazuke (des cornichons marinés au son de riz) et l'amazake (boisson sucrée à base de riz) ont ainsi regagné en popularité.

POUR **1 BOCAL** | TEMPS DE PRÉPARATION : **20 MINUTES** | TEMPS DE REPOS : **2 H 20**

Senmazuke

- 2 concombres (ou autres légumes de votre choix)
- 1 cuil. à soupe de sel
- 2 cuil. à soupe de sucre
- 2 cuil. à soupe de vinaigre de riz
- Quelques feuilles de shiso rouge (facultatif, pour la couleur)

Lavez soigneusement les concombres (ou les autres légumes) et émincez-les. Si vous utilisez des concombres, vous pouvez également les couper en biseau pour une présentation plus attrayante.

Placez les tranches de concombre dans un grand bol et saupoudrez-les de sel. Mélangez délicatement pour que le sel soit uniformément réparti sur les tranches. Laissez reposer 15 à 20 min environ pour permettre aux concombres de libérer leur humidité.

Pendant ce temps, préparez la saumure en mélangeant le sucre et le vinaigre de riz dans un bol. Remuez jusqu'à ce que le sucre soit complètement dissous.

Après le temps de repos, rincez les tranches de concombre sous l'eau froide pour éliminer l'excès de sel. Égouttez-les bien. Ajoutez les tranches de concombre rincées dans la saumure et mélangez pour bien les enrober. Si vous utilisez du shiso rouge, vous pouvez insérer quelques feuilles entre les tranches de concombre.

Transférez les concombres et la saumure dans un bocal propre et stérilisé. Pressez légèrement les concombres pour les tasser dans le bocal. Fermez hermétiquement ce dernier et laissez reposer à température ambiante 1 à 2 h environ, en retournant le bocal de temps en temps pour répartir la saumure.

Placez-le ensuite au réfrigérateur. Les tsukemono seront prêts à être consommés au bout de quelques heures.

POUR **4 PERSONNES** | TEMPS DE PRÉPARATION : **10 MINUTES** | TEMPS DE CUISSON : **30 MINUTES**

Aubergines rôties au miso

- 2 aubergines moyennes
- 2 cuil. à soupe de miso (de préférence miso blanc ou miso rouge)
- 2 cuil. à soupe de mirin
- 1 cuil. à soupe de sauce soja
- 1 cuil. à soupe de sucre
- 1 cuil. à soupe d'huile de sésame
- Graines de sésame pour la garniture (facultatif)
- Ciboules finement tranchées pour la garniture (facultatif)

Préchauffez le four à 200 °C (th. 6-7).

Coupez les aubergines en deux dans le sens de la longueur. Faites des incisions croisées sur la chair des aubergines sans percer la peau.

Mélangez le miso, le mirin, la sauce soja, le sucre et l'huile de sésame dans un bol jusqu'à obtenir une pâte homogène.

Étalez généreusement le mélange de miso sur la chair des aubergines.

Placez les aubergines sur une plaque de cuisson recouverte de papier sulfurisé, côté chair vers le haut.

Faites rôtir les aubergines au four pendant environ 30 min, ou jusqu'à ce qu'elles soient tendres et bien dorées.

Garnissez de graines de sésame et de ciboules avant de servir, si vous le souhaitez.

POUR **2 PERSONNES** | TEMPS DE PRÉPARATION : **10 MINUTES** | TEMPS DE CUISSON : **5-10 MINUTES**

Légumes au goma-ae

- 2 cuil. à soupe de pâte de sésame
- 2 cuil. à soupe de sauce soja
- 1 cuil. à café de sucre
- 200 g de légumes verts (épinards, haricots verts, brocolis, etc.)

Mélangez la pâte de sésame, la sauce soja et le sucre pour former la sauce.

Faites cuire les légumes à l'eau ou dans une poêle (les épinards, par exemple).

Ajoutez les légumes cuits dans la sauce et mélangez bien.

Servez les légumes nappés de la sauce au sésame.

POUR **4 PERSONNES** | TEMPS DE PRÉPARATION : **5 MINUTES** | TEMPS DE CUISSON : **2 H**

Yakiimo

- 4 patates douces japonaises

Lavez les patates douces et coupez les extrémités. Ne les essuyez pas, conservez-les humides.

Enroulez chacune d'entre elles dans du papier d'aluminium un peu froissé au préalable. Ne les enveloppez pas trop serrées, laissez une couche d'air entre les patates et le papier pour une meilleure cuisson.

Faites cuire au four à 140 °C (th. 4-5), 90 à 120 min, selon la taille des patates.

La cuisson est terminée lorsque vous pouvez facilement enfoncer un pic en bambou dedans.

Dégustez chaud ou froid, avec la peau si possible.

POUR **2 PERSONNES** | TEMPS DE PRÉPARATION : **5 MINUTES** | TEMPS DE CUISSON : **20 MINUTES**

Chiporo imo

- 400 g de pommes de terre
- 120 g d'œufs de saumon salés
- 1 pincée de sel

Faites cuire les pommes de terre dans de l'eau salée.

Épluchez et écrasez-les grossièrement lorsqu'elles sont encore chaudes.

Une fois les pommes de terre refroidies, parsemez d'œufs de saumon. Dégustez tiède.

LE DÉFI DU VÉGÉTARISME AU JAPON

Depuis la fin du XIXe siècle, la consommation de plats à base de viande est devenue l'essentiel des habitudes alimentaires des Japonais.

Les végétariens ont la vie dure au Japon. Des menus des izakaya jusqu'à ceux des restaurants plus traditionnels, il est difficile de trouver des plats intégralement composés à base d'aliments non carnés. La soupe miso ou un ramen végétarien ? Effectivement, les ingrédients sont tous végétaux, sauf un : le bouillon dashi. Ce bouillon est en effet confectionné à partir de katsuobushi, de la bonite séchée, un poisson pêché au large des côtes nippones. Ce bouillon dashi, celui qui, dit-on, fait « le goût du Japon », est présent dans une multitude de plats et peu de chefs ou de cuisiniers ont envie de le remiser pour lui trouver une déclinaison végétarienne.

Pourtant, l'alimentation carnée n'a pas toujours eu une place de choix dans l'alimentation japonaise. Remontons le temps. Au VIe siècle, le bouddhisme et ses valeurs pénètrent dans l'archipel. Les moines suivent un régime végétal strict en ne consommant ni viande ni poisson. Une pratique dont découle la tradition *shōjin ryōri*, soit un assortiment de plats, intégralement végétariens, servis dans les temples et sanctuaires. Le *shōjin ryōri* met l'accent sur la simplicité des mets, le respect des êtres vivants et de la saisonnalité. À partir de 675 sont édictées les premières restrictions officielles sur la consommation de viande. Ainsi, l'empereur Tenmu interdit par édit impérial de consommer du bœuf, du poulet, du cheval, du chien et du singe. Si l'on avance un peu dans la frise chronologique, c'est à l'époque Heian (794-1185) qu'apparaissent deux termes : *shōjin mono*, « les choses pures ou vertueuses », qui recouvrent les plats que l'on consomme alors régulièrement, intégralement composés à partir de végétaux, et *bi mono*, « les choses élégantes et raffinées », qui désignent des plats de poissons et de viandes. Si cette distinction n'a cours qu'au sein de l'élite japonaise, elle s'étend à partir du XVIIe siècle plus largement à la population japonaise, notamment par l'intermédiaire des cuisiniers de la capitale, Edo (aujourd'hui Tokyo).

La restauration de Meiji en 1864, puis l'ouverture contrainte de l'archipel aux étrangers et enfin l'occupation américaine à partir de 1945 ont fortement influencé le contenu des assiettes japonaises. La consommation de viande devient à la mode. Elle est, à l'époque, considérée comme un symbole à la fois de progrès mais aussi de force. L'exemple d'Okinawa synthétise parfaitement le changement de régime alimentaire. Sur ce chapelet d'îles à l'extrême sud de l'archipel, on mange quasiment exclusivement des produits d'origine végétale. Ici, le nombre de centenaires est plus élevé qu'ailleurs.

Sauf que ce phénomène décroît puisque, depuis 1945, la présence de bases militaires américaines sur son sol a profondément modifié les habitudes des Okinawaïens : la viande et les aliments transformés ont pris le dessus, les jeunes végétariens se font de plus en plus rares, et la santé des habitants n'est plus aussi bonne qu'auparavant.

Mais des dynamiques émergent ces dernières années dans le pays. Bien sûr, la plupart des plats considérés comme « typiquement japonais » tels que le tonkatsu, les ramens, les tempuras ou encore le curry n'ont pas encore de déclinaison végétarienne. Pourtant, l'afflux de plus en plus important de touristes étrangers, demandeurs d'alternatives végétariennes voire véganes, commence à faire bouger les lignes. Ainsi, les célèbres konbini comme 7-Eleven ou FamilyMart mettent davantage d'en-cas ou de plats préparés végétariens en rayon. Des festivals végétariens organisés à Tokyo ou Kyoto gagnent en popularité, permettant par la même occasion de sensibiliser les communautés locales à découvrir d'autres manières de se nourrir.

Enfin, des organisations telles que la Japan Vegan Society ou le Vege-Project Japan promeuvent avec plus d'intensité le végétarisme, et le plus souvent de manière très concrète. Ainsi, le VegeProjet a participé à un programme d'un an visant à faire d'Ikaho, une ville réputée pour son thermalisme, un havre pour touristes sensibles à réduire leur consommation de viande. Une initiative qui essaime puisque la commune de Sapporo, sur l'île d'Hokkaido au nord du pays, a lancé en ligne une série de vidéos promouvant les restaurants et cafés aux menus végétariens.

POUR **8 CROQUETTES** | TEMPS DE PRÉPARATION : **20 MINUTES** | TEMPS DE CUISSON : **30 MINUTES**

Korokke

- 4 pommes de terre moyennes
- 1 oignon, finement haché
- 200 g de bœuf haché ou de porc haché
- 2 cuil. à soupe d'huile végétale (pour la cuisson des oignons et de la viande)
- 1 cuil. à soupe de sauce soja
- 1 tasse de farine (120 g)
- 1 œuf, battu
- 1 tasse de panko (chapelure japonaise)
- Sel, poivre
- Huile végétale (pour la friture)

Épluchez et coupez les pommes de terre en morceaux. Faites-les bouillir dans de l'eau salée jusqu'à ce qu'elles soient tendres, environ 15 à 20 min.

Égouttez les pommes de terre et écrasez-les en purée dans un grand bol. Laissez refroidir légèrement.

Faites chauffer 2 cuil. à soupe d'huile végétale dans une poêle à feu moyen. Ajoutez l'oignon haché et faites revenir jusqu'à ce qu'il soit tendre et translucide.

Ajoutez la viande hachée dans la poêle et laissez cuire jusqu'à ce qu'elle soit bien cuite, en émiettant la viande avec une cuillère en bois. Assaisonnez avec du sel, du poivre et la sauce soja.

Ajoutez le mélange viande et oignons à la purée de pommes de terre. Mélangez bien pour combiner. Laissez refroidir suffisamment pour pouvoir former des croquettes.

Prenez une portion de mélange de pommes de terre et de viande (environ 2 cuil. à soupe) et formez une petite galette ou une forme ovale. Répétez jusqu'à ce que tout le mélange soit utilisé.

Préparez trois assiettes : une avec la farine, une avec l'œuf battu et une avec le panko.

Enrobez chaque croquette de farine, puis trempez-la dans l'œuf battu, et enfin roulez-la dans le panko pour bien la recouvrir.

Faites chauffer l'huile végétale dans une grande poêle ou une friteuse à 180 °C.

Faites frire les croquettes par lots, en les retournant pour qu'elles soient dorées et croustillantes de tous les côtés, environ 3 à 4 min.

Égouttez les korokke sur du papier absorbant.

Servez les korokke chaudes, accompagnées de sauce tonkatsu (sauce spéciale pour les fritures) ou de ketchup, et d'une salade de chou.

POUR **4 PERSONNES** | TEMPS DE PRÉPARATION : **10 MINUTES** | TEMPS DE CUISSON : **10 MINUTES**

Champignons au gingembre

- 500 g de champignons (champignons de Paris, shiitakés, ou un mélange de votre choix)
- 2 cuil. à soupe d'huile de sésame
- 2 gousses d'ail, émincées
- 1 morceau de gingembre frais (environ 2 cm), épluché et râpé
- 3 cuil. à soupe de sauce soja
- 1 cuil. à soupe de mirin (ou vin de riz)
- 1 cuil. à café de sucre
- 2 ciboules, finement émincées
- Graines de sésame pour la garniture (facultatif)
- Poivre noir, fraîchement moulu

Nettoyez les champignons avec un chiffon humide et coupez-les en tranches si nécessaire (les shiitakés doivent être coupés en lamelles, les champignons de Paris peuvent être coupés en quatre ou en tranches selon leur taille).

Faites chauffer l'huile de sésame dans une grande poêle à feu moyen.

Ajoutez l'ail émincé et le gingembre râpé. Faites sauter pendant environ 1 min jusqu'à ce que l'ail soit doré et que le gingembre soit parfumé.

Ajoutez les champignons dans la poêle et augmentez le feu à moyen-fort. Faites sauter les champignons jusqu'à ce qu'ils soient tendres et légèrement dorés, environ 5 à 7 min.

Ajoutez la sauce soja, le mirin et le sucre. Mélangez bien pour enrober les champignons de la sauce.

Continuez à cuire pendant 2 à 3 min jusqu'à ce que la sauce ait légèrement réduit et que les champignons soient bien imprégnés.

Ajoutez les ciboules émincées et mélangez rapidement. Retirez du feu et transférez dans un plat de service. Garnissez de graines de sésame et de poivrez selon votre goût.

POUR **4 PERSONNES** | TEMPS DE PRÉPARATION : **10 MINUTES** | TEMPS DE CUISSON : **1 MINUTE**

Horenso no shirae (épinards au tofu)

- 300 g de pousses d'épinards frais
- 150 g de tofu ferme

Pour la sauce shirae :

- 1 ½ cuil. à soupe de miso blanc (shiro miso)
- 1 ½ cuil. à soupe de sauce soja
- 1 cuil. à soupe de mirin
- 1 cuil. à café de sucre (facultatif)
- 1 cuil. à soupe de graines de sésame grillées

Portez une grande casserole d'eau légèrement salée à ébullition. Ajoutez les pousses d'épinards et faites-les blanchir pendant environ 30 s à 1 min, jusqu'à ce qu'elles soient juste tendres.

Égouttez immédiatement et plongez les épinards dans un bol d'eau glacée pour arrêter la cuisson et conserver leur couleur vive.

Égouttez à nouveau et pressez doucement les épinards pour enlever l'excès d'eau.

Coupez les épinards blanchis en morceaux de 3 à 4 cm de long.

Enveloppez le tofu dans une serviette propre et pressez-le doucement pour enlever l'excès d'eau. Émiettez le tofu dans un bol.

Dans un autre bol, mélangez le miso blanc, la sauce soja, le mirin et le sucre (si utilisé) jusqu'à obtenir une sauce homogène. Ajoutez les graines de sésame grillées à la sauce.

Ajoutez les épinards coupés et le tofu émietté dans le bol avec la sauce shirae. Mélangez délicatement pour bien enrober de sauce les épinards et le tofu.

Servez en saupoudrant éventuellement de graines de sésame supplémentaires pour la garniture.

POUR **4 PERSONNES** | TEMPS DE PRÉPARATION : **10 MINUTES** | TEMPS DE CUISSON : **15-20 MINUTES**

Kakiage (friture de légumes)

- 1 carotte, coupée en julienne
- 1 oignon, finement émincé
- 100 g de haricots verts, coupés en morceaux de 5 cm
- 1 petite patate douce, coupée en julienne (facultatif)
- 1 tasse de farine (120 g)
- ¼ tasse de fécule de maïs (30 g)
- 1 œuf
- 1 tasse d'eau glacée (240 ml)
- Huile végétale (pour la friture)
- Sel

Coupez tous les légumes en julienne ou en tranches fines.

Dans un grand bol, mélangez la farine et la fécule de maïs.

Dans un autre bol, battez l'œuf et ajoutez l'eau glacée. Mélangez légèrement.

Ajoutez le mélange de farines au mélange d'œuf et d'eau. Mélangez légèrement avec des baguettes ou une fourchette. Il est important de ne pas trop mélanger : il doit rester quelques grumeaux pour obtenir une texture légère et croustillante.

Ajoutez les légumes dans la pâte et mélangez pour bien les enrober.

Faites chauffer l'huile végétale dans une grande poêle ou une friteuse à environ 170-180 °C.

À l'aide d'une cuillère, prenez des portions du mélange de légumes et de pâte, et déposez-les délicatement dans l'huile chaude. Ne surchargez pas la poêle.

Faites frire les beignets de kakiage jusqu'à ce qu'ils soient dorés et croustillants, environ 2 à 3 min de chaque côté.

Retirez les beignets de l'huile et égouttez-les sur du papier absorbant. Assaisonnez légèrement de sel.

POUR **4 PERSONNES** | TEMPS DE PRÉPARATION : **10 MINUTES** | TEMPS DE REPOS : **6 H** | TEMPS DE CUISSON : **15 MINUTES**

Karashi renkon

- 1 racine de lotus (renkon) (environ 700 g)
- 50 ml + 50 ml d'eau
- 2 cuil. à café de vinaigre de riz
- 80 g de panure de pain frais
- 80 g de mirin
- 160 g de miso
- 1 cuil. à soupe de moutarde japonaise
- 100 g de farine T45 + un peu pour saupoudrer
- 1 cuil. à soupe de curcuma
- 300 à 500 ml d'huile (pour friture)

Lavez et épluchez le lotus, coupez les extrémités.

Dans une casserole, mélangez l'eau et le vinaigre. Portez à ébullition. Plongez-y le lotus et faites-le cuire 4 à 5 min. Sortez-le de l'eau et laissez égoutter dans une passoire.

Mélangez la panure, le mirin, le miso et la moutarde, et remplissez les trous du lotus avec ce mélange.

Enroulez de film alimentaire et laissez reposer 5 à 6 h.

Retirez le surplus du mélange de moutarde et saupoudrez de farine.

Mélangez ensuite la farine, le curcuma et l'eau. Plongez dans ce mélange le lotus fariné, puis faites-le frire à 170 °C en le retournant de temps en temps, jusqu'à ce qu'il soit doré.

Coupez-le en rondelles d'environ 1 cm d'épaisseur. Dégustez froid, assaisonné avec de la sauce soja ou de la mayonnaise.

POUR **1 BOCAL** | TEMPS DE PRÉPARATION : **10 MINUTES** | TEMPS DE REPOS : **2 À 3 JOURS** | TEMPS DE CUISSON : **4 À 5 H**

Natto fait maison

- 2 tasses de graines de soja séchées
- 1 cuil. à café de natto commercial (pour la culture)
- Eau (pour tremper et cuire les graines de soja)

Matériel :

Un équipement pour maintenir une température constante de 40 °C (comme une mijoteuse réglable ou un incubateur)

Rincez les graines de soja à l'eau froide, puis faites-les tremper dans beaucoup d'eau pendant 9 à 12 h, ou toute une nuit.

Égouttez les graines de soja trempées et transférez-les dans une grande casserole. Couvrez avec de l'eau fraîche et portez à ébullition. Réduisez le feu et laissez mijoter pendant 4 à 5 h, ou jusqu'à ce que les graines soient bien tendres.

Égouttez les graines de soja cuites.

Stérilisez tous les ustensiles et récipients en les plongeant dans de l'eau bouillante pour éviter la contamination.

Dissolvez 1 cuil. à café de natto commercial dans une petite quantité d'eau stérilisée. Cette étape est cruciale pour introduire les bactéries nécessaires à la fermentation.

Placez les graines de soja cuites dans un récipient stérilisé.

Versez le mélange de natto commercial et d'eau sur les graines de soja. Mélangez doucement pour enrober uniformément les graines.

Transférez les graines de soja ensemencées dans un récipient peu profond, comme un plateau en verre ou en céramique.

Couvrez le récipient avec un film alimentaire perforé ou un couvercle non hermétique pour permettre la circulation de l'air.

Placez le récipient dans un incubateur ou une mijoteuse réglée à environ 40 °C pendant 24 à 48 h. Le natto est prêt lorsqu'il développe une texture visqueuse et une odeur caractéristique.

Après la fermentation, réfrigérez le natto pour arrêter le processus de fermentation. Le natto peut être conservé au réfrigérateur pendant une semaine ou congelé pour une conservation plus longue.

POUR **1 PERSONNE** | TEMPS DE PRÉPARATION : **10 MINUTES** | TEMPS DE CUISSON : **10 MINUTES**

Okonomiyaki

- 300 g de chou, finement émincé
- 125 g de farine tout usage
- 2 œufs
- Garnitures au choix (bacon, crevettes, calamars, etc.)
- Sauce à okonomiyaki (disponible dans le commerce)
- Mayonnaise japonaise
- Flocons de bonite séchée (katsuobushi)
- Algue nori, découpée en flocons

Mélangez le chou émincé, la farine et les œufs pour obtenir une pâte.

Incorporez les garnitures choisies.

Faites cuire le mélange dans une poêle jusqu'à ce qu'il soit doré des deux côtés.

Garnissez avec la sauce à okonomiyaki, la mayonnaise, les flocons de bonite séchée et les flocons d'algue nori.

POUR **4 PERSONNES** | TEMPS DE PRÉPARATION : **10 MINUTES** | TEMPS DE CUISSON : **1 MINUTE**

Rouleaux d'épinards au sésame

- 400 g d'épinards frais
- 2 cuil. à soupe de graines de sésame
- 2 cuil. à soupe de sauce soja
- 2 cuil. à soupe de bouillon dashi
- Gros sel de cuisine

Retirez la queue des épinards. Dans une poêle sans matière grasse, faites revenir les graines de sésame sans cesser de remuer. Dès qu'elles commencent à crépiter, retirez-les immédiatement de la poêle et laissez refroidir.

Portez de l'eau salée à ébullition et plongez-y les épinards. À la reprise de l'ébullition, comptez 30 s de cuisson. Égouttez immédiatement les épinards et plongez-les dans un bain d'eau glacée. Laissez reposer pendant 5 min avant de les égoutter de nouveau et de les presser fortement afin de retirer le maximum d'eau. Mettez les épinards dans un saladier et mélangez-les avec la sauce soja et le bouillon dashi.

Disposez les épinards sur une planche et donnez-leur la forme d'un long boudin de 2 à 3 cm d'épaisseur. Coupez-les ensuite en morceaux de la taille d'un maki (environ 3 à 4 cm de long) et disposez-les sur une assiette. Saupoudrez de sésame grillé et servez aussitôt.

POUR **2 PERSONNES** | TEMPS DE PRÉPARATION : **15 MINUTES** | TEMPS DE CUISSON : **3 MINUTES**

Salade konjac shirataki à la sauce soja

- 1 paquet de nouilles konjac shirataki (environ 200 g)
- 1 concombre
- 1 carotte
- ½ poivron rouge
- ¼ tasse de maïs (en conserve ou frais)
- 1 cuil. à soupe de graines de sésame grillées
- 1 ciboule, finement tranchée
- Sel, poivre

Pour la sauce :

- 2 cuil. à soupe de sauce soja
- 1 cuil. à soupe de vinaigre de riz
- 1 cuil. à café d'huile de sésame
- 1 cuil. à café de sucre
- 1 gousse d'ail, hachée finement

Égouttez et rincez abondamment les nouilles konjac shirataki sous l'eau froide.

Faites bouillir les nouilles dans de l'eau pendant 2 à 3 min, pour enlever l'odeur caractéristique du konjac.

Égouttez et rincez à nouveau les nouilles à l'eau froide. Laissez égoutter complètement.

Épluchez et coupez le concombre en fines rondelles ou en julienne. Épluchez la carotte et coupez-la en julienne.

Coupez le poivron rouge en fines lanières.

Égouttez le maïs si vous utilisez du maïs en conserve.

Dans un petit bol, mélangez la sauce soja, le vinaigre de riz, l'huile de sésame, le sucre et l'ail haché jusqu'à ce que le sucre soit dissous.

Dans un grand bol, mélangez les nouilles konjac shirataki avec les légumes préparés (concombre, carotte, poivron rouge et maïs).

Versez la sauce sur la salade et mélangez délicatement pour bien enrober les nouilles et les légumes.

Assaisonnez avec du sel et du poivre selon votre goût. Saupoudrez la salade de graines de sésame grillées et garnissez avec les tranches de ciboule.

POUR **2 PERSONNES** | TEMPS DE PRÉPARATION : **20 MINUTES** | TEMPS DE MARINADE : **4 H** | TEMPS DE CUISSON : **5 MINUTES**

Sando aubergine miso

- 1 belle aubergine
- Marinade miso
- Sauce miso
- 100 g de carottes, chou rouge et sucrine (pour le coleslaw)
- 20 g de panko (pour la panure)
- 4 tranches de shokupan
- 10 g de beurre clarifié
- Sauce tonkatsu
- Ciboulette (facultatif)

Pour la marinade miso :

- 30 g de pâte miso
- 10 g de mirin
- 20 g de sauce soja
- 20 cl d'eau

Pour la sauce miso :

- 10 g de moutarde
- 20 g de pâte miso
- 40 g de mayonnaise
- Sel, poivre

Lavez et coupez l'aubergine dans le sens de longueur, et faites des tranches épaisses de 1,5 cm.

Dans un bol, mélangez tous les ingrédients pour la marinade au miso à l'aide d'un fouet.

Plongez les aubergines tranchées dans la marinade et laissez-les mariner 4 h au réfrigérateur.

Pour la sauce miso, mélangez dans un bol la moutarde et la pâte miso au fouet. Ajoutez la mayonnaise et assaisonnez.

Pour le coleslaw, épluchez les carottes et râpez-les finement à l'aide d'une mandoline ou au couteau. Râpez le chou rouge de la même taille, émincez la sucrine, puis mélangez tous les légumes et assaisonnez de sel et de poivre.

Sortez les tranches d'aubergine de la marinade, déposez-les directement dans le panko pour en recouvrir les deux côtés. Faites cuire les aubergines dans une friteuse à 180 °C, 3 à 4 min.

Dans une poêle, toastez les tranches de shokupan préalablement nappées d'une couche de beurre clarifié.

Disposez le coleslaw sur un côté du pain toasté, ajoutez les aubergines cuites.

Recouvrez de sauce miso et de sauce tonkatsu, avant de refermer avec la deuxième tranche de pain.

Coupez le sando en deux afin d'obtenir deux rectangles égaux et dressez-les sur une assiette. Finissez avec de la ciboulette fraîchement ciselée.

POUR **2 PERSONNES** | TEMPS DE PRÉPARATION : **15 MINUTES** | TEMPS DE CUISSON : **3 MINUTES**

Sando courgette tempura & shiso

- 1 courgette
- Sauce tartare miso
- 4 tranches de shokupan blanc
- 2 feuilles de shiso vert
- Huile végétale (pour la friture)

Pour l'appareil à tempuras :

- 110 g de farine
- 25 cl d'eau froide
- 1 jaune d'œuf (facultatif)
- 10 cl de bière (facultatif)
- Sel, poivre

Pour la sauce tartare miso :

- 50 g de mayonnaise
- 5 g de pâte miso rouge
- ½ échalote
- 10 g de cornichons hachés
- 5 g de gingembre frais, râpé
- 2 cl de sauce soja

Lavez la courgette et coupez dans le sens de la longueur des tranches de 1 cm d'épaisseur. Réservez.

Passez à la préparation de la pâte à tempuras. Dans un bol, mélangez la farine et l'eau froide afin d'obtenir un mélange homogène et sans grumeaux. Si vous le souhaitez, ajoutez le jaune d'œuf et la bière, et mélangez. Assaisonnez et goûtez : l'appareil à tempuras est prêt.

Pour la sauce tartare, placez la mayonnaise dans un bol et ajoutez la pâte miso, l'échalote et les cornichons hachés. Finissez par le gingembre et la sauce soja. Gardez au réfrigérateur jusqu'à utilisation.

Dans une poêle profonde, faites chauffez l'huile à 180 °C. À l'aide de baguettes ou d'une fourchette, trempez les tranches de courgette dans l'appareil à tempuras et mettez-les à cuire directement dans l'huile. La cuisson est très rapide car la courgette doit rester croquante, c'est-à-dire environ 2 à 3 min.

Égouttez sur du papier absorbant et salez.

Pour le montage du sando, prenez deux tranches de pain et versez-y de la sauce tartare miso. Ajoutez les feuilles de shiso vert et 2 à 3 tranches de courgettes tempura. Refermez le sando et servez.

POUR **4 PERSONNES** | TEMPS DE PRÉPARATION : **25 MINUTES** | TEMPS DE CUISSON : **5 MINUTES**

Tempuras de légumes

- 1 courgette, coupée en rondelles pas trop épaisses
- 1 aubergine, coupée en rondelles ou en bâtonnets
- 1 brocoli, en petits morceaux
- 1 oignon, coupé en rondelles épaisses
- Huile végétale (pour la friture)
- Sauce à tempura (disponible dans le commerce) ou sel

Pour la pâte à tempuras :

- 125 g de farine tout usage
- ½ cuil. à café de sel
- 1 œuf (facultatif, pour une pâte plus riche)
- 240 ml d'eau gazeuse (froide si possible)

Commencez par préparer la pâte à tempuras. Dans un bol, mélangez la farine et le sel. Si vous souhaitez une pâte plus riche, ajoutez un œuf battu à ce stade.

Ajoutez l'eau gazeuse et mélangez délicatement avec des baguettes ou avec une fourchette. Il est important de ne pas trop mélanger : il est normal que la pâte soit un peu grumeleuse ; il est préférable de laisser quelques grumeaux pour obtenir une texture légère et croustillante.

Une fois votre pâte à tempuras prête, faites chauffer l'huile dans une casserole à une température d'environ 170 à 180 °C.

Trempez vos légumes taillés dans la pâte à tempuras. N'oubliez pas que la pâte doit être mélangée de manière à peine homogène pour obtenir une texture croustillante. Ne pas trop mélanger est la clé pour réussir une pâte légère et aérienne.

Faites frire jusqu'à ce que les tempuras soient dorés et croustillants.

Égouttez sur du papier absorbant et servez avec de la sauce à tempuras ou du sel.

LA CULTURE DE LA FRITURE AU JAPON

Tempuras, karaage ou encore tonkatsu : les plats frits ont la côte dans l'archipel. Une nourriture réconfortante, qui allie néanmoins gourmandise et légèreté.

La friture, ou *agemono*, est un élément emblématique de la culture culinaire japonaise. Souvent considérés comme peu délicats dans certaines cultures, les plats frits parviennent souvent à trouver un subtil équilibre entre gourmandise et légèreté. Ainsi, on les retrouve aussi bien à la carte des izakaya, des restaurants haut de gamme, mais aussi sur les stands de cuisine de rue ou dans les boîtes à bento.

Les tempuras

Le tempura est peut-être le plat frit le plus emblématique du Japon, alors même (et on aurait tendance à l'oublier) qu'il provient d'une nation étrangère, puisque ce sont les missionnaires portugais qui l'introduisent dans l'archipel au XVIe siècle. Cette forme de friture consiste à enrober des légumes, des fruits de mer et parfois de la viande dans une pâte légère confectionnée à base d'eau froide, de farine et parfois d'œuf avant de les plonger dans l'huile de sésame bouillante. La friture croustillante et dorée retient l'humidité et la saveur de l'ingrédient qu'elle enrobe. Ils sont souvent accompagnés d'une sauce composée de sauce soja, de bouillon dashi et de mirin (un vin de riz doux). Les tempuras de légumes de saison comme le potiron, la patate douce et les champignons sont particulièrement appréciés des gourmands, tout comme ceux aux fruits de mer frais tels que les crevettes, les calamars et le poisson.

Le karaage

Le karaage désigne le poulet frit à la japonaise, mais il peut également s'appliquer à d'autres viandes telles que le porc ou le poisson. La clé du karaage réside dans la marinade. En général, le poulet est mariné dans un mélange de sauce soja, de gingembre, d'ail et de saké avant d'être légèrement enrobé de fécule de pomme de terre ou de farine, puis frit jusqu'à ce qu'il devienne croustillant tout en gardant un cœur tendre.

Le karaage est souvent servi avec une tranche de citron et de la mayonnaise japonaise, qui apporte un contraste crémeux avec le poulet croustillant. Il peut se déguster comme plat principal mais aussi comme en-cas, notamment lors des festivals et des pique-niques pendant Hanami, l'observation des fleurs de cerisier. Le karaage est également un aliment de base des bentos des petits et des grands.

Le tonkatsu

Le tonkatsu est une épaisse tranche de porc, enrobée de panko, la chapelure japonaise, avant d'être frite. Le tonkatsu est le plus souvent servi avec du chou râpé, du riz, et nappé d'une sauce appelée « sauce tonkatsu », à la texture épaisse et au goût sucré. Le tonkatsu se décline en plusieurs versions, notamment le katsu curry, qui est une escalope de porc frite servie avec du curry japonais, et le katsudon, qui est un bol de riz garni de tonkatsu et d'un œuf battu mi-cuit.

Les korokke

Les korokke sont des croquettes frites composées de purée de pommes de terre ou de viande hachée mélangée à divers ingrédients tels que des oignons et des légumes. Une fois les boulettes formées, elles sont trempées dans un mélange de farine et de jaune d'œuf avant d'être enrobées de panko et frites jusqu'à ce qu'elles soient croustillantes. Si les korokke sont une adaptation de la croquette de pomme de terre française, cette version japonaise se décline en de multiples variantes, notamment régionales ou saisonnières. On trouve ainsi des croquettes à la patate douce, au potimarron, au crabe ou aux crevettes.

Les korokke sont généralement consommées avec un filet de sauce Worcestershire et du chou râpé ou de la salade.

L'agedashi dofu

L'agedashi dofu est un plat de tofu soyeux ferme, coupé en cubes, légèrement enrobés de fécule de pomme de terre, puis frits. Le tofu est ensuite servi dans un bouillon chaud, le tentsuyu, composé de dashi de mirin et de sauce soja. Le tout est recouvert de ciboule, de daïkon râpé et de flocons de bonite. L'agedashi dofu est souvent dégusté en entrée ou en accompagnement. On retrouve la première mention de ce plat dans l'ouvrage *Tofu hyakuchin*, que l'on peut traduire par « Cent plats à base de tofu », publié en 1782.

Le kaki furai

Le kaki furai est l'un des plats populaires des longs hivers japonais. Il s'agit d'huîtres fraîches enrobées de panko et frites jusqu'à ce qu'elles soient dorées. Les huîtres sont ensuite dégustées avec de la sauce tartare ou de la sauce tonkatsu. Les kaki furai sont particulièrement consommées dans la baie d'Hiroshima, principale pourvoyeuse d'huîtres dans l'archipel.

ŒUFS

pages 56-67

POUR **6 ŒUFS** | TEMPS DE PRÉPARATION : **10 MINUTES** | TEMPS DE CUISSON : **1 H 20**

Œufs marbrés au thé fumé

- 6 œufs
- 4 ou 5 tasses d'eau
- 2 sachets de thé noir fumé (comme le Lapsang Souchong)
- 2 cuil. à soupe de sauce soja
- 1 cuil. à soupe de sauce soja noire (pour une couleur plus intense, facultatif)
- 1 cuil. à soupe de sucre
- 1 bâton de cannelle
- 2 étoiles de badiane (anis étoilé)
- 2 ou 3 morceaux d'écorce d'orange séchée (facultatif)
- 1 cuil. à café de grains de poivre de Sichuan (facultatif)

Placez les œufs dans une casserole et couvrez-les d'eau froide, puis portez à ébullition à feu moyen-fort.

Une fois que l'eau bout, laissez cuire les œufs pendant 8 à 10 min pour qu'ils soient bien durs.

Retirez les œufs de la casserole et plongez-les immédiatement dans un bol d'eau glacée pour arrêter la cuisson. Laissez-les refroidir pendant environ 5 min.

Une fois les œufs refroidis, tapotez-les doucement sur une surface dure pour craqueler les coquilles. Le but n'est pas de les écaler, mais de créer des fissures tout autour.

Dans une grande casserole, ajoutez 4 ou 5 tasses d'eau et portez à ébullition.

Ajoutez les sachets de thé, la sauce soja, la sauce soja noire (si utilisée), le sucre, le bâton de cannelle, les étoiles de badiane, les morceaux d'écorce d'orange séchée et les grains de poivre de Sichuan. Remuez pour bien mélanger.

Plongez les œufs craquelés dans la casserole avec le mélange de thé et d'épices.

Réduisez le feu et laissez mijoter à feu doux pendant au moins 1 h. Pour des motifs marbrés plus prononcés et une saveur plus riche, vous pouvez laisser mijoter jusqu'à 3 h. Assurez-vous de temps en temps que les œufs sont toujours couverts de liquide, en ajoutant de l'eau si nécessaire.

Après la cuisson, retirez la casserole du feu et laissez les œufs refroidir complètement dans le liquide. Pour un goût encore plus intense, laissez les œufs reposer dans le liquide au réfrigérateur pendant la nuit.

Une fois les œufs complètement refroidis, retirez-les du liquide et écalez-les délicatement.

POUR **1 OMELETTE** | TEMPS DE PRÉPARATION : **10 MINUTES** | TEMPS DE CUISSON : **10 MINUTES**

Tamagoyaki

(omelette à la japonaise)

- 4 œufs
- 1 cuil. à soupe de mirin
- 1 cuil. à soupe de sauce soja
- ½ cuil. à soupe de sucre
- ½ cuil. à café de sel
- Huile végétale (pour la cuisson)

Matériel :

Poêle pour tamagoyaki (facultatif)

Dans un bol, cassez les œufs et battez-les légèrement à l'aide de baguettes ou d'une fourchette.

Ajoutez le mirin, la sauce soja, le sucre et le sel dans les œufs battus. Mélangez bien pour que les ingrédients soient uniformément combinés.

Préchauffez à feu moyen une poêle rectangulaire spéciale pour tamagoyaki. Vous pouvez également utiliser une petite poêle antiadhésive.

Huilez légèrement la poêle avec de l'huile végétale à l'aide d'un papier absorbant.

Versez une fine couche de mélange aux œufs dans la poêle chaude. Lorsque les bords commencent à prendre, roulez la couche de mélange aux œufs depuis le côté le plus proche de vous vers le haut, formant ainsi un rouleau.

Poussez doucement le rouleau vers le bord opposé de la poêle.

Ajoutez une nouvelle couche de mélange aux œufs dans l'espace laissé vide. Inclinez la poêle pour que le mélange aux œufs non cuit atteigne le rouleau déjà formé.

Lorsque cette couche commence à prendre, roulez à nouveau le rouleau vers le haut.

Répétez ce processus de superposition et de roulage jusqu'à ce que tout le mélange aux œufs soit utilisé. Assurez-vous que le tamagoyaki est bien cuit et doré de tous les côtés.

Retirez le tamagoyaki de la poêle et laissez-le refroidir légèrement.

Coupez le tamagoyaki en tranches épaisses. Servez-le comme accompagnement ou comme garniture pour des sushis.

LE BENTO, UNE TRADITION CULINAIRE ET CULTURELLE

Le bento (弁当) est bien plus qu'un simple repas au Japon. C'est la culture japonaise emballée pour le déjeuner, un équilibre délicat entre la nourriture, l'esthétique et la nutrition.

L'histoire du bento remonte à plus de mille ans : direction l'époque de Kamakura (1185-1333), quand ces bentos prenaient la forme de simples repas confectionnés uniquement à partir de riz, transportés par les voyageurs, les chasseurs ou les soldats. Ces premiers bentos, connus sous le nom de « *hoshi-ii* », étaient constitués de riz séché conservé dans de petits sacs qui pouvaient être facilement réhydratés avec de l'eau ou consommés tels quels.

Au fur et à mesure de son évolution, en particulier pendant la période Edo (1603-1868), le bento est devenu plus complexe et varié. Les boîtes à bento, fabriquées en bois ou en laque, deviennent monnaie courante. Les Japonais commencent à les transporter pour les pique-niques et les visites au théâtre. Cette époque marque l'essor du « *makunouchi bento* », un style de bento conçu pour être mangé pendant les entractes des représentations de kabuki, une forme épique de théâtre traditionnel. Ces repas en boîte comprenaient généralement du riz, du poisson, des légumes marinés et des tamagoyaki, les omelettes japonaises. Avec un détail déterminant : les aliments devaient être variés et, surtout, de saison.

Les principaux types de bento

Aujourd'hui, le bento est un élément omniprésent de la vie quotidienne des Japonais, depuis l'école jusqu'au déjeuner des *salarymen* en passant par les en-cas dégustés lors de voyages en train.

On peut ainsi en distinguer plusieurs sortes :

- L'*ekiben* (駅弁) : ce bento est vendu dans les gares. Il est une vitrine des délices locaux et met souvent en valeur les aliments saisonniers ou les spécialités de la région. S'il est très mal vu au Japon de croquer dans un encas dans le métro ou dans les petites lignes de train où les trajets durent une poignée de minutes, il est plus que permis, voire conseillé, de déguster un *ekiben* lors de voyages plus longs.

- Le *kyaraben* (キャラ弁) : ce type de bento est populaire depuis une trentaine d'années mais sa popularité a explosé sur les réseaux sociaux. Le *kyaraben*, abréviation de « bento de personnage », se compose de riz, de légumes et de protéines présentés sous la forme de personnages d'animes, de dessins animés ou d'animaux kawaï. Ils sont généralement préparés par les mères de famille pour leur enfant.

- L'*hinomaru bento* (日の丸弁当) : c'est l'une des formes les plus simples de bento, puisque l'*hinomaru bento* consiste en un lit de riz blanc surmonté d'une umeboshi (prune marinée) rouge au centre, lui donnant des airs de drapeau japonais.

- Le *shokado bento* (松花堂弁当) : originaire de Kyoto, le *shokado bento* est souvent associé à des repas formels ou à des occasions spéciales. Il est généralement servi dans une boîte laquée noire divisée en compartiments distincts, chacun contenant un petit plat joliment disposé. Il s'agit d'une expérience gastronomique raffinée et élégante qui offre un parfait écrin aux techniques culinaires japonaises traditionnelles.

L'art du bento

Le processus de création d'un bento est considéré comme une forme d'art au Japon, car il combine compétences culinaires, attention aux détails et créativité. En effet, un bento typique comprend une combinaison équilibrée de glucides (généralement du riz), de protéines (telles que du poisson, de la viande ou des œufs) et de légumes. Traditionnellement, un bento contient un mélange de cinq couleurs (blanc, noir, rouge, jaune et vert) et comprend une variété de goûts et de textures : du salé, du sucré, de l'acide et de l'umami. Mais un bento réussi n'est pas seulement nutritif, il est aussi visuellement attrayant, car il est souvent composé en tenant compte des couleurs, des textures et de l'équilibre entre celles-ci.

Le bento dans la culture populaire

Le bento imprime également sa marque dans la culture populaire japonaise puisqu'il apparaît régulièrement dans les animes, les mangas et les films. Qu'il s'agisse d'un étudiant timide composant un bento pour celle qu'il aime en secret ou d'un parent élaborant avec amour un repas pour son enfant, la préparation ou le partage d'un bento est un procédé narratif courant, symbolisant l'attention, l'amitié ou l'intérêt romantique porté par un personnage à un autre. Au-delà de la fiction, la culture du bento est devenue un phénomène mondial popularisé notamment hors des frontières japonaises grâce à des youtubeuses qui partagent en ligne des idées de recettes comme Kimono Mom, Imamu Room ou encore Kumiko Recette.

POUR **4 PERSONNES** I TEMPS DE PRÉPARATION : **15 MINUTES** I TEMPS DE CUISSON : **20 MINUTES**

Omelette japonaise tornado

- 12 œufs
- 20 g de beurre doux
- Sel, poivre

Cassez les œufs dans un petit saladier, assaisonnez-les avec du sel et du poivre et battez-les énergiquement à la fourchette ou avec une paire de baguettes, si vous voulez le faire comme un pro.

Faites chauffer une poêle antiadhésive à feu vif, puis ajoutez 5 g de beurre.

Lorsque celui-ci commence à mousser, versez l'équivalent de 3 œufs battus pour réaliser une omelette.

Gardez le reste des œufs battus pour les autres omelettes.

Baissez légèrement le feu.

Laissez coaguler les bords des œufs battus dans la poêle pendant 15 s environ.

Tenez dans une main le manche de la poêle et, de l'autre main, empoignez une paire de baguettes.

Positionnez une baguette d'un côté du bord des œufs dans la poêle et l'autre baguette du côté opposé.

Appuyez avec les deux baguettes sur l'émail de la poêle et, avec un mouvement linéaire, faites glisser la pointe des deux baguettes au centre, jusqu'à ce qu'il ne reste plus qu'un espace de 2 cm environ entre elles.

Faites doucement tourner la poêle par le manche dans un sens circulaire, à 360 degrés, en environ 10 intervalles toutes les 3 s chacun environ, en gardant fermement les baguettes au centre de la poêle. Répétez cette manipulation dix fois.

Une fois cuite, glissez l'omelette tornado dans une assiette, et lancez-vous dans les cuissons des autres omelettes.

POUR **4 PERSONNES** | TEMPS DE PRÉPARATION : **15 MINUTES** | TEMPS DE CUISSON : **20 MINUTES**

Omelette japonaise baveuse classique

- 12 œufs
- 20 g de beurre doux
- Sel, poivre

Cassez les œufs dans un petit saladier et assaisonnez-les avec du sel et du poivre.

Battez-les énergiquement à la fourchette ou avec une paire de baguettes si vous voulez le faire comme un pro.

Faites chauffer une poêle antiadhésive à feu vif, puis ajoutez 5 g de beurre.

Lorsque celui-ci commence à mousser, versez l'équivalent de 3 œufs battus.

Gardez le reste des œufs battus pour réaliser les autres omelettes.

Baissez légèrement le feu.

À l'aide d'une paire de baguettes, décollez les bords de l'omelette et ramenez-les vers le centre au fur et à mesure que les œufs coagulent en réalisant des petits cercles sur toute la surface de la poêle pour obtenir des œufs brouillés bien baveux (30 s environ).

Soulevez le manche de la poêle avec une inclinaison de 45 degrés.

À l'aide d'une maryse, rabattez par petits coups vers l'avant la moitié des œufs brouillés sur l'autre moitié sans les casser, en gardant toujours la poêle inclinée.

Posez la maryse. Tenez la poêle d'une main et, de l'autre, donnez un ou deux coups secs, poing fermé sur l'autre partie du manche, pour décoller l'extrémité opposée de l'omelette.

Rabattez le tout du côté opposé de la poêle à l'aide d'une maryse.

Vérifiez que l'omelette est bien fermée en la faisant rouler délicatement dans la poêle.

Renversez l'omelette sur un dôme de riz.

À l'aide d'un couteau bien aiguisé, coupez l'omelette dans la longueur.

Accompagnez d'une sauce de votre choix, et lancez-vous dans les cuissons des autres omelettes.

POUR **12 PERSONNES** | TEMPS DE PRÉPARATION : **2 H 30** | TEMPS DE CUISSON : **3 H**

Omurice demi-glace

- 2 kg de poitrine de bœuf fraîche
- 1 carotte
- 2 branches de céleri branche
- 2 tomates
- 1 oignon
- ½ tête d'ail
- 4 cuil. à soupe d'huile de tournesol
- ½ bouteille de vin rouge (32,5 cl)
- 4 cuil. à soupe de fond de veau déshydraté
- 3 l d'eau tiède
- 3 branches de thym
- 1 branche de romarin
- 1 feuille de laurier

Pour le roux brun :

- 45 g de beurre
- 45 g de farine

Pour l'assaisonnement :

- 1 cuil. à soupe de sauce soja
- 3 cuil. à soupe de sauce Worcestershire
- Sel
- Poivre noir

Épluchez et coupez chaque légume en quatre. Hachez l'ail. Réservez.

Coupez le bœuf en cubes de 5 cm de côté, puis faites-le dorer dans une poêle avec 2 cuil. à soupe d'huile de tournesol à feu vif pendant 15 min environ. Baissez le feu si nécessaire. Débarrassez dans un bol.

Dans une marmite, faites sauter et dorer l'ail, l'oignon, la carotte et le céleri avec le reste d'huile de tournesol à feu doux. Ajoutez ensuite le bœuf doré et déglacez avec le vin rouge. Laissez réduire le vin à feu vif presque à sec (20 min environ).

Réhydratez le fond de veau avec 3 l d'eau tiède pour obtenir 3 l de bouillon. Portez à ébullition. Versez le bouillon dans la marmite avec le bœuf, ajoutez les tomates et les herbes aromatiques et laissez cuire pendant 2 h. Écumez de temps en temps.

Pendant ce temps, réalisez un roux brun. Faites fondre complètement le beurre dans une casserole à feu moyen, puis ajoutez la farine. À l'aide d'une cuillère en bois, remuez jusqu'à obtenir une pâte homogène couleur noisette. Attention à ne pas brûler le roux (10 min environ de cuisson). Réservez.

Lorsque la viande est cuite, séparez-la des légumes avec les herbes aromatiques. Mixez tous les légumes cuits avec une petite quantité de bouillon dans un blender ou dans un robot de cuisine.

Versez petit à petit le reste du bouillon chaud dans le roux brun et mélangez à l'aide d'un fouet à feu moyen. Portez à ébullition. Lorsque le roux et le bouillon sont bien mélangés, incorporez la purée de légumes.

Assaisonnez avec la sauce soja, la sauce Worcestershire, du sel et du poivre.

Servez dans une assiette avec du riz disposé en dôme et déposez une omelette japonaise baveuse (voir recette p. 61) ouverte par-dessus.

POUR **2 PERSONNES** | TEMPS DE PRÉPARATION : **15 MINUTES** | TEMPS DE CUISSON : **15 MINUTES**

Oyakodon

- 2 filets de poulet (environ 250 à 300 g), coupés en morceaux de la taille d'une bouchée
- 1 oignon moyen, finement émincé
- 3 œufs
- 1 pincée de sel
- 2 bols de riz cuit chaud
- Quelques brins de mitsuba (coriandre japonaise) ou de ciboule, finement hachés, pour garnir (facultatif)

Pour le bouillon :

- 1 tasse de dashi (voir recette p. 153) ou 1 tasse d'eau avec 1 cuil. à café de dashi en poudre
- 3 cuil. à soupe de sauce soja
- 2 cuil. à soupe de mirin (vin de riz sucré)
- 1 cuil. à soupe de sucre

Dans une petite casserole, mélangez le dashi, la sauce soja, le mirin et le sucre. Portez à ébullition à feu moyen, puis réduisez le feu et laissez mijoter doucement pendant quelques minutes pour bien mélanger les saveurs.

Ajoutez les morceaux de poulet et les lamelles d'oignon dans le bouillon. Assurez-vous qu'ils sont bien immergés dans le liquide. Laissez mijoter à feu doux pendant 5 à 7 min, ou jusqu'à ce que le poulet soit bien cuit et que les oignons soient tendres.

Pendant que le poulet et les oignons cuisent, cassez les œufs dans un bol et battez-les légèrement avec une pincée de sel.

Versez les œufs battus sur le poulet et les oignons dans la casserole. Répartissez-les de manière uniforme.

Couvrez la casserole et laissez cuire à feu doux pendant 2 à 3 min, ou jusqu'à ce que les œufs soient cuits mais encore légèrement coulants. Si vous préférez des œufs bien cuits, laissez-les cuire un peu plus longtemps.

Répartissez le riz chaud dans deux bols. À l'aide d'une cuillère ou d'une spatule, transférez délicatement le mélange de poulet, d'oignons et d'œufs sur le riz dans chaque bol.

Garnissez de mitsuba ou de ciboule hachée si vous le souhaitez.

POUR **2 PERSONNES** | TEMPS DE PRÉPARATION : **10 MINUTES** | TEMPS DE CUISSON : **10 MINUTES**

Tamago sando

- 3 œufs
- 1 ou 2 cuil. à soupe de mayonnaise
- 1 pincée de sel
- ½ mini-concombre
- 4 tranches de pain de mie
- Beurre

Portez une casserole d'eau à ébullition et faites-y cuire les œufs 9 à 10 min pour les durcir. Laissez-les refroidir et écalez-les.

Placez les œufs durs dans un bol et réduisez-les en miettes avec un couteau de table ou le dos d'une fourchette. Ajoutez la mayonnaise et le sel. Mélangez.

Coupez le concombre en fines tranches.

Beurrez les tranches de pain de mie. Disposez dessus les rondelles de concombre, puis le mélange œufs durs-mayonnaise. Refermez le sandwich. Ôtez-en la croûte, puis coupez-les en triangles.

POUR **2 PERSONNES** | TEMPS DE PRÉPARATION : **10 MINUTES** | TEMPS DE CUISSON : **20 MINUTES**

Chawanmushi
(crème aux œufs salés cuite à la vapeur)

- 2 œufs
- 240 ml de bouillon dashi (voir recette p. 153)
- 1 cuil. à soupe de mirin
- 1 pincée de sel
- 1 cuil. à soupe de sauce soja
- Garnitures au choix (crevettes cuites, morceaux de poulet cuits, champignons shiitaké, épinards blanchis, etc.)
- Herbes fraîches (facultatif)

Battez doucement les œufs et mélangez-les avec le bouillon dashi, le mirin, le sel et la sauce soja.

Placez les garnitures choisies au fond de petits bols et versez le mélange d'œufs par-dessus.

Couvrez les bols avec du film alimentaire pour empêcher la vapeur de s'échapper. Placez-les dans un cuiseur vapeur ou dans une casserole avec un peu d'eau.

Faites cuire à feu moyen-doux 15 à 20 min environ, ou jusqu'à ce que le chawanmushi ait pris. Insérez un cure-dent au centre du chawanmushi pour vérifier s'il est cuit. S'il en ressort propre, c'est prêt. Vous pouvez servir le chawanmushi chaud, tiède ou même froid. Garnissez éventuellement avec des herbes fraîches, comme de la ciboule hachée.

POUR **4 PERSONNES** | TEMPS DE PRÉPARATION : **20 MINUTES** | TEMPS DE CUISSON : **45 MINUTES**

Flan aux œufs salé

- 300 g de porc haché
- 1 oignon, finement haché
- 2 gousses d'ail, émincées
- 3 œufs
- 200 ml de crème fraîche
- 100 ml de lait
- 50 g de parmesan, râpé
- 1 cuil. à soupe d'huile d'olive
- Un peu de beurre
- Sel, poivre

Pour la sauce piquante :

- 2 cuil. à soupe de sauce soja
- 1 cuil. à soupe de vinaigre de riz
- 1 cuil. à soupe de miel
- 1 cuil. à café de gingembre frais, râpé
- 1 cuil. à café de piment en poudre (selon votre goût)
- 1 gousse d'ail émincée
- 1 cuil. à café d'huile de sésame
- 1 cuil. à café de fécule de maïs délayée dans un peu d'eau froide

Préchauffez votre four à 180 °C (th. 6).

Faites chauffer l'huile d'olive dans une poêle à feu moyen. Ajoutez l'oignon et l'ail, et faites-les revenir jusqu'à ce qu'ils soient dorés et tendres. Ajoutez ensuite le porc haché dans la poêle et faites cuire jusqu'à ce qu'il soit bien doré et cuit. Assaisonnez avec du sel et du poivre selon votre goût. Laissez refroidir légèrement.

Dans un grand bol, battez les œufs avec la crème fraîche et le lait. Ajoutez le parmesan râpé et mélangez bien. Ajoutez le mélange de porc refroidi à la préparation d'œufs et mélangez jusqu'à ce que tout soit bien incorporé.

Beurrez légèrement un moule à gratin ou des petits ramequins individuels et versez la préparation dans le moule préparé. Placez le moule dans un plat plus grand allant au four. Remplissez le grand plat d'eau chaude jusqu'à mi-hauteur du moule à gratin : cela permet de cuire le flan à la vapeur dans le four. Enfournez pendant 40 à 45 min, ou jusqu'à ce que le flan soit pris et doré sur le dessus.

Une fois cuit, retirez du four et laissez légèrement refroidir avant de démouler.

Pendant que le flan cuit, préparez la sauce piquante en combinant tous les ingrédients, sauf la fécule de maïs, dans une petite casserole. Portez à ébullition, puis réduisez à feu doux et laissez mijoter pendant environ 5 min, en remuant occasionnellement.

Goûtez et ajustez l'assaisonnement selon votre préférence. Si vous souhaitez une sauce plus épaisse, ajoutez la fécule de maïs délayée et laissez mijoter quelques minutes de plus jusqu'à épaississement.

Démoulez le flan salé sur une assiette de service. Servez chaud, accompagné de la sauce piquante sur le côté pour tremper.

L'ART DE LA TABLE AU JAPON

Disposition des plats, choix de la vaisselle, décoration confectionnée en fonction de la saison ou encore attachement à une esthétique minimaliste : l'art de la table japonais a ses codes. Les voici.

Que l'on savoure un repas au restaurant ou au domicile de notre hôte, quelque chose saute rapidement aux yeux des gourmets les plus attentifs : au Japon, ce qui est disposé dans notre assiette a autant d'importance que la manière dont sont disposés les éléments qui composent la table. La cuisine japonaise vise le respect de la saisonnalité, la fraîcheur des produits, la juste taille des bouchées. L'art de la table sert d'écrin délicat au repas : de l'ordonnancement des plats au choix de leur taille, matériau ou forme, tout est pensé pour offrir aux convives une expérience sensible, qui allie raffinement et simplicité.

La recherche de l'équilibre

La manière dont les plats sont disposés sur la table est régie par des règles précises, qui traduisent la quête de l'équilibre et l'importance de ce concept dans la société nippone. Traditionnellement, un repas japonais traditionnel complet, *ichiju sansai*, se compose d'un bol de soupe et de trois plats d'accompagnement, et obéit à une symétrie subtile. Le riz, élément essentiel, est placé à gauche de l'ensemble, tandis que la soupe est disposée à droite. Les plats d'accompagnement, comme les légumes ou le poisson, sont soigneusement répartis au centre.

Cette organisation n'est pas uniquement esthétique : elle incarne également une philosophie du respect des aliments. Tout y est servi en portions plus petites que dans d'autres cultures, reflétant un principe de gratitude envers la nourriture, qui doit être savourée lentement et en pleine conscience.

Le choix des plats

Le choix des bols, des assiettes et des tasses est également minutieux. En effet, leurs formes et leurs matériaux de conception varient selon les saisons : des plats plus frais et légers sont utilisés pendant l'été, tandis que des céramiques plus épaisses sont réservées aux mois d'hiver pour maintenir le repas au chaud. Les laques et porcelaines délicates, ornées de motifs floraux ou naturels, complètent la table, chaque élément contribuant à l'expérience sensorielle globale.

Le choix des motifs n'est pas non plus anodin, puisqu'ils devront refléter la saison en cours. De manière générale, les couleurs des bols, des assiettes et des tasses sont également choisies avec soin, soit pour contraster avec les couleurs des aliments disposés en leur sein, soit pour, au contraire, poursuivre le camaïeu de couleurs qu'ils ont initié.

L'esthétique du minimalisme

L'une des philosophies centrales de l'art de la table au Japon est le concept du *wabi-sabi*, une esthétique basée sur la simplicité, l'imperfection et l'éphémère. Comme l'a théorisé Leonard Koren, architecte et théoricien de l'esthétique, « le *wabi-sabi* est la beauté des choses imparfaites, impermanentes et incomplètes. C'est la beauté des choses modestes et humbles. C'est la beauté des choses atypiques. » Ainsi, le *wabi-sabi* se reflète dans le choix des matériaux utilisés pour dresser la table, souvent naturels et non polis, qui vont se patiner avec le temps et l'usage, comme le bois, la pierre, la céramique, le lin ou encore le coton. Pour les couleurs, les tons neutres et doux comme le gris, le taupe, le terracotta, le beige ou le vert ont bonne presse sur les tables japonaises. Enfin, l'esthétique *wabi-sabi* valorise les marques du temps, les petites cassures ou les brèches. En cas de bris, il n'est pas rare que les Japonais réparent l'objet en question avec une délicate jointure dorée, telle une cicatrice brillante, selon la méthode du *kintsugi*, qui témoigne non seulement de l'histoire de l'objet que l'on a entre les mains, mais aussi du lien entretenu avec lui par ses propriétaires.

Les bols en céramique sont ainsi particulièrement prisés pour leurs irrégularités et leur texture brute, rendant hommage à la beauté du travail artisanal et à la relation entre l'être humain et la nature.

POISSONS & PRODUITS DE LA MER

pages 70-97

POUR **2 PERSONNES** | TEMPS DE PRÉPARATION : **30 MINUTES** | TEMPS DE CUISSON : **3 MINUTES**

Algues wakamé aux crevettes et au concombre

- 1 petit concombre
- 1 sachet d'algues wakamé (ou 1 belle poignée si vous arrivez à en trouver des fraîches)
- Une douzaine de crevettes crues
- 1 cuil. à soupe de graines de sésame
- ½ avocat
- Sel

Pour la vinaigrette :

- 3 cm de gingembre
- 1 cuil. à café de sucre blanc en poudre
- 1 cuil. à soupe de vinaigre de riz
- 1 cuil. à soupe de sauce soja
- 1 cuil. à soupe d'huile végétale
- 1 cuil. à café d'huile de sésame

Épluchez et hachez le gingembre le plus finement possible. Dans un bol, délayez le sucre avec le vinaigre, puis ajoutez la sauce soja et les huiles. Ajoutez le gingembre et réservez.

Épluchez le concombre et émincez-le finement. Saupoudrez de sel fin et laissez reposer pendant 30 min. Faites tremper les algues dans de l'eau froide et laissez aussi reposer 30 min.

Décortiquez les crevettes en essayant de garder le dernier anneau et la queue de la carapace. Incisez le dos afin de retirer le petit boyau noir. Faites-les cuire pendant 2 à 3 min dans de l'eau bouillante salée.

Dans une poêle sans matière grasse, faites revenir les graines de sésame jusqu'à ce qu'elles commencent à crépiter. Retirez-les immédiatement de la poêle.

Pressez entre vos mains le concombre et les algues afin de bien les essorer. Mettez le tout dans un saladier et versez la vinaigrette dessus au travers d'un tamis. Pressez le gingembre afin de récupérer le maximum de jus et mélangez bien. Passez une cuillère à soupe entre la chair et la peau de l'avocat, puis découpez-le en cubes de 1 cm de côté.

Dressez la salade dans de petits bols, en commençant par le mélange algues-concombre. Posez par-dessus les crevettes, les dés d'avocat, et saupoudrez de graines de sésame avant de servir.

POUR **2 PERSONNES** | TEMPS DE PRÉPARATION : **15 MINUTES** | TEMPS DE CUISSON : **10 MINUTES**

Fbi furai

- 12 crevettes moyennes
- Farine tout usage
- 1 œuf, battu
- Chapelure panko
- Sauce tonkatsu ou sauce Worcestershire
- Huile végétale (pour la friture)

Préparez trois bols peu profonds. Versez la farine dans le premier, l'œuf battu dans le deuxième et la chapelure panko dans le dernier.

Décortiquez les crevettes en essayant de garder le dernier anneau et la queue de la carapace. Incisez le dos afin de retirer le petit boyau noir. Passez chaque crevette dans la farine, en secouant l'excès, puis dans l'œuf battu, et enfin dans la chapelure. Pressez doucement la chapelure sur les crevettes pour qu'elle adhère bien. Placez les crevettes panées sur une assiette propre.

Préchauffez l'huile végétale dans une casserole ou une poêle profonde à environ 170-180° C. Faites frire les crevettes panées par lots, en les plongeant délicatement dans l'huile chaude, 2 à 3 min environ, jusqu'à ce qu'elles soient dorées et croustillantes.

Utilisez une écumoire pour retirer les crevettes de la poêle et placez-les sur du papier absorbant pour enlever l'excès d'huile. Servez les crevettes panées chaudes, accompagnées de sauce tonkatsu ou Worcestershire pour tremper.

POUR **4 PERSONNES** | TEMPS DE PRÉPARATION : **15 MINUTES** | TEMPS DE CUISSON : **10 MINUTES**

Beignets de crevettes

- 300 g de crevettes crues, décortiquées
- ½ botte de ciboulette
- Le jus de ½ citron
- 1 cuil. à soupe de saké
- 1 œuf
- 1 cuil. à soupe de farine de riz
- 100 g de chapelure
- 1 citron (pour servir)
- Huile végétale (pour la friture)
- Sel, poivre

Rincez et émincez finement la ciboulette. Incisez le dos des crevettes afin de retirer le boyau noir.

Dans le bol d'un robot mixeur, mettez les crevettes avec le jus de citron, le saké, l'œuf, la farine de riz, du sel et du poivre. Actionnez le robot jusqu'à obtention d'une pâte homogène. Ajoutez alors la ciboulette et mélangez bien.

Disposez la chapelure dans une assiette et faites chauffer l'huile dans une poêle. À l'aide d'une cuillère à soupe, prélevez un peu de pâte et façonnez-la en boule. Faites-la rouler dans la chapelure avant de la faire frire. Renouvelez l'opération jusqu'à ce qu'il n'y ait plus de pâte. Laissez cuire 3 à 4 min. Il faut que les beignets soient bien dorés.

À l'aide d'une écumoire, retirez les beignets de l'huile et disposez-les sur du papier absorbant. Servez-les rapidement avec des quartiers de citron.

POUR **4 PERSONNES** | TEMPS DE PRÉPARATION : **25 MINUTES** | TEMPS DE CUISSON : **10 MINUTES**

Tempuras de crevettes

- 500 g de crevettes, décortiquées et déveinées (environ 125 g par personne)
- Pâte à tempuras (voir recette p. 51)
- Huile végétale (pour la friture)
- Sauce à tempuras ou sel

Préparez votre pâte à tempuras et chauffez l'huile dans une casserole à environ 170-180° C.

Trempez vos crevettes dans la pâte à tempuras. N'oubliez pas que la pâte à tempuras doit être mélangée de manière à peine homogène pour obtenir une texture croustillante. Ne pas trop mélanger est la clé pour réussir une pâte légère et aérienne.

Faites frire jusqu'à ce que les tempuras soient dorés et croustillants (2 à 3 min, normalement).

Égouttez sur du papier absorbant et servez avec de la sauce à tempuras ou du sel.

POUR **4 PERSONNES** | TEMPS DE PRÉPARATION : **15 MINUTES** | TEMPS DE CUISSON : **12 MINUTES**

Fukagawa meshi

- 450 g de riz rond blanc
- 50 g de carottes
- 20 g de gingembre
- 800 g de coques

Pour le bouillon :

- 520 ml de bouillon dashi (voir recette p. 153 – ou 520 ml d'eau + 8 g de dashi lyophilisé)
- 50 ml de saké
- ½ cuil. à soupe de sauce soja
- 1 cuil. à café de sel

Rincez délicatement le riz à l'eau sans casser les grains. Répétez deux à trois fois et laissez tremper au moins 30 min.

Coupez les carottes en petits morceaux.

Coupez le gingembre en tout petits morceaux.

Versez le bouillon dashi, le saké, la sauce soja et le sel dans l'eau, et portez à ébullition. Ajoutez les coques et laissez cuire jusqu'à ce qu'elles soient ouvertes.

Séparez le jus de cuisson des coques.

Égouttez le riz dans une passoire. Mettez-le dans une casserole avec le jus de cuisson, les légumes coupés et le gingembre. Couvrez jusqu'à ébullition, puis laissez cuire à feu doux environ 12 min. Éteignez le feu, ajoutez les coques (sans les coquilles) et laissez reposer à couvert 10 min.

POUR **4 PERSONNES** | TEMPS DE PRÉPARATION : **30 MINUTES** | TEMPS DE TREMPAGE : **1 H** | TEMPS DE CUISSON : **20 MINUTES**

Ikameshi

- 1 grand calamar (ou 2 petits)
- 70 g de riz gluant
- 10 g de gingembre
- 1 cuil. à café de sauce soja

Pour la sauce :

- 300 ml d'eau filtrée
- 2 cuil. à soupe de sucre
- 2 cuil. à soupe de saké
- 2 cuil. à soupe de sauce soja
- 1 cuil. à soupe de mirin

Lavez le riz gluant et laissez tremper 1 h dans l'eau.

Mélangez tous les ingrédients de la sauce et ajoutez le gingembre coupé en rondelles.

Videz et nettoyez le calamar, enlevez les yeux et le bec.

Détachez la tête et les bras, et malaxez soigneusement avec une petite poignée de sel pour enlever toutes les petites rondelles dures qui se trouvent sur les tentacules. Lavez et essuyez avec du papier absorbant.

Coupez la tête et les bras en petits morceaux, mélangez avec le riz égoutté et la sauce soja.

Farcissez le calamar de ce mélange de riz aux 7/10e, puis fermez avec un cure-dent. Ne remplissez pas trop : le riz risque de ne pas cuire correctement ou de faire éclater le calamar en gonflant.

Dans une casserole, mettez la sauce et le gingembre coupé préparés précédemment. Faites bouillir, puis plongez-y le calamar farci, couvrez et laissez cuire à feu moyen de 15 à 20 min. Tournez-le de temps en temps.

Sortez le calamar de la casserole, coupez-le en rondelles de la taille d'une bouchée (environ 1 cm d'épaisseur). Faites réduire la sauce et versez sur le calamar coupé. Dégustez bien chaud.

POUR **2 PERSONNES** | TEMPS DE PRÉPARATION : **15 MINUTES** | TEMPS DE MARINADE : **30 MIN** |
TEMPS DE CUISSON : **20 MINUTES**

Ika geso karaage

- 500 g d'anneaux de calamar (frais ou décongelés)
- ¼ de tasse de sauce soja
- 2 cuil. à soupe de mirin
- 2 cuil. à soupe de saké (ou vin de cuisine)
- 2 gousses d'ail, émincées
- 1 morceau de gingembre (environ 2 cm), râpé
- 1 œuf
- ½ tasse de fécule de pomme de terre ou de maïs
- ½ tasse de farine
- Huile végétale (pour la friture)

Pour la sauce :

- ¼ de tasse de mayonnaise japonaise (Kewpie de préférence)
- 1 cuil. à soupe de jus de citron
- 1 cuil. à café de sauce soja
- ½ cuil. à café de pâte de wasabi (facultatif)

Rincez les anneaux de calamar à l'eau froide et égouttez-les bien.

Dans un grand bol, mélangez la sauce soja, le mirin, le saké, l'ail émincé et le gingembre râpé.

Ajoutez les anneaux de calamar à la marinade et mélangez bien pour les enrober.

Couvrez et laissez mariner au réfrigérateur pendant au moins 30 min, ou jusqu'à 1 h pour une saveur plus intense.

Dans un bol, battez l'œuf.

Dans un autre bol, mélangez la fécule de pomme de terre et la farine.

Dans une grande poêle ou une friteuse, faites chauffer l'huile végétale à feu moyen-fort jusqu'à ce qu'elle atteigne environ 170-180 °C.

Retirez les anneaux de calamar de la marinade et égouttez-les légèrement.

Trempez chaque anneau dans l'œuf battu, puis enrobez-le du mélange de fécule de pomme de terre et de farine.

Faites frire les anneaux de calamar par petites quantités jusqu'à ce qu'ils soient dorés et croustillants, environ 2 à 3 min de chaque côté.

Retirez les anneaux de la poêle et égouttez-les sur du papier absorbant.

Dans un petit bol, mélangez la mayonnaise japonaise, le jus de citron, la sauce soja et la pâte de wasabi (si utilisée).

Remuez bien jusqu'à ce que la sauce soit homogène.

Servez chaud avec la sauce à côté.

KOMBU, NORI ET WAKAMÉ : FOCUS SUR LES ALGUES JAPONAISES

Riches en vitamines et minéraux, les algues sont un des aliments phares de la cuisine japonaise. Petite revue de détail de celles que l'on retrouve aussi bien enrobant un onigiri que flottant dans un bouillon dashi.

Ces végétaux marins sans racines ni feuilles sont indispensables à qui voudrait se lancer dans la cuisine japonaise. Répertoriées par couleur, brunes, vertes ou rouges, les algues sont de petites bombes nutritionnelles. Riches en nutriments, elles regorgent de vitamines A, C et E et de minéraux. Wakamé, nori et kombu ont également une teneur importante en fibres. Ainsi, il a été démontré que la consommation d'algues améliore la santé cardiovasculaire en réduisant notamment la pression artérielle, en abaissant le taux de cholestérol et en améliorant le contrôle de la glycémie.

Les trois types d'algues

Kombu : cette algue brune est particulièrement riche en calcium. Si elle se savoure avec du poisson, de la viande ou des fondues, la kombu est aussi, et surtout, l'ingrédient essentiel à la préparation du dashi, ce bouillon phare de la cuisine japonaise, qui renferme la précieuse saveur umami, obtenue notamment grâce à la fusion de l'algue kombu et du katsuobushi, de la bonite séchée. Le kombu pousse en abondance au large de l'île septentrionale du Japon, Hokkaido.

Nori : cette algue rouge est très riche en protéines, en minéraux et en acides aminés. Elle est, au VIIIe siècle, dégustée fraîche. Ce n'est qu'à partir de l'époque Edo (1603-1868) que sa consommation change. On la trouve désormais principalement sous forme de feuilles séchées afin d'être utilisée dans la confection des onigiri ou des makis. Elle peut aussi se présenter en flocons ou en poudre. Elle sert alors d'aromate que l'on ajoute aux sauces, soupes, salades, riz ou bouillons. La nori est principalement cultivée dans la baie de Tokyo et dans la baie de la mer d'Ariake, au nord de l'île de Kyushu.

Wakamé : riche en vitamines, calcium, fibres et antioxydants, cette algue brune est l'algue star de la soupe miso, l'un des plats de base de la cuisine traditionnelle nippone et que l'on peut consommer dès le petit-déjeuner. Son goût particulièrement doux en fait un ingrédient parfait pour les salades. Le wakamé est généralement vendu séché. Pour le préparer, il suffit de le plonger dans l'eau chaude, ce qui le fait changer de couleur : il passe d'un brun profond à un vert foncé. Le wakamé est exclusivement cultivé sur les côtes nord de l'archipel car il ne pousse qu'en eaux froides.

Une consommation séculaire

Ce sont les moines qui ont été les premiers à cultiver les fameuses *kaisou* au VIIIe siècle, tout d'abord sur des tiges de bambou, dans les eaux peu profondes des baies et estuaires, selon la technique dite *tenkusa* ou « culture suspendue ». Les algues étaient alors si importantes qu'une loi de 701 autorise même les Japonais à les utiliser pour payer leurs impôts. Elles sont mentionnées pour la première fois dans l'ouvrage *Nihon Shoki* (« Chroniques du Japon ») achevé en 720, en tant qu'offrandes aux divinités.

À compter de l'époque Heian (794-1185), les algues entrent dans les usages alimentaires de l'aristocratie et de la cour impériale. Nori, kombu et wakamé faisaient même partie de la liste des cadeaux admis pour la famille impériale. Mais il faut attendre l'époque Edo pour que les algues se démocratisent. Les techniques de récolte se perfectionnent, tout comme celles de conservation, les réseaux commerciaux se renforcent à travers tout l'archipel. Tokyo devient l'une des principales places de culture des algues nori, et les algues kombu, cultivées principalement sur l'île septentrionale d'Hokkaido, sont désormais distribuées dans tout le pays.

Aujourd'hui, le Japon est un des plus gros pays consommateurs d'algues selon l'Agence nationale pour la recherche (ANR) dans le domaine de la pêche, avec plus de 100 000 tonnes consommées par an, l'algue nori arrivant en tête puisqu'elle représente environ 60 % de la production totale d'algues au Japon.

POUR **2 PERSONNES** | TEMPS DE PRÉPARATION : **15 MINUTES** | TEMPS DE CUISSON : **10 MINUTES**

Monjayaki

- 500 ml de bouillon dashi katsuobushi (voir recette p. 153
- ou 500 ml d'eau + 8 g de dashi lyophilisé)
- 2 cuil. à soupe de sauce Worcestershire (+ 2 cuil. à soupe de ketchup si sauce Worcestershire non japonaise)
- 200 g (¼) de chou doux, émincé
- 50 g de farine T45 ou T55
- 3 à 5 noix de saint-jacques
- 1 cuil. à soupe d'huile végétale
- 1 poignée de flocons de tempura (tenkasu) (facultatif)
- 1 cuil. à soupe de gingembre mariné (facultatif)
- 1 cuil. à soupe de calamar séché (kiriika) (facultatif)

Mélangez le bouillon et la sauce Worcestershire. Vous pouvez ajuster la quantité de sauce en fonction de vos goûts.

Quand le goût vous convient, ajoutez tous les autres ingrédients (excepté l'huile végétale) avec les noix de saint-jacques coupées en quatre. Mélangez.

Dans une poêle, mettez l'huile et faites d'abord cuire la partie solide (légumes et saint-jacques) du mélange.

Une fois la cuisson terminée, ajoutez le reste du mélange, et laissez réduire à feu moyen jusqu'à obtenir une pâte homogène. Dégustez chaud.

N'oubliez pas de décoller et de déguster la partie un peu grillée, qui est excellente !

POUR **4 PERSONNES** | TEMPS DE PRÉPARATION : **20 MINUTES** | TEMPS DE CUISSON : **1 H 30**

Oden

- 1 daïkon (radis blanc)
- 4 œufs
- 300 g de pommes de terre
- 1 konnyaku
- 4 gâteaux de poisson (au choix : chikuwa, satsumaage, hanpen, etc.)

Pour le bouillon :

- 1,5 l de bouillon dashi katsuobushi (voir recette p. 153 ou 1,5 l d'eau + 20 g de dashi lyophilisé de votre choix)
- 60 ml de sauce soja
- 60 ml de mirin
- 1 cuil. à soupe de sucre
- ½ cuil. à soupe de sel

Épluchez et coupez le daïkon en rondelles d'environ 3 cm d'épaisseur. Faites-les cuire dans l'eau (de préférence dans de l'eau de lavage de riz, sinon ajoutez 1 cuil. à soupe de riz cru dans l'eau de cuisson) environ 20 min, jusqu'à ce qu'elles soient tendres.

Faites cuire les œufs et écalez-les.

Épluchez et coupez les pommes de terre en gros morceaux, puis faites-les cuire. Coupez le konnyaku en quatre, puis en diagonale pour obtenir des morceaux triangulaires.

Salez le konnyaku et laissez reposer 5 min. Faites-le cuire dans de l'eau bouillante 1 min.

Coupez les gâteaux de poisson à votre convenance et versez de l'eau chaude dessus pour enlever le surplus de gras.

Préparez le bouillon en ajoutant tous les ingrédients et assaisonnez à votre convenance. Dans le bouillon, placez d'abord le radis, les pommes de terre, les œufs puis le konnyaku. Laissez cuire environ 50 min à feu doux.

Ajoutez les morceaux de gâteau de poisson et continuez la cuisson environ 15 min. Une fois la cuisson terminée, laissez refroidir pour que les ingrédients absorbent le bouillon.

Réchauffez, avant de déguster avec de la moutarde japonaise ou du yuzu kosho.

POUR **4 PERSONNES** | TEMPS DE PRÉPARATION : **20 MINUTES** | TEMPS DE REPOS : **6 H**
TEMPS DE CUISSON : **20 MINUTES**

Paloudes aux algues et aux oignons nouveaux

- 1 kg de palourdes
- 10 g d'algues wakamé séchées
- ½ botte d'oignons nouveaux
- 1 carré de kombu de 5 cm de côté
- 1 cuil. à café de saké

Pour la sauce :

- 2 cuil. à soupe de pâte miso jaune
- 1 cuil. à soupe de sucre
- ½ cuil. à café de wasabi
- 1 cuil. à soupe de vinaigre de riz

Mettez les palourdes à tremper dans de l'eau froide et laissez reposer pendant 6 h en changeant l'eau une ou deux fois. Faites également tremper les algues pendant 30 min dans de l'eau froide. Égouttez. Rincez et épluchez les oignons nouveaux, puis coupez-les en tronçons de 3 ou 4 cm.

Dans une casserole, mettez un fond d'eau froide avec le kombu, le saké, et portez à frémissement. Retirez le kombu, ajoutez les palourdes, les algues et les oignons nouveaux. Laissez cuire à couvert pendant 10 min en remuant une ou deux fois. En fin de cuisson, assurez-vous que les coquillages sont tous ouverts (jetez ceux qui sont restés fermés).

Égouttez les coquillages et délayez la pâte miso avec 6 cuil. à soupe de jus de cuisson. Ajoutez le sucre, le wasabi et le vinaigre de riz. Mélangez bien.

Répartissez les coquillages, les algues et les oignons dans des bols et arrosez de sauce. Servez aussitôt.

POUR **4 PERSONNES** | TEMPS DE PRÉPARATION : **20 MINUTES** | TEMPS DE CUISSON : **20 MINUTES**

Crabe cakes au yuzu

- 500 g de chair de crabe (de préférence fraîche, sinon en conserve bien égouttée)
- 1 œuf
- ¼ de tasse de mayonnaise
- 1 cuil. à soupe de jus de yuzu (ou jus de citron si vous ne trouvez pas de yuzu)
- 1 cuil. à café de zeste de yuzu (ou zeste de citron)
- 1 cuil. à soupe de moutarde de Dijon
- 1 cuil. à café de sauce soja
- ¼ de tasse de chapelure panko (plus pour l'enrobage)
- 2 ciboules, finement émincées
- 1 cuil. à soupe de coriandre fraîche, hachée
- Huile végétale (pour la cuisson)
- Sel, poivre

Pour la sauce au yuzu :

- ¼ de tasse de mayonnaise
- 1 cuil. à soupe de jus de yuzu (ou jus de citron)
- 1 cuil. à café de zeste de yuzu (ou zeste de citron)
- 1 cuil. à café de sauce soja
- 1 cuil. à café de miel (facultatif)

Dans un grand bol, mélangez la chair de crabe, l'œuf, la mayonnaise, le jus et le zeste de yuzu, la moutarde de Dijon, la sauce soja, la chapelure panko, les ciboules, la coriandre, le sel et le poivre.

Formez des boulettes avec le mélange, puis aplatissez-les légèrement pour former des galettes. Si le mélange est trop humide, ajoutez un peu plus de chapelure panko.

Enrobez légèrement chaque crabe cake de chapelure panko supplémentaire pour une texture croustillante.

Faites chauffer un peu d'huile végétale dans une grande poêle à feu moyen-fort.

Faites cuire les crabe cakes pendant environ 3 à 4 min de chaque côté, jusqu'à ce qu'ils soient dorés et croustillants.

Transférez-les sur une assiette recouverte de papier absorbant pour éliminer l'excès d'huile.

Dans un petit bol, mélangez la mayonnaise, le jus et le zeste de yuzu, la sauce soja et le miel (si utilisé). Remuez bien jusqu'à ce que la sauce soit homogène.

Disposez les crabe cakes sur un plat de service. Servez-les chauds avec la sauce au yuzu à côté pour tremper.

Astuces

- Vous pouvez garnir les crabe cakes avec des herbes fraîches supplémentaires ou des quartiers de citron pour une présentation élégante.
- Accompagnez ce plat d'une salade verte légère ou de légumes sautés pour un repas complet.

POUR **2 PERSONNES** | TEMPS DE PRÉPARATION : **15 MINUTES**

Sando crabe et tobbiko

- 100 g de chair de crabe
- ½ mangue, coupée en brunoise
- ¼ d'oignon rouge, ciselé
- ½ chili rouge moyen, émincé
- 1 combava
- 1 orange
- 5 cl d'huile d'olive extra vierge
- 1 pincée de piment d'Espelette
- 1 avocat
- Estragon frais
- 4 tranches de shokupan blanc
- 20 g de tobbiko (œufs de poisson volant)
- Sel

Achetez un crabe, faites-le cuire et recoupez la chair – ou bien achetez directement de la chair de crabe blanche, et effilochez-la bien avec une fourchette.

Assaisonnez le crabe avec une brunoise de mangue (petits dés), de l'oignon rouge ciselé, et le chili rouge émincé. Zestez le combava et l'orange, pressez la moitié seulement de l'orange, et ajoutez les zestes et le jus au crabe. Agrémentez d'huile d'olive, de sel et d'un peu de piment d'Espelette.

Pelez et émincez l'avocat. Lavez l'estragon et récupérez seulement les feuilles.

Pour le montage du sando, disposez sur une tranche de pain la moitié d'un avocat émincé, étalez le mélange de crabe assaisonné, et refermez.

Coupez le sando en deux et mettez le tobbiko avec un peu d'estragon.

POUR **2 PERSONNES** | TEMPS DE PRÉPARATION : **15 MINUTES**

Ochazuke

- 2 tasses de thé vert chaud (sencha ou genmaicha) ou de bouillon dashi chaud (voir recette p. 153)
- 100 g de saumon grillé ou de poisson mariné (facultatif)
- ¼ tasse de takuan (radis mariné) ou de tsukemono (légumes marinés)
- 1 feuille de nori
- 2 cuil. à soupe de ciboulette
- 2 tasses de riz japonais cuit
- 2 cuil. à soupe de furikake (mélange d'assaisonnement pour riz)
- 1 cuil. à soupe de graines de sésame grillées
- 1 cuil. à soupe de wasabi (facultatif)
- 2 umeboshi (prunes marinées) (voir recette p. 32)
- Sauce soja (selon votre goût)

Faites infuser le thé vert dans de l'eau chaude selon les instructions sur l'emballage, ou préparez du bouillon dashi en utilisant des sachets de dashi instantané ou en suivant votre recette préférée.

Si vous utilisez du saumon, faites-le griller ou poêlez-le jusqu'à ce qu'il soit bien cuit, puis émiettez-le en petits morceaux.

Tranchez finement le takuan ou les autres légumes marinés.

Coupez la feuille de nori en fines lanières à l'aide de ciseaux.

Hachez finement la ciboulette.

Répartissez le riz chaud dans deux grands bols.

Disposez les morceaux de saumon (ou de poisson mariné), le takuan, les lanières de nori, le furikake, la ciboulette et les graines de sésame sur le riz.

Ajoutez une petite quantité de wasabi sur le côté du bol, si désiré.

Versez délicatement le thé vert chaud ou le bouillon dashi chaud sur le riz et les garnitures, juste assez pour immerger partiellement les ingrédients.

Ajoutez une prune umeboshi sur le dessus de chaque bol si vous en utilisez.

Servez immédiatement avec de la sauce soja à côté, permettant aux convives d'ajuster l'assaisonnement selon leur goût.

POUR **2 PERSONNES** | TEMPS DE PRÉPARATION : **10 MINUTES** | TEMPS DE CUISSON : **10 MINUTES**

Saba shioyaki

- 2 filets de maquereau frais
- Le jus de 1 citron
- Tsukemono (en accompagnement, facultatif, p. 31)
- Sel

Préparez les filets de maquereau en les écaillant, si nécessaire. Rincez-les à l'eau froide et épongez-les avec du papier absorbant pour les sécher.

Saupoudrez-les généreusement de sel sur les deux faces. Le sel assaisonne et prépare les filets à la cuisson.

Laissez reposer les filets de maquereau saupoudrés de sel 10 à 15 min environ. Pendant ce temps, préchauffez votre gril ou poêle à feu moyen-vif. Dans le premier cas, huilez-le légèrement pour éviter que le poisson n'y attache. Une fois que le gril (ou la poêle) est chaud(e), placez-y les filets de maquereau, côté peau vers le bas.

Faites cuire les filets de maquereau de chaque côté 3 à 4 min environ, en fonction de l'épaisseur du poisson. Le maquereau est cuit lorsque la chair est opaque et se détache facilement à la fourchette. Retirez les filets de maquereau du gril ou de la poêle et transférez-les sur une assiette de service.

Servez les filets de maquereau grillés avec un peu de jus de citron fraîchement pressé. Vous pouvez également les servir avec des tsukemono.

POUR **4 PERSONNES** | TEMPS DE PRÉPARATION : **15 MINUTES** | TEMPS DE CUISSON : **15 MINUTES**

Sardines aux umeboshi

- 8 sardines levées en filet
- 6 brins de cerfeuil
- ¼ de botte de ciboulette
- 1 cm de gingembre frais
- 6 umeboshi
- 1 cuil. à soupe de saké
- 1 cuil. à soupe de graines de sésame
- 2 cuil. à soupe d'huile végétale
- Fleur de sel

Préchauffez le four à 180 °C (th. 6). Disposez les sardines sur un grand plat antiadhésif, côté peau vers le bas, et saupoudrez de fleur de sel. Laissez reposer le temps de préparer le reste de la recette.

Effeuillez le cerfeuil. Rincez et émincez finement la ciboulette. Épluchez et râpez le gingembre. Dénoyautez les umeboshi et écrasez-les finement. Mélangez-les avec les herbes, le saké, le gingembre râpé et les graines de sésame.

Épongez les sardines et retirez l'excédent de sel, puis étalez dessus une fine couche de pâte aux umeboshi. Enroulez ensuite les sardines sur elles-mêmes et maintenez-les fermées en vous aidant de petites piques à brochette (ou de cure-dents). Badigeonnez les sardines d'huile en vous aidant d'un pinceau.

Enfournez et laissez cuire 5 à 7 min. Sortez le plat du four, retournez les sardines et poursuivez la cuisson pendant encore 5 à 7 min. Sortez les sardines du four et servez aussitôt.

POUR **4 PERSONNES** | TEMPS DE PRÉPARATION : **20 MINUTES** | TEMPS DE MARINADE : **2 H** | TEMPS DE CUISSON : **10 MINUTES**

Saumon teriyaki

- 4 pavés de saumon
- 4 cuil. à soupe de sauce soja
- 4 cuil. à soupe de mirin
- 4 cuil. à soupe de saké
- 1 petit piment rouge
- 2 oignons nouveaux
- 1 botte de coriandre
- 1 cuil. à soupe de sucre en poudre
- 200 g de pousses d'épinards
- Le jus de ½ citron vert
- 3 cuil. à soupe d'huile végétale
- Sel, poivre

Dans un grand saladier, mélangez la sauce soja avec le mirin et le saké.

Retirez la peau et les dernières arêtes du saumon et mettez-le dans la sauce. Mélangez et laissez mariner pendant 2 h au réfrigérateur.

Coupez le piment rouge en deux dans le sens de la longueur. Retirez les graines et hachez la chair. Rincez les oignons nouveaux et émincez-les en fines rondelles. Effeuillez la coriandre.

Retirez les pavés de saumon de la marinade. Ajoutez le sucre à la sauce et mélangez afin de bien le dissoudre.

Dans un wok (ou une grande poêle), faites chauffer l'huile, puis faites-y dorer le saumon. Badigeonnez-le de marinade et, au bout de 2 à 3 min, retournez-le. Badigeonnez-le de nouveau et poursuivez encore la cuisson pendant 2 à 3 min.

Retirez les pavés de saumon de la poêle et retirez l'excédent d'huile. Ajoutez le piment, les oignons, les pousses d'épinards, un peu de sel et du poivre. Mélangez bien et laissez fondre les épinards pendant 2 à 3 min. Ajoutez le jus du citron vert.

Présentez les légumes poêlés sur un plat en posant par-dessus le saumon et la coriandre. Servez aussitôt.

POUR **4 PERSONNES** | TEMPS DE PRÉPARATION : **10 MINUTES** | TEMPS DE REPOS : **20 MINUTES** | TEMPS DE CUISSON : **10 MINUTES**

Crevettes teriyaki

- 400 g de crevettes, décortiquées
- 4 cuil. à soupe de sauce soja
- 2 cuil. à soupe de miel
- 1 cuil. à soupe de vinaigre de riz (ou vinaigre de cidre)
- 1 cuil. à soupe d'huile de sésame (ou huile d'olive)
- 1 gousse d'ail
- 1 morceau de gingembre frais (2 cm)
- 2 cuil. à soupe de graines de sésame (facultatif)
- 2 cuil. à soupe de ciboules, ciselées (pour la garniture)
- Huile végétale (pour la cuisson)

Dans un bol, mélangez la sauce soja, le miel, le vinaigre de riz et l'huile de sésame.

Hachez l'ail et râpez finement le gingembre, puis ajoutez-les à la marinade. Mélangez bien.

Ajoutez les crevettes dans le bol avec la marinade et mélangez pour bien les enrober. Laissez mariner au frais pendant 15 à 20 min.

Dans une poêle ou un wok, faites chauffer un peu d'huile. Ajoutez les crevettes marinées (gardez le reste de la marinade pour plus tard).

Faites cuire les crevettes à feu moyen pendant 2 à 3 min de chaque côté, jusqu'à ce qu'elles soient roses et bien cuites.

Ajoutez la marinade restante dans la poêle et laissez mijoter encore 1 à 2 min pour que la sauce réduise et enrobe bien les crevettes.

Saupoudrez de graines de sésame grillées et de ciboules ciselées juste avant de servir.

POUR **4 PERSONNES** | TEMPS DE PRÉPARATION : **20 MINUTES** | TEMPS DE MARINADE : **15 MINUTES** | TEMPS DE CUISSON : **15 MINUTES**

Sauté de crevettes teriyaki et udon

Pour les crevettes :

- 300 g de crevettes, décortiquées et déveinées
- 2 cuil. à soupe de sauce soja
- 1 cuil. à soupe de mirin (ou de saké)
- 1 cuil. à soupe de sucre
- 1 gousse d'ail, émincée
- 1 petit morceau de gingembre frais (environ 2 cm), râpé

Pour les udon :

- 300 g de nouilles udon, fraîches ou surgelées
- 1 cuil. à soupe d'huile végétale
- 1 poivron rouge, coupé en fines lanières
- 1 courgette, coupée en demi-rondelles
- 1 carotte, coupée en julienne
- 2 ciboules, coupées en rondelles
- 1 petite échalote, émincée + un peu pour garnir
- 1 cuil. à soupe de graines de sésame grillées (facultatif)
- Sel, poivre

Pour la sauce teriyaki :

- ¼ tasse de sauce soja
- 2 cuil. à soupe de mirin (ou de saké)
- 2 cuil. à soupe de sucre
- 1 cuil. à soupe de vinaigre de riz
- 1 cuil. à café de fécule de maïs, dissoute dans 2 cuil. à soupe d'eau

Dans un bol, mélangez les crevettes avec la sauce soja, le mirin, le sucre, l'ail émincé et le gingembre râpé. Laissez mariner pendant 10 à 15 min.

Faites cuire les nouilles udon selon les instructions du paquet. Égouttez et réservez.

Dans une petite casserole, mélangez la sauce soja, le mirin, le sucre, le vinaigre de riz et portez à ébullition.

Réduisez le feu et ajoutez le mélange de fécule de maïs dissoute. Laissez mijoter jusqu'à ce que la sauce épaississe légèrement. Réservez.

Faites chauffez l'huile végétale dans une grande poêle ou dans un wok à feu moyen-fort.

Ajoutez les légumes (poivron, courgette, carotte, ciboules et échalote). Faites sauter pendant 5 à 7 min, jusqu'à ce qu'ils soient tendres mais encore croquants.

Dans la même poêle, ajoutez les crevettes marinées. Faites cuire jusqu'à ce qu'elles deviennent roses et opaques, environ 3 à 4 min.

Ajoutez la sauce teriyaki épaissie et mélangez bien pour enrober les crevettes et les légumes.

Ajoutez les nouilles udon cuites dans la poêle et mélangez bien pour les réchauffer et les enrober de sauce teriyaki.

Assaisonnez avec un peu de sel et de poivre si nécessaire.

Servez immédiatement dans des bols, garni de graines de sésame grillées et de ciboules supplémentaires pour la garniture.

POUR **4 PERSONNES** | TEMPS DE PRÉPARATION : **20 MINUTES** | TEMPS DE CUISSON : **20 MINUTES**

Shirataki de konjac aux crevettes

- 200 g de shirataki de konjac
- 300 g de crevettes, décortiquées et déveinées
- 1 cuil. à soupe d'huile de sésame
- 2 gousses d'ail, émincées
- 1 petit morceau de gingembre frais (environ 2 cm), râpé
- 1 poivron rouge, coupé en fines lanières
- 1 courgette, coupée en demi-rondelles
- 2 cuil. à soupe de sauce soja
- 1 cuil. à soupe de mirin (ou de vin de riz)
- 2 ciboules, coupées en rondelles
- 1 cuil. à café de graines de sésame grillées (facultatif)
- Sel, poivre

Rincez les shirataki de konjac sous l'eau froide pendant 1 à 2 min.

Faites bouillir une casserole d'eau, ajoutez les shirataki et laissez cuire pendant 2 à 3 min. Égouttez bien et réservez.

Assaisonnez les crevettes avec une pincée de sel et de poivre.

Faites chauffez l'huile de sésame dans une grande poêle ou dans un wok à feu moyen-fort.

Ajoutez les crevettes et faites-les sauter jusqu'à ce qu'elles deviennent roses et opaques, environ 3 à 4 min. Retirez les crevettes de la poêle et réservez.

Dans la même poêle, ajoutez l'ail émincé et le gingembre râpé. Faites sauter pendant 30 s jusqu'à ce qu'ils soient parfumés.

Ajoutez le poivron rouge et la courgette. Faites sauter pendant 5 à 7 min jusqu'à ce que les légumes soient tendres mais encore croquants.

Remettez les crevettes dans la poêle avec les légumes.

Ajoutez les shirataki de konjac, la sauce soja et le mirin. Mélangez bien pour enrober tous les ingrédients.

Faites cuire pendant encore 2 à 3 min jusqu'à ce que tout soit bien chaud.

Répartissez les shirataki de konjac aux crevettes dans des bols.

Garnissez avec les rondelles de ciboules et les graines de sésame grillées.

POUR **2 PERSONNES** | TEMPS DE PRÉPARATION : **15 MINUTES**

Maguro tataki

- 200 g de filet de thon frais
- 2 cuil. à soupe de sauce soja
- 1 cuil. à soupe de mirin
- 1 cuil. à soupe de vinaigre de riz
- 1 cuil. à café de sucre
- ½ cuil. à café d'huile de sésame (facultatif)
- 1 cuil. à soupe d'huile végétale
- Sel, poivre noir moulu (à votre goût)
- Graines de sésame grillées (pour la garniture)
- Ciboule ou ciboulette, coupée en fines tranches (pour la garniture)

Dans un bol, mélangez tous les ingrédients de la marinade : sauce soja, mirin, vinaigre de riz, sucre et, éventuellement, huile de sésame. Réservez.

Assaisonnez légèrement le filet de thon avec du sel et du poivre.

Préchauffez une poêle (ou un gril) à feu vif. Versez l'huile végétale. Lorsque la poêle est bien chaude, déposez-y le filet de thon. Faites-le saisir rapidement 15 à 30 s environ de chaque côté. L'objectif est de saisir le thon tout en conservant l'intérieur cru et tendre.

Retirez le thon de la poêle et découpez-le en tranches fines. Disposez-les sur une assiette de service. Versez la marinade préparée sur les tranches de thon. Saupoudrez de graines de sésame grillées et de ciboule ou de ciboulette coupée. Servez immédiatement.

POUR **4 PERSONNES** | TEMPS DE PRÉPARATION : **10 MINUTES** | TEMPS DE CUISSON : **10 MINUTES**

Tataki de thon, sésame, sauce à l'orange

- 400 g de thon frais de qualité sashimi (en bloc)
- 4 cuil. à soupe de graines de sésame (blanc et noir mélangés)
- 2 cuil. à soupe d'huile végétale
- Sel, poivre

Pour la sauce à l'orange :

- Le zeste et le jus de 1 orange
- 2 cuil. à soupe de sauce soja
- 1 cuil. à soupe de vinaigre de riz
- 1 cuil. à soupe de miel
- 1 cuil. à soupe de gingembre frais râpé
- 1 gousse d'ail, émincée
- 1 cuil. à café de fécule de maïs dissoute dans 2 cuil. à soupe d'eau

Dans une petite casserole, mélangez le jus et le zeste d'orange, la sauce soja, le vinaigre de riz, le miel, le gingembre râpé et l'ail émincé.

Portez à ébullition, puis réduisez le feu et laissez mijoter pendant 5 min.

Ajoutez la fécule de maïs dissoute et continuez à cuire en remuant jusqu'à ce que la sauce épaississe légèrement. Retirez du feu et réservez.

Assaisonnez le bloc de thon avec du sel et du poivre.

Étalez les graines de sésame sur une assiette et roulez le thon dedans pour bien enrober tous les côtés.

Faites chauffez 2 cuil. à soupe d'huile végétale dans une poêle à feu moyen-fort. Ajoutez le thon et saisissez-le pendant environ 30 s à 1 min de chaque côté, juste pour que l'extérieur soit doré, mais l'intérieur reste cru.

Retirez le thon de la poêle et laissez-le reposer pendant quelques minutes. Tranchez-le ensuite en fines lamelles.

Disposez les tranches de thon tataki sur des assiettes de service et arrosez légèrement de sauce à l'orange.

POUR **4 PERSONNES** | TEMPS DE PRÉPARATION : **10 MINUTES**

Tataki d'espadon

- 400 g d'espadon
- 3 cuil. à soupe de jus de pamplemousse
- ¼ botte de ciboulette
- 6 feuilles de shiso
- 2 cm de gingembre frais
- 4 cm de daïkon (ou de radis blanc)
- Sel, poivre

Retirez la peau du poisson ainsi que le gras se trouvant entre la chair et la peau. Coupez ensuite la chair en petits dés de 0,5 cm de côté. Dans un saladier, mélangez le poisson avec le jus de pamplemousse.

Rincez et émincez finement la ciboulette et le shiso. Épluchez et râpez le gingembre et le daïkon.

Égouttez rapidement le poisson et mélangez-le avec la ciboulette, le gingembre et le daïkon. Rectifiez l'assaisonnement si nécessaire.

Répartissez le tataki dans quatre bols et saupoudrez des feuilles de shiso émincées. Servez aussitôt ou conservez au frais.

POUR **4 PERSONNES** | TEMPS DE PRÉPARATION : **10 MINUTES** | TEMPS DE CUISSON : **10 MINUTES**

Thon grillé au soja, saké et piments verts

- 1 gros pavé ou 1 grosse tranche de thon d'environ 500 g
- 1 gousse d'ail
- 1 cm de gingembre frais
- 2 oignons nouveaux
- 1 petit piment vert
- Le jus de 1 citron vert
- 2 cuil. à soupe de saké
- 2 cuil. à soupe de sauce soja
- 4 cuil. à soupe d'huile végétale

Épluchez et hachez finement l'ail et le gingembre. Rincez, épluchez et émincez finement les oignons nouveaux, réservez-les. Coupez le piment en deux dans le sens de la longueur, puis retirez les graines se trouvant à l'intérieur. Hachez finement la chair.

Dans un bol, mélangez le jus de citron vert avec le saké, la sauce soja, le piment, l'ail et le gingembre hachés.

Épongez le thon et retirez la peau s'il y en a. Arrosez-le de cette marinade et laissez reposer pendant 1 h à température ambiante.

Faites chauffer l'huile dans une poêle puis, lorsqu'elle fume, faites dorer le thon sur tous les côtés. Comptez environ 10 min de cuisson. Éteignez le feu et laissez reposer le poisson dans la poêle pendant 3 à 4 min. Disposez-le dans un plat, saupoudrez d'oignons nouveaux émincés et servez aussitôt.

POUR **4 PERSONNES** | TEMPS DE PRÉPARATION : **20 MINUTES** | TEMPS DE REPOS : **1 H** | TEMPS DE CUISSON : **10 MINUTES**

Thon mariné aux agrumes et au sésame

- 1 beau pavé de thon rouge de 400 g environ
- 1 orange
- 1 citron vert
- Quelques graines de sésame noir
- 1 cuil. à soupe de mirin
- 1 cuil. à soupe de sauce soja
- 3 pincées de piment en poudre japonais
- 4 cuil. à soupe de bouillon dashi
- Sel

Rincez les agrumes et râpez la peau afin de récupérer le zeste. Roulez le thon dans les zestes râpés et laissez reposer pendant 1 h à température ambiante.

Dans une poêle sans matière grasse, faites revenir les graines de sésame sans cesser de remuer. Dès qu'elles commencent à crépiter, retirez-les immédiatement de la poêle et laissez refroidir.

À l'aide d'un couteau, coupez le bout rond des agrumes. Toujours en vous aidant du couteau, épluchez-les complètement afin qu'apparaissent uniquement des quartiers de chair séparés par de fines membranes blanches. Incisez les agrumes jusqu'au cœur afin de décoller les quartiers.

Dans un bol, mélangez les quartiers d'agrumes avec le mirin, la sauce soja, le piment et le bouillon dashi. Réservez au frais.

Mettez un peu de sel dans une poêle antiadhésive très chaude, puis faites griller le pavé de thon sur tous les côtés. Comptez 10 min de cuisson au total. Éteignez le feu et laissez reposer le thon dans la poêle pendant 3 ou 4 min.

Coupez le thon en tranches de 1 cm d'épaisseur et nappez celles-ci de sauce. Saupoudrez de sésame, servez aussitôt.

POUR **2 PERSONNES** | TEMPS DE PRÉPARATION : **15 MINUTES** | TEMPS DE CUISSON : **10 MINUTES**

Unagi udon

- 2 filets d'anguille grillée (unagi), précuits et assaisonnés (disponibles dans les épiceries asiatiques)
- 2 tasses de riz cuit (voir recettes p. 124)
- Ciboule hachée (pour la garniture)
- Graines de sésame grillées (pour la garniture)
- Feuille de nori coupée en fines lanières (facultatif)

Pour la sauce :

- 2 cuil. à soupe de sauce unagi (disponible dans les épiceries asiatiques)
- 1 cuil. à soupe de mirin
- 1 cuil. à soupe de sucre
- 1 cuil. à soupe de saké (ou vin blanc sec)

Préparez la sauce en mélangeant la sauce unagi, le mirin, le sucre et le saké dans une casserole. Faites chauffer la sauce à feu moyen jusqu'à ce qu'elle soit chaude et que le sucre soit complètement dissous. Réservez.

Faites chauffer les filets d'anguille précuits et assaisonnés. Cela peut être fait au gril, au four ou à la poêle. Ils doivent être bien chauds.

Pendant ce temps, divisez le riz cuit en deux portions, que vous déposez dans des bols individuels. Arrosez chaque portion de riz avec la moitié de la sauce chaude que vous avez préparée.

Placez un filet d'anguille grillée sur chaque portion de riz. Arrosez à nouveau les filets d'anguille avec un peu de sauce. Ajoutez de la ciboule hachée, du sésame grillé ou des lanières de nori si vous le souhaitez.

POUR **2 PERSONNES** | TEMPS DE PRÉPARATION : **10 MINUTES**

Sando au saumon fumé et wakamé

- 200 g de saumon fumé, tranché
- 40 g de pousses d'épinards
- Sauce tonkatsu
- 4 tranches de shokupan blanc (ou au charbon)
- 50 g de wakamé (algues marinées)
- 10 g de beurre clarifié
- Coriandre (facultatif)

Pour la sauce coriandre :

- ½ botte de coriandre fraîche
- 10 g de moutarde
- 1 jaune d'œuf
- 2 cl de jus de yuzu
- 30 cl d'huile d'arachide
- Sel, poivre

Commencez par réaliser la sauce coriandre. Lavez la botte de coriandre, équeutez-la, et disposez-la dans un blender ou un mixeur. Mixez jusqu'à obtention d'une purée. Ajoutez la moutarde, le jaune d'œuf et le jus de yuzu. Assaisonnez avant de monter à l'huile.

Lavez et séchez les pousses d'épinards.

Passez au montage du sando. Mettez de la sauce tonkatsu et de la sauce coriandre sur chaque tranche de shokupan. Étalez les wakamé et ajoutez les tranches de saumon fumé. Terminez par les pousses d'épinards et refermez les sando.

Toastez les sando, préalablement nappés d'une couche de beurre clarifié.

Coupez les sando en deux afin d'obtenir deux rectangles égaux et dressez-les sur une assiette. Terminez par de la coriandre finement ciselée sur le dessus.

L'ART TRANCHANT DES COUTEAUX JAPONAIS

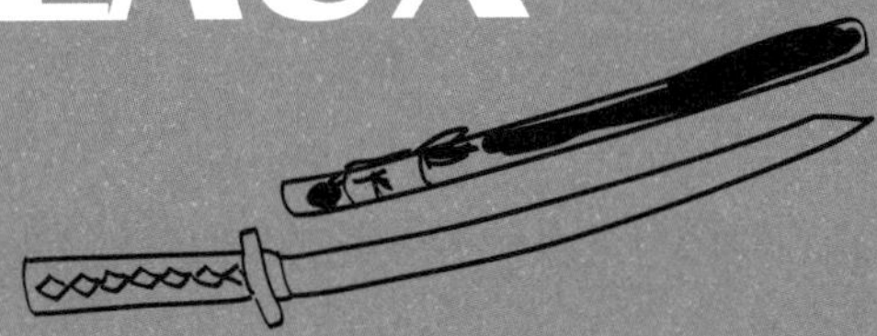

Ils ont conquis le cœur des cuisiniers professionnels et amateurs grâce à leur lame qui tranche, détaille ou émince comme aucune autre. Focus sur les couteaux japonais, bien plus que de simples ustensiles qui garnissent nos tiroirs.

Parfois, il n'y a rien de mieux que de laisser parler les chiffres : en 2023, les exportations de couteaux japonais ont atteint près de 90 millions d'euros. Un montant deux fois plus important qu'au début du siècle. Un boom qui s'est accentué particulièrement depuis 2020 puisqu'à cette date les achats depuis l'étranger ont bondi de 33 %. Les couteaux japonais ont la cote, c'est indéniable. Alors, bien sûr, il y a les chefs des grands restaurants qui, alors qu'ils posaient un pied dans l'archipel pour aller observer les secrets de sa cuisine, découvraient ces petits bijoux d'acier et repartaient les valises lestées d'un poids supplémentaire. Les caméras cathodiques s'en sont ensuite mêlées par l'intermédiaire des concours de chefs où ceux-ci dévoilaient devant pléthore de téléspectateurs leurs trucs et astuces imparables dont... les couteaux nippons. Voilà comment, en l'espace d'une décennie, la demande mondiale a explosé, chacun voulant désormais sa part de tranchant impérial.

Mais qu'ont donc de si particulier les lames nippones et, surtout, pourquoi le pays s'est-il spécialisé dans la coutellerie ? Pour le savoir, direction le Japon médiéval, car c'est ici que démarre l'histoire. À l'époque, les artisans travaillent à la fabrique de lames pour les samouraïs et notamment des katana, réputés à la fois pour leur tranchant, leur solidité et la beauté de leur ouvrage. Mais la restauration de Meiji en 1868, qui signe la fin du shogunat et donc celle de guerriers nippons, contraint les sabreurs à réorienter leur production. Ils se lancent alors dans l'art hocho-zukuri, celui de la fabrication des couteaux, qui servent dans un premier temps au découpage du tabac avant d'investir le champ de la cuisine.

Plusieurs régions du Japon sont spécialisées dans l'élaboration de ces lames (qu'elles soient utilisées pour le montage d'un sabre ou d'un couteau) comme Seki ou Echizen, mais c'est principalement la région de Sakai, qui est la plus réputée. Actuellement, près de 90 % des couteaux de cuisine de qualité professionnelle sont issus de cette zone de la banlieue d'Osaka. Initialement confectionnés à partir d'acier à haute teneur en carbone afin d'obtenir un tranchant plus aiguisé, les couteaux sont désormais confectionnés à partir d'une combinaison de cet acier à haute teneur en carbone pour le cœur afin d'en conserver le tranchant, et d'acier inoxydable pour la surface extérieure afin de rendre le couteau le plus résistant possible à la corrosion.

Pour fabriquer un seul couteau, plusieurs corps de métier se succèdent : le forgeron qui façonne la pièce, l'affûteur qui affine son tranchant et le fabricant de manche, qui conçoit celui-ci à partir de bois de magnolia ou de corne. Une fabrication artisanale et un savoir-faire séculaire qui ont un coût : un véritable couteau japonais coûte parfois plusieurs centaines d'euros. Un investissement sur le long terme puisque correctement entretenu (aucun passage au lave-vaisselle ni même sous l'eau, il faut uniquement les essuyer avec un chiffon propre), affûté et aiguisé régulièrement, un couteau japonais peut durer quasiment toute une vie.

Les différents types de couteaux

- **Gyuto :** le gyuto est un couteau polyvalent utilisé pour trancher, couper en dés et hacher un large éventail d'ingrédients. Son design fin et léger le rend idéal pour les coupes délicates.

- **Yanagiba :** long couteau à biseau unique utilisé principalement pour trancher le poisson cru, le yanagiba est indispensable aux chefs sushi. Son tranchant permet des coupes précises, garantissant que la texture du poisson reste intacte.

- **Deba :** plus lourd et plus épais que la plupart des couteaux japonais, le deba est utilisé pour décomposer le poisson et la volaille. Il a la force nécessaire pour manipuler les arêtes et les morceaux les plus durs, mais reste suffisamment délicat pour un travail de précision sur les filets de poisson.

- **Santoku :** signifiant « trois vertus », le santoku est un couteau polyvalent utilisé pour trancher, couper en dés et hacher. Sa longueur plus courte et sa lame plus fine en font un choix idéal pour les cuisiniers amateurs qui préfèrent la précision à la puissance.

- **Nakiri :** conçus spécialement pour couper les légumes, les couteaux nakiri ont une lame rectangulaire qui permet de hacher et de découper proprement et rapidement les légumes verts, les légumes racines et les herbes.

LA DÉCOUPE DU POISSON À LA JAPONAISE

La découpe du poisson à la japonaise, aussi appelée *san-mai oroshi*, est un art essentiel dans la préparation des sushis et des sashimis. Elle repose sur des techniques traditionnelles précises, transmises de génération en génération, qui valorisent la texture et le goût du poisson.

1. Choix et préparation du poisson

Avant de découper le poisson, il est essentiel de choisir une pièce fraîche et de bonne qualité. Le poisson doit avoir des yeux clairs et brillants, une chair ferme et une odeur fraîche. Les poissons les plus souvent utilisés dans la cuisine japonaise pour les sushis et sashimis sont le thon, le saumon, le maquereau, la dorade ou le hamachi.

Une fois le poisson sélectionné, il est nettoyé sous un filet d'eau froide pour éliminer toute impureté. Il est ensuite essuyé délicatement avec un chiffon ou du papier absorbant.

2. Les couteaux adaptés

Deux types de couteaux sont couramment utilisés pour la découpe du poisson au Japon comme expliqué p. 92.

Ces couteaux sont très affûtés pour permettre des découpes nettes, évitant ainsi d'abîmer la chair du poisson.

3. Retirer les écailles

Si le poisson est couvert d'écailles, la première étape est de les retirer. Cela se fait généralement à l'aide du dos d'un couteau (souvent le deba) ou d'un écailleur. Le mouvement doit être ferme mais doux, allant de la queue vers la tête, en s'assurant que toutes les écailles sont enlevées, y compris autour des nageoires et des branchies.

Une fois cette étape accomplie, le poisson est à nouveau rincé sous l'eau froide et séché.

4. Retirer la tête

La tête est coupée en diagonale, juste derrière les branchies. Le but est de réaliser une coupe propre en une seule fois, pour ne pas abîmer la chair.

La coupe commence par une incision en diagonale du côté ventral, puis se poursuit de l'autre côté, jusqu'à ce que la tête soit complètement détachée du corps.

5. Vider le poisson

Une fois la tête retirée, il faut vider le poisson. Avec le même couteau, une incision est pratiquée le long du ventre, de la tête vers la queue, afin d'ouvrir la cavité abdominale. Les organes internes sont ensuite soigneusement retirés, en veillant à ne pas percer la poche de bile, ce qui pourrait altérer le goût de la chair.

Après avoir retiré les viscères, le poisson est rincé une nouvelle fois pour éliminer les restes de sang et de fluides internes.

6. La découpe en trois parties *(san-mai oroshi)*

L'étape clé de la découpe du poisson à la japonaise est appelée *san-mai oroshi*, qui signifie littéralement « découper en trois morceaux ». Le but est de séparer le poisson en trois parties : deux filets et la carcasse centrale contenant les arêtes.

Placer le poisson sur le côté puis, à l'aide du deba, inciser le long de la colonne vertébrale, de la tête vers la queue, en suivant la ligne naturelle des arêtes. Le couteau doit glisser doucement le long des arêtes pour obtenir un filet propre. Répéter l'opération de l'autre côté pour obtenir le deuxième filet.

Après avoir séparé les filets de la colonne vertébrale, la carcasse et les arêtes sont mises de côté. Il est possible d'utiliser cette partie pour réaliser un bouillon (dashi) ou une autre préparation.

7. Retrait des arêtes et de la peau

Une fois les deux filets obtenus, il est nécessaire de retirer les arêtes restantes. Cela se fait généralement à l'aide d'une pince à arêtes. En palpant délicatement la surface du filet, on repère les arêtes fines qui sont ensuite retirées une par une.

Pour certains poissons, la peau est également retirée à ce stade. Le retrait de la peau se fait en insérant délicatement le couteau entre la chair et la peau, en tenant celle-ci fermement tout en coupant la chair. Cette étape est particulièrement importante pour des poissons comme le saumon ou le maquereau, qui peuvent avoir une peau plus épaisse.

8. Tranchage pour le service

Le couteau yanagiba est utilisé pour réaliser de fines tranches de poisson, d'environ 0,5 à 1 cm d'épaisseur. La technique de coupe se fait généralement en un seul mouvement, en glissant le couteau à travers la chair, sans appuyer.

Si le poisson est destiné à être servi en sushi, il sera découpé en morceaux un peu plus épais, pour être posés sur des boulettes de riz (nigiri).

9. Esthétique et présentation

L'art de la découpe du poisson au Japon ne se limite pas à des techniques de précision. L'esthétique est un aspect crucial. Chaque morceau de poisson doit être découpé de manière à valoriser la texture et la couleur de la chair. Les tranches de sashimi sont souvent disposées de façon élégante, parfois accompagnées de garnitures comme des feuilles de shiso, du radis daïkon finement râpé ou du gingembre mariné.

Conclusion

La découpe du poisson à la japonaise est une discipline qui allie précision, soin et respect pour l'ingrédient. Elle requiert non seulement des outils appropriés, comme les couteaux traditionnels japonais, mais aussi un savoir-faire technique développé au fil des ans. Que ce soit pour préparer des sashimis, des sushis ou d'autres plats à base de poisson, chaque étape de la découpe vise à sublimer le goût et la texture du poisson, tout en mettant en valeur l'esthétique du plat final.

POUR **4 PERSONNES** | TEMPS DE PRÉPARATION : **10 MINUTES**

Sashimi

- 200 g de poisson frais de qualité sashimi (saumon, thon, bar, etc.)
- 1 radis daïkon
- Shiso (feuilles de périlla) (facultatif)
- Sauce soja
- Wasabi
- Gingembre mariné (gari)

Assurez-vous que le poisson est frais et de qualité supérieure pour la consommation crue.

Pelez et râpez finement le radis daïkon en longs filaments ou en fine julienne. Disposez-le en petits monticules sur le plateau de service.

Si vous utilisez des feuilles de shiso, rincez-les et séchez-les délicatement.

À l'aide d'un couteau bien aiguisé, tranchez le poisson en fines lamelles. Pour les poissons comme le saumon et le thon, coupez des tranches d'environ 1 cm d'épaisseur et de 3 à 4 cm de long. Tranchez toujours le poisson contre les fibres pour une texture tendre.

Disposez les tranches de poisson sur un plateau de service, en les étalant élégamment sur le radis daïkon râpé.

Ajoutez les feuilles de shiso à côté du poisson et ajoutez une petite boule de wasabi sur le plateau.

Servez le sashimi avec des petits bols individuels de sauce soja pour tremper. Ajoutez du gingembre mariné (gari) à côté du sashimi.

POUR **2 PERSONNES** | TEMPS DE PRÉPARATION : **10 MINUTES**

Chirashi-zushi

- 2 tasses de riz cuit
- Poisson cru en dés (saumon, thon, etc.)
- Omelette japonaise, coupée en fines lanières
- Légumes au choix (concombre, avocat, carottes, etc.) ou champignons shiitaké (cuits dans ce cas)
- Graines de sésame
- ½ feuille d'algue nori
- Wasabi et sauce soja (pour servir)

Disposez le riz cuit dans un bol.

Placez le poisson, l'omelette et vos légumes sur le riz.

Saupoudrez de graines de sésame et de l'algue nori découpée en flocons.

Servez tel quel, sans rouler, avec du wasabi et de la sauce soja.

POUR **2 PERSONNES** | TEMPS DE PRÉPARATION : **10 MINUTES**

Oshi-sushi

- Riz à suchis
- Dorade crue ou poisson blanc similaire, coupé en fines tranches
- Avocat mûr, coupé en fines tranches
- Radis rouges, coupés en fines rondelles
- Saumon cru, coupé en fines tranches
- Algues nori

Matériel :

Oshibako

Disposez une fine couche de riz dans le fond du moule à oshi-sushi.

Ajoutez chacune des garnitures, une à une.

Recouvrez d'une autre fine couche de riz.

Pressez le tout fermement à l'aide du moule.

Une fois que le sushi a pris la forme désirée, découpez-le en portions individuelles.

RAMENS

pages 100-121

LES RAMENS, UNE PASSION MONDIALE

Ce plat, devenu le meilleur ambassadeur de la cuisine japonaise à l'international, est à l'origine celui des travailleurs immigrés chinois, arrivés dans l'archipel à la fin du XIXe siècle. Retour sur l'épopée du ramen, un repas star aux multiples facettes.

Qui a déjà vu le film *Tampopo* de Juzo Itami sait qu'un ramen, ce n'est pas uniquement des nouilles plongées dans un bouillon fumant. Il faut sélectionner avec soin les ingrédients, trouver la bonne combinaison pour que le goût ne soit ni trop brutal ni trop insipide, laisser mijoter le tout 12 à 24 heures. Élaborer l'assaisonnement, cuire les nouilles comme il faut dans une eau à température toujours égale. Bref, un ramen, ou du moins un bon ramen, ça ne s'improvise pas.

Plat populaire par excellence au Japon, il a conquis en une dizaine d'années le reste de la planète. Ainsi, alors qu'il n'existait à Paris qu'une poignée de restaurants servant des ramen au début des années 2000, on en dénombre en 2023 un peu plus de 150. Parfait outil gastronomique du *soft power* japonais, devenu un emblème culinaire de l'archipel, il faut néanmoins rappeler que le ramen n'est initialement… pas japonais. C'est au XIXe siècle qu'il franchit les frontières du pays, par l'intermédiaire des immigrés chinois. Le mot « ramen » est donc tiré du mot chinois *lamian*, que l'on peut traduire par « nouilles tirées à la main ». Ces soupes de nouilles de blé, servies dans un bouillon salé, garnies d'ingrédients simples (porc, oignons verts et œufs) sont principalement vendues dans des échoppes près des ports et des centres industriels. Au début du XXe siècle, les ramens gagnent du terrain, notamment dans les villes de Yokohama (un musée du ramen a d'ailleurs ouvert ses portes dans la ville en 1994) et de Nagasaki, mais c'est surtout après la Seconde Guerre mondiale que le ramen connaît un vrai boom. Une pénurie alimentaire frappe le Japon qui vient de capituler. Les États-Unis y exportent leur surplus de blé. Celui-ci déferle donc dans l'archipel, la farine devient facilement disponible, la cuisine s'adapte à cette nouvelle donne. Les ramen deviennent alors un plat bon marché et rassasiant. Puis, en 1958 naissent les ramens instantanés qui vont déferler sur toute la planète. Avec désormais une tendance à leur « gastronomisation » : on les élabore à partir d'ingrédients de qualité supérieure comme les truffes ou le bœuf wagyu.

Ce plat, passé du repas de la classe ouvrière à un phénomène culinaire mondial, a été fortement aidé par la culture populaire. Nous évoquions plus haut *Tampopo* de Juzo Itami, mais on peut également citer le manga *Naruto* de Masashi Kishimoto, ou plus récemment *La Cantine de minuit* de Yarō Abe. Des mangas qui donnent l'eau à la bouche et qui ont propulsé les ramens, sous les yeux des gourmands occidentaux fans, de pop culture nippone.

Mais le ramen est aussi une institution japonaise au sein même de l'archipel. Les ramens comptent de nombreuses versions régionales, valorisant les ingrédients locaux. Se développe ainsi depuis quelques années un tourisme culinaire du ramen, les Japonais voyageant de préfecture en préfecture pour goûter ces variations sur le même thème dont voici quelques déclinaisons.

- **Shoyu ramen – Tokyo**

  Le ramen shoyu à base de sauce soja est le style le plus courant et le plus traditionnel, originaire du cœur de Tokyo. Le bouillon est généralement clair et brun, assaisonné de sauce soja, ce qui lui confère une saveur savoureuse et légèrement acidulée. Les nouilles sont servies avec des garnitures telles que des nori (algues), des pousses de bambou et du chashu (porc braisé).

- **Miso ramen – Sapporo, Hokkaido**

  Cette variété riche et consistante est originaire de l'île la plus septentrionale du Japon, Hokkaido, où le climat froid a inspiré un bouillon plus substantiel. Le miso, une pâte de soja fermentée, est ajouté au bouillon, ce qui donne une soupe épaisse et savoureuse qui se marie bien avec le beurre, le maïs et le porc haché épicé. Les ramens miso de Sapporo sont particulièrement réputés pour leur goût riche en umami.

- **Shio ramen – Hakodate, Hokkaido**

  Le shio ramen est l'un des plus anciens styles de ramen et trouve son origine dans la ville portuaire de Hakodate. Le bouillon est léger et clair, assaisonné principalement avec du sel plutôt qu'avec de la sauce soja ou du miso. Les garnitures comprennent souvent des prunes marinées, des galettes de poisson et du poulet.

- **Tonkotsu ramen – Fukuoka, Kyushu**

  Les ramens tonkotsu sont originaires de Fukuoka, où l'accent est mis sur le bouillon plutôt que sur l'assaisonnement. Le bouillon est obtenu en faisant bouillir des os de porc pendant des heures, ce qui donne une soupe crémeuse et riche, à la consistance épaisse et grasse. Les nouilles sont fines et droites, et les garnitures habituelles comprennent du gingembre mariné, de l'ail et des tranches de porc chashu.

POUR **4 PERSONNES** | TEMPS DE PRÉPARATION : **2 H** | TEMPS DE REPOS : **3 H** | TEMPS DE TREMPAGE : **1 NUIT** | TEMPS DE MARINADE : **3 H** | TEMPS DE CUISSON : **3 H**

Shio ramen

Pour les nouilles :

- 400 g de farine de blé T45 ou T55 (de préférence avec une teneur en protéines d'environ 12 %)
- 160 ml d'eau filtrée (40 % du poids de la farine)
- 4 g de sel (1 % du poids de la farine)
- 2 g de bicarbonate de sodium (0,5 % du poids de la farine)
- 2 g de bicarbonate de potassium (0,5 % du poids de la farine) (si vous ne trouvez pas de bicarbonate de potassium, remplacez-le par du bicarbonate de soude)
- 4 à 5 poignées de fécule de pomme de terre

Pour la soupe :

- 1 carcasse de poulet
- 500 g d'os de porc (fémur de préférence) (si vous ne trouvez pas d'os ni de carcasse, utilisez 1 kg d'ailes de poulet et 300 g de viande de porc hachée)
- 2 pilons de poulet
- 200 ml d'eau
- 1 poireau ou ciboule (seulement la partie verte)
- 1 rondelle de gingembre

Pour le shio tare :

- 10 g de noix de saint-jacques, séchées
- 3 champignons shiitaké séchés
- 20 g de katsuobushi (copeaux épais si possible)
- 10 g d'algue kombu
- 250 ml d'eau filtrée
- 15 ml de mirin
- 50 ml de saké
- 5 ml de sauce soja
- 30 g de sel

Pour le chashu :

- 300 g d'échine ou poitrine de porc, en bloc
- 150 ml de sauce soja
- 50 ml de mirin

Pour l'ajitsuke tamago :

- 4 œufs
- 40 ml de sauce soja
- 30 ml d'eau
- 20 ml de mirin
- 8 g de sucre

Pour l'assaisonnement (au choix) :

- 2 à 3 ciboules, ciselées
- Pousses de soja cuites, selon votre goût
- Bambou mariné, selon votre goût
- Poivre fin, selon votre goût

Matériel :

Autocuiseur, machine à pâtes (facultatif)

1. Nouilles

Pesez tous les ingrédients avec précision. Dans un petit bol, versez l'eau, le sel et les bicarbonates. Mélangez pour dissoudre le tout.

Dans un grand bol, versez la farine tamisée. Versez petit à petit le mélange d'eau sur la farine en dessinant des cercles. Versez tout le contenu du petit bol.

Avec des baguettes, mélangez la farine et l'eau pour répartir l'humidité de manière homogène, jusqu'à ce que cela fasse de petites miettes. Récupérez toute la farine collée sur la paroi du bol. À ce stade, la pâte n'est pas du tout unifiée. Elle ressemble plutôt à des miettes de pain. Mettez-la au fond d'un grand sac en plastique alimentaire hermétique, fermez soigneusement ce dernier pour que la pâte ne sèche pas et laissez reposer 1 h pour que l'eau soit bien absorbée par la farine.

Au bout de 1 h, commencez à pétrir la pâte. Le plus facile est de le faire avec les pieds. Ouvrez un peu le sac pour laisser passer l'air. Sur un sol propre, posez un drap ou une serviette, déposez dessus le sac avec la pâte à l'intérieur, et aplatissez la pâte en faisant des petits pas sur le sac. Lorsque la pâte devient plate et atteint la taille du sac, ouvrez ce dernier et repliez la pâte en trois vers le centre.

Remettez la pâte au fond du sac, et répétez l'opération encore trois fois. Laissez la pâte aplatie dans le sac ; fermez ce dernier et laissez reposer cette fois-ci au moins 2 h, voire toute une journée si possible. Coupez ensuite la pâte en 4 pâtons égaux, et aplatissez-les à l'aide d'un rouleau à pâtisserie pour former des bandes.

A. Si vous avez une machine à pâtes, mettez la pâte dans la machine, commencez par le niveau « 0 » (le plus épais) puis amincissez en passant d'un niveau à un autre, progressivement, jusqu'à l'épaisseur souhaitée (l'épaisseur recommandée est d'environ 1 à 1,2 mm, niveau « 5 » sur la machine Marcato Atlas 150).

Ensuite, saupoudrez la pâte de fécule de pomme de terre des deux côtés, et coupez les nouilles à la largeur souhaitée. La largeur standard des spaghettis convient parfaitement.

B. Si vous n'avez pas de machine à pâtes, aplatissez chaque bande de pâte à environ 1 à 1,5 mm d'épaisseur à l'aide d'un rouleau à pâtisserie. Saupoudrez-les de fécule de pomme de terre sur les deux côtés, pliez-les en deux et coupez les nouilles à la largeur souhaitée.

Une fois les nouilles coupées, saupoudrez encore de fécule pour éviter qu'elles ne se collent entre elles, soulevez-les deux ou trois fois pour que la fécule recouvre l'ensemble des nouilles, puis laissez reposer dans une grande boîte alimentaire pendant 1 ou 2 jours. Les nouilles peuvent se manger tout de suite après la confection, mais elles sont toujours meilleures 1 ou 2 jours après.

Pour obtenir des nouilles un peu frisées, il suffit de prendre une portion de nouilles dans les mains et de les presser doucement mais fermement pour leur donner une forme.

2. Soupe

La veille, nettoyez et trempez les os de porc dans l'eau pour ôter le sang. Laissez-les une nuit au réfrigérateur ou dans un endroit frais. Après une nuit de trempage, jetez cette eau.

Cassez les os et la carcasse de poulet à l'aide d'un marteau, ou coupez au couteau à la taille de votre autocuiseur. (Étape non nécessaire si vous utilisez des ailes de poulet et de la viande hachée.)

Dans l'autocuiseur, mettez les os de porc, la carcasse (ou les ailes de poulet et la viande de porc hachée), les pilons et l'eau.

Allumez à feu vif sans couvrir, et portez à ébullition. Lorsque la soupe bout et qu'une mousse marron apparaît, baissez à feu moyen et commencez à écumer. Il est important d'enlever l'écume pendant 15 à 20 min pour obtenir une soupe transparente.

Couvrez et fermez l'autocuiseur, laissez cuire à feu moyen ; attendez que la pression monte, puis faites cuire 1 h à feu doux.

Au bout de 1 h, éteignez le feu et laissez la température baisser pour pouvoir ouvrir le couvercle.

Ouvrez le couvercle, enlevez la couche de graisse à la surface et réservez-la. (Elle va servir d'huile aromatisante pour parfumer le ramen.) Ajoutez ensuite le bloc de porc pour le chashu, le vert du poireau et la rondelle de gingembre.

Faites cuire 1 h 30 à feu moyen-doux, sans couvrir. Réglez le feu pour que l'eau bouille en formant des grosses bulles.

Au bout de 1 h 30, retirez le bloc de porc et filtrez la soupe à la passoire. La soupe est prête, elle peut se garder congelée et pourra servir de soupe de base pour plusieurs préparations comme le tantanmen, le shoyu ramen...

3. Chashu

Mettez le bloc de porc cuit précédemment dans un petit sac hermétique, avec la sauce soja et le mirin prévus pour le chashu. Retirez l'air du sac pour que toute la surface de la viande soit bien au contact de la sauce. Laissez mariner pendant au moins 1 h.

4. Shio tare

Déposez dans une casserole tous les ingrédients secs (saint-jacques, champignons shiitaké, katsuobushi et kombu) ; versez dessus l'eau filtrée et laissez reposer une nuit. Le lendemain, faites cuire le contenu de la casserole à feu doux, en laissant bouillir doucement pour que les ingrédients dansent légèrement dans la casserole. Une minute après l'ébullition, retirez le kombu, puis continuez de faire cuire le reste pendant 40 min. Retirez ensuite tous les autres ingrédients solides, pour ne garder que l'extrait.

Ajoutez tous les autres ingrédients du shio tare ; faites bouillir 1 min avant d'éteindre le feu et de laisser refroidir. Le shio tare est prêt.

5. Ajitsuke tamago

Mélangez tous les ingrédients liquides et le sucre de l'ajitsuke tamago dans une petite casserole ; portez à ébullition. Éteignez le feu et laissez refroidir.

Dans une autre casserole, faites bouillir de l'eau et plongez doucement les œufs qui sortent du réfrigérateur. Faites cuire 7 à 8 min avant de les retirer de la casserole. Refroidissez-les avec de l'eau froide. Enlevez la coquille et plongez les œufs dans un petit sac hermétique avec la sauce préparée à l'étape précédente. Enlevez l'air du sac pour que les œufs soient bien au contact avec la sauce. Laissez mariner 3 h.

6. Assaisonnements

Ciselez les ciboules, coupez les ajitsuke tamago en deux dans le sens de la longueur, coupez le chashu en tranches, et préparez tous les assaisonnements de votre choix au préalable.

7. Présentation

Faites chauffer la soupe (environ 300 ml par personne).

Faites cuire 140 g de nouilles par personne dans une grande quantité d'eau bouillante, pendant environ 2 min. Égouttez soigneusement. Choisissez une casserole suffisamment grande si vous faites cuire beaucoup de nouilles en même temps.

Avant que les nouilles cuisent, versez 2 cuil. à soupe de shio tare, 1 cuil. à soupe d'huile aromatisante et un peu de poivre fin au fond du bol, puis versez-y la soupe chauffée (ajustez la quantité selon votre goût).

Dans le bol de soupe, posez délicatement les nouilles cuites, et ajoutez du chashu, de l'ajitsuke tamago, de la ciboule, etc. Dégustez bien chaud.

POUR **4 PERSONNES** | TEMPS DE PRÉPARATION : **2 H** | TEMPS DE REPOS : **3 H** |
TEMPS DE TREMPAGE : **1 NUIT** | TEMPS DE MARINADE : **3 H** | TEMPS DE CUISSON : **3 H**

Shoyu ramen

Pour les nouilles :

- 400 g de farine de blé T45 ou T55 (de préférence avec une teneur en protéines d'environ 12 %)
- 160 ml d'eau filtrée (40 % du poids de la farine)
- 4 g de sel (1 % du poids de la farine)
- 2 g de bicarbonate de sodium (0,5 % du poids de la farine)
- 2 g de bicarbonate de potassium (0,5 % du poids de la farine) (si vous ne trouvez pas de bicarbonate de potassium, remplacez-le par du bicarbonate de soude)
- 4 à 5 poignées de fécule de pomme de terre

Pour la soupe :

- 1 carcasse de poulet
- 500 g d'os de porc (fémur de préférence) (si vous ne trouvez pas d'os ni de carcasse, utilisez 1 kg d'ailes de poulet et 300 g de viande de porc, hachée)
- 2 pilons de poulet
- 200 ml d'eau
- 1 poireau ou ciboule (seulement la partie verte)
- 1 rondelle de gingembre

Pour l'ajitsuke tamago :

- 4 œufs
- 40 ml de sauce soja
- 30 ml d'eau
- 20 ml de mirin
- 8 g de sucre

Pour le shoyu tare :

- 8 g de noix de saint-jacques, séchées
- 2 champignons shiitaké séchés
- 8 g de katsuobushi (copeaux épais si possible)
- 200 ml d'eau filtrée
- 150 ml de sauce soja
- 15 ml de mirin
- 15 ml de vinaigre de riz

Pour l'assaisonnement (au choix) :

- 2 à 3 ciboules, ciselées
- Pousses de soja cuites, selon votre goût
- Bambou mariné, selon votre goût
- Poivre fin, selon votre goût

Matériel :

Autocuiseur, machine à pâtes (facultatif)

1. Nouilles

Pesez tous les ingrédients avec précision. Dans un petit bol, versez l'eau, le sel et les bicarbonates. Mélangez pour dissoudre le tout.

Dans un grand bol, versez la farine tamisée.

Versez petit à petit le mélange d'eau sur la farine en dessinant des cercles. Versez tout le contenu du petit bol.

Avec des baguettes, mélangez la farine et l'eau pour répartir l'humidité de manière homogène, jusqu'à ce que cela fasse de petites miettes. Récupérez toute la farine collée sur la paroi du bol. À ce stade, la pâte n'est pas du tout unifiée. Elle ressemble plutôt à des miettes de pain. Mettez-la au fond d'un grand sac en plastique alimentaire hermétique, fermez soigneusement ce dernier pour que la pâte ne sèche pas et laissez reposer 1 h pour que l'eau soit bien absorbée par la farine.

Au bout de 1 h, commencez à pétrir la pâte. Le plus facile est de le faire avec les pieds. Ouvrez un peu le sac pour laisser passer l'air. Sur un sol propre, posez un drap ou une serviette, déposez dessus le sac avec la pâte à l'intérieur, et aplatissez la pâte en faisant des petits pas sur le sac. Lorsque la pâte devient plate et atteint la taille du sac, ouvrez ce dernier et repliez la pâte en trois vers le centre.

Remettez la pâte au fond du sac, et répétez l'opération encore trois fois.

Laissez la pâte aplatie dans le sac ; fermez ce dernier et laissez reposer cette fois-ci au moins 2 h, voire toute une journée si possible.

Coupez ensuite la pâte en 4 pâtons égaux, et aplatissez-les à l'aide d'un rouleau à pâtisserie pour former des bandes.

A. Si vous avez une machine à pâtes, mettez la pâte dans la machine, commencez par le niveau « 0 » (le plus épais) puis amincissez en passant d'un niveau à un autre, progressivement, jusqu'à l'épaisseur souhaitée (l'épaisseur recommandée est d'environ 1 à 1,2 mm, niveau « 5 » sur ma machine Marcato Atlas 150).

Ensuite, saupoudrez la pâte de fécule de pomme de terre des deux côtés, et coupez les nouilles à la largeur souhaitée. La largeur standard des spaghettis convient parfaitement.

B. Si vous n'avez pas de machine à pâtes, aplatissez chaque bande de pâte à environ 1 à 1,5 mm d'épaisseur à l'aide d'un rouleau à pâtisserie. Saupoudrez-les de fécule de pomme de terre sur les deux côtés, pliez-les en deux et coupez les nouilles à la largeur souhaitée.

Une fois les nouilles coupées, saupoudrez encore de fécule pour éviter qu'elles ne se collent entre elles, soulevez-les deux ou trois fois pour que la fécule recouvre l'ensemble des nouilles, puis laissez reposer dans une grande boîte alimentaire pendant 1 ou 2 jours. Les nouilles peuvent se manger tout de suite après la confection, mais elles sont toujours meilleures 1 ou 2 jours après.

Pour obtenir des nouilles un peu frisées, il suffit de prendre une portion de nouilles dans les mains et de les presser doucement mais fermement pour leur donner une forme.

2. Soupe

La veille, nettoyez et trempez les os de porc dans l'eau pour ôter le sang. Laissez-les une nuit au réfrigérateur ou dans un endroit frais. Après une nuit de trempage, jetez cette eau.

Cassez les os et la carcasse de poulet à l'aide d'un marteau, ou coupez au couteau à la taille de votre autocuiseur. (Étape non nécessaire si vous utilisez des ailes de poulet et de la viande hachée.)

Dans l'autocuiseur, mettez les os de porc, la carcasse (ou les ailes de poulet et la viande de porc hachée), les pilons et l'eau.

Allumez à feu vif sans couvrir, et portez à ébullition. Lorsque la soupe bout et qu'une mousse marron apparaît, baissez à feu moyen et commencez à écumer. Il est important d'enlever l'écume pendant 15 à 20 min pour obtenir une soupe transparente.

Couvrez et fermez l'autocuiseur, laissez cuire à feu moyen ; attendez que la pression monte, puis faites cuire 1 h à feu doux.

Au bout de 1 h, éteignez le feu et laissez la température baisser pour pouvoir ouvrir le couvercle.

Ouvrez le couvercle, enlevez la couche de graisse à la surface et réservez-la. (Elle va servir d'huile aromatisante pour parfumer le ramen.)

Ajoutez ensuite le bloc de porc pour le chashu, le vert du poireau et la rondelle de gingembre.

Faites cuire 1 h 30 à feu moyen-doux, sans couvrir. Réglez le feu pour que l'eau bouille en formant des grosses bulles.

Au bout de 1 h 30, retirez le bloc de porc et filtrez la soupe à la passoire. La soupe est prête, elle peut se garder congelée et pourra servir de soupe de base pour plusieurs préparations comme le tantanmen, le shio ramen...

3. Chashu

Mettez le bloc de porc cuit précédemment dans un petit sac hermétique, avec la sauce soja et le mirin prévus pour le chashu. Retirez l'air du sac pour que toute la surface de la viande soit bien au contact de la sauce. Laissez mariner pendant au moins 1 h.

4. Shoyu tare

Déposez dans une casserole tous les ingrédients secs (saint-jacques, champignons shiitaké et katsuobushi) versez dessus l'eau filtrée et laissez reposer une nuit.

Le lendemain, faites cuire 30 min le contenu de la casserole à feu doux, en laissant bouillir doucement pour que les ingrédients dansent légèrement dans la casserole. Ajoutez le mirin et le vinaigre, laissez cuire encore 10 min. Retirez ensuite tous les autres ingrédients solides, pour ne garder que l'extrait.

Éteignez le feu, ajoutez la sauce soja et laissez refroidir. Le shoyu tare est prêt.

5. Ajitsuke tamago

Mélangez tous les ingrédients liquides et le sucre de l'ajitsuke tamago dans une petite casserole ; portez à ébullition. Éteignez le feu et laissez refroidir.

Dans une autre casserole, faites bouillir de l'eau et plongez doucement les œufs qui sortent du réfrigérateur. Faites cuire 7 à 8 min avant de les retirer de la casserole. Refroidissez-les avec de l'eau froide. Enlevez la coquille et plongez les œufs dans un petit sac hermétique avec la sauce préparée à l'étape précédente. Enlevez l'air du sac pour que les œufs soient bien au contact avec la sauce. Laissez mariner 3 h.

6. Assaisonnements

Ciselez les ciboules, coupez les ajitsuke tamago en deux dans le sens de la longueur, coupez le chashu en tranches, et préparez tous les assaisonnements de votre choix au préalable.

7. Présentation

Faites chauffer la soupe (environ 300 ml par personne).

Faites cuire 140 g de nouilles par personne dans une grande quantité d'eau bouillante, pendant environ 2 min. Égouttez soigneusement. Choisissez une casserole suffisamment grande si vous faites cuire beaucoup de nouilles en même temps.

Avant que les nouilles cuisent, versez 2 cuil. à soupe de shoyu tare, 1 cuil. à soupe d'huile aromatisante et un peu de poivre fin au fond du bol, puis versez-y la soupe chauffée (ajustez la quantité selon votre goût).

Dans le bol de soupe, posez délicatement les nouilles cuites, et ajoutez du chashu, de l'ajitsuke tamago, de la ciboule, etc. Dégustez bien chaud.

POUR **4 PERSONNES** | TEMPS DE PRÉPARATION : **2 H** | TEMPS DE REPOS : **3 H** | TEMPS DE TREMPAGE : **1 NUIT** | TEMPS DE MARINADE : **3 H** | TEMPS DE CUISSON : **3 H30**

Tonkotsu ramen

Pour les nouilles :

- 400 g de farine de blé T45 ou T55 (de préférence avec une teneur en protéines d'environ 12 %)
- 160 ml d'eau filtrée (40 % du poids de la farine)
- 4 g de sel (1 % du poids de la farine)
- 2 g de bicarbonate de sodium (0,5 % du poids de la farine)
- 2 g de bicarbonate de potassium (0,5 % du poids de la farine) (si vous ne trouvez pas de bicarbonate de potassium, remplacez-le par du bicarbonate de soude)
- 4 à 5 poignées de fécule de pomme de terre

Pour la soupe :

- 500 g d'os de porc (côte)
- 500 g d'os de porc (fémur)
- 300 ml d'eau

Pour le chashu :

- 300 g d'échine ou poitrine de porc, en bloc
- 150 ml de sauce soja
- 50 ml de mirin

Pour le shoyu tare pour tonkotsu :

- 10 g d'algue kombu
- 150 ml d'eau filtrée
- 120 ml de sauce soja
- 50 ml de mirin
- 4 cuil. à café d'ail broyé

Pour l'ajitsuke tamago :

- 4 œufs
- 40 ml de sauce soja
- 30 ml d'eau
- 20 ml de mirin
- 8 g de sucre

Pour l'assaisonnement (au choix) :

- 2 à 3 ciboules, ciselées
- Champignons noirs cuits, selon votre goût
- Bambou mariné, selon votre goût
- Gingembre mariné, selon votre goût
- Takana (chou mariné piquant), selon votre goût

1. Nouilles

Pesez tous les ingrédients avec précision. Dans un petit bol, versez l'eau, le sel et les bicarbonates. Mélangez pour dissoudre le tout.

Dans un grand bol, versez la farine tamisée.

Versez petit à petit le mélange d'eau sur la farine en dessinant des cercles. Versez tout le contenu du petit bol.

Avec des baguettes, mélangez la farine et l'eau pour répartir l'humidité de manière homogène, jusqu'à ce que cela fasse de petites miettes. Récupérez toute la farine collée sur la paroi du bol. À ce stade, la pâte n'est pas du tout unifiée. Elle ressemble plutôt à des miettes de pain. Mettez-la au fond d'un grand sac en plastique alimentaire hermétique, fermez soigneusement ce dernier pour que la pâte ne sèche pas et laissez reposer 1 h pour que l'eau soit bien absorbée par la farine.

Au bout de 1 h, commencez à pétrir la pâte. Le plus facile est de le faire avec les pieds. Ouvrez un peu le sac pour laisser passer l'air. Sur un sol propre, posez un drap ou une serviette, déposez dessus le sac avec la pâte à l'intérieur, et aplatissez la pâte en faisant des petits pas sur le sac. Lorsque la pâte devient plate et atteint la taille du sac, ouvrez ce dernier et repliez la pâte en trois vers le centre.

Remettez la pâte au fond du sac, et répétez l'opération encore trois fois. Laissez la pâte aplatie dans le sac ; fermez ce dernier et laissez reposer cette fois-ci au moins 2 h, voire toute une journée si possible.

Coupez ensuite la pâte en 4 pâtons égaux, et aplatissez-les à l'aide d'un rouleau à pâtisserie pour former des bandes.

A. Si vous avez une machine à pâtes, mettez la pâte dans la machine, commencez par le niveau « 0 » (le plus épais) puis amincissez en passant d'un niveau à un autre, progressivement, jusqu'à l'épaisseur souhaitée (l'épaisseur recommandée est d'environ 1 à 1,2 mm, niveau « 5 » sur ma machine Marcato Atlas 150).

Ensuite, saupoudrez la pâte de fécule de pomme de terre des deux côtés, et coupez les nouilles à la largeur souhaitée. La largeur standard des spaghettis convient parfaitement.

B. Si vous n'avez pas de machine à pâtes, aplatissez chaque bande de pâte à environ 1 à 1,5 mm d'épaisseur à l'aide d'un rouleau à pâtisserie. Saupoudrez-les de fécule de pomme de terre sur les deux côtés, pliez-les en deux et coupez les nouilles à la largeur souhaitée.

Une fois les nouilles coupées, saupoudrez encore de fécule pour éviter qu'elles ne se collent entre elles, soulevez-les deux ou trois fois pour que la fécule recouvre l'ensemble des nouilles, puis laissez reposer dans une grande boîte alimentaire pendant 1 ou 2 jours. Les nouilles peuvent se manger tout de suite après la confection, mais elles sont toujours meilleures 1 ou 2 jours après.

Pour obtenir des nouilles un peu frisées, il suffit de prendre une portion de nouilles dans les mains et de presser doucement mais fermement pour leur donner une forme.

2. Soupe

La veille, nettoyez et trempez les os de porc dans l'eau pour ôter le sang. Laissez-les une nuit au réfrigérateur ou dans un endroit frais. Après une nuit de trempage, jetez cette eau.

Cassez les os à l'aide d'un marteau, ou coupez au couteau, en faisant attention à ne pas vous couper les mains. L'umami vient aussi de l'intérieur de l'os, il est préférable de casser les os assez petit.

Dans un autocuiseur, mettez les os et l'eau. Si le volume d'eau indiqué dans la liste des ingrédients ne suffit pas pour couvrir les os, ajoutez-en. La quantité d'eau peut être approximative, car nous allons ajouter de l'eau au fur et à mesure que le niveau baisse.

Allumez à feu vif sans couvrir, et portez à ébullition. Lorsque la soupe bout et que de la mousse marron apparaît, baissez à feu moyen et commencez à écumer. Il n'est pas nécessaire d'enlever toute l'écume : passez à l'étape suivante même s'il en reste un peu au bout de 20 min.

Couvrez et fermez l'autocuiseur sur feu moyen ; attendez que la pression monte et laissez cuire 2 h à feu doux.

Au bout de 2 h, éteignez le feu et laissez refroidir jusqu'à pouvoir ouvrir le couvercle.

Ouvrez le couvercle, ajoutez le bloc de porc pour le chashu, et faites cuire encore 1 h à feu moyen, sans couvrir. Réglez le feu pour que l'eau bouille en formant des grosses bulles. À ce stade, la soupe est assez dense, il faut mélanger régulièrement pour que le fond n'accroche pas. Ajoutez de l'eau de temps en temps si le niveau baisse trop.

Retirez le bloc de porc et filtrez la soupe à la passoire. Appuyez bien sur le résidu pour récupérer tout le jus qui a imbibé les fibres de la viande. La quantité de soupe doit être de 1 200 ml environ. Ajoutez de l'eau si la quantité est insuffisante. La soupe est prête.

Vous pouvez laisser la soupe telle quelle si vous l'aimez assez grasse ; vous pouvez aussi la laisser refroidir pour enlever le surplus de gras qui va se solidifier à la surface. Si vous retirez le gras, réservez-le. (Il va servir d'huile aromatisante pour parfumer le ramen.)

3. Chashu

Mettez le bloc de porc cuit précédemment dans un petit sac hermétique, avec la sauce soja et le mirin prévus pour le chashu. Retirez l'air du sac pour que toute la surface de la viande soit bien au contact de la sauce. Laissez mariner pendant au moins 1 h.

4. Shoyu tare pour tonkotsu

Laissez tremper 30 min le kombu dans l'eau filtrée dans une casserole, puis portez à ébullition. Ajoutez la sauce soja et le mirin. Laissez cuire 10 min à feu doux, puis retirez le kombu et laissez refroidir. Le shoyu tare est prêt. L'ail broyé sera ajouté juste avant de déguster.

5. Ajitsuke tamago

Mélangez tous les ingrédients liquides et le sucre de l'ajitsuke tamago dans une petite casserole ; portez à ébullition. Éteignez le feu et laissez refroidir.

Dans une autre casserole, faites bouillir de l'eau et plongez doucement les œufs qui sortent du réfrigérateur. Faites cuire 7 à 8 min avant de les retirer de la casserole. Refroidissez-les avec de l'eau froide. Enlevez la coquille et plongez les œufs dans un petit sac hermétique avec la sauce préparée à l'étape précédente. Enlevez l'air du sac pour que les œufs soient bien au contact avec la sauce. Laissez mariner 3 h.

6. Assaisonnements

Ciselez les ciboules, coupez les ajitsuke tamago en deux dans le sens de la longueur, coupez le chashu en tranches, et préparez tous les assaisonnements de votre choix au préalable.

7. Présentation

Faites chauffer la soupe (environ 300 ml par personne).

Faites cuire 140 g de nouilles par personne dans une grande quantité d'eau bouillante, pendant environ 2 min. Égouttez soigneusement. Choisissez une casserole suffisamment grande si vous faites cuire beaucoup de nouilles en même temps.

Avant que les nouilles cuisent, versez 2 cuil. à soupe de shoyu tare, 1 cuil. à soupe d'huile aromatisante obtenue et 1 cuil. à café d'ail broyé au fond du bol, puis versez-y la soupe chauffée (ajustez la quantité selon votre goût).

Dans le bol de soupe, posez délicatement les nouilles cuites, et ajoutez du chashu, de l'ajitsuke tamago, de la ciboule, etc. Dégustez bien chaud.

POUR **2 PERSONNES** | TEMPS DE PRÉPARATION : **40 MINUTES** | TEMPS DE CUISSON : **25 MINUTES**

Ramen simplifié

- 200 g de nouilles ramen
- 2 œufs
- 150 g de pousses de bambou, égouttées
- 100 g d'épinards, blanchis et égouttés
- 2 ciboules, tranchées
- Nori (algues séchées), pour la garniture
- Graines de sésame grillées, pour la garniture (facultatif)

Pour le bouillon :

- 1 l de bouillon de poulet
- 2 cuil. à soupe de sauce soja
- 1 cuil. à soupe de mirin (vin de riz doux)
- 1 cuil. à soupe de saké (ou vin de riz sec)
- 1 cuil. à soupe d'huile de sésame
- 2 gousses d'ail, hachées
- 1 pouce de gingembre frais, tranché

Préparez le bouillon. Dans une casserole, portez le bouillon de poulet à ébullition. Ajoutez la sauce soja, le mirin, le saké, l'huile de sésame, l'ail et le gingembre. Laissez mijoter pendant 10 à 15 min pour infuser les saveurs.

Pendant que le bouillon mijote, faites cuire les nouilles ramen selon les instructions du paquet. Égouttez et réservez.

Faites cuire les œufs selon votre préférence (durs ou mollets). Refroidissez-les sous l'eau froide, écalez-les et coupez-les en deux.

Ajoutez les pousses de bambou au bouillon et laissez-les chauffer pendant quelques minutes.

Disposez les nouilles dans des bols et versez le bouillon chaud dessus.

Ajoutez les œufs, les épinards, les ciboules et les pousses de bambou.

Garnissez d'algues nori coupées en lanières et de graines de sésame si vous le souhaitez.

POUR **1 PERSONNE** | TEMPS DE PRÉPARATION : **5 MINUTES** | TEMPS DE CUISSON : **10 MINUTES**

Tare (bouillon de base)

- 1 petit morceau de gingembre frais d'environ 2 cm, râpé
- 1 gousse d'ail, hachée finement
- 100 ml de sauce soja
- 100 ml de mirin (vin de riz doux)
- 50 ml de saké (facultatif, à ajuster ou à remplacer par plus de mirin)
- 1 cuil. à soupe de sucre (ajuster selon votre goût)

Pelez et râpez le gingembre, puis hachez finement l'ail.

Dans une petite casserole, versez la sauce soja, le mirin, le saké, le sucre, l'ail haché et le gingembre râpé.

Faites chauffer à feu moyen jusqu'à ce que le mélange commence à bouillir.

Réduisez ensuite à feu doux et laissez mijoter pendant 5 à 7 min, jusqu'à ce que la sauce réduise légèrement et épaississe.

Retirez du feu et laissez la sauce refroidir un peu. Elle s'épaissira légèrement en refroidissant.

POUR **4 PERSONNES** | TEMPS DE PRÉPARATION : **30 MINUTES** | TEMPS DE CUISSON : **4 H**

Kumamoto ramen

- 400 g de nouilles ramen
- 200 g de chashu (porc braisé)
- Champignons kikurage (oreilles-de-Judas)
- 4 ciboules
- 4 œufs
- Graines de sésame grillées
- Pousses de bambou marinées (menma)
- Algues nori, coupées en bandes

Pour le bouillon :

- 1 kg d'os de porc (idéalement des os à moelle ou des os de cou)
- 2 l d'eau
- 1 oignon, coupé en deux
- 1 morceau de gingembre (environ 5 cm), coupé en tranches
- 4 gousses d'ail, émincées
- 1 poireau, coupé en tronçons
- 100 ml de sauce soja
- 50 ml de mirin
- Sel

Pour l'ail frit :

- 6 gousses d'ail, émincées
- Huile végétale (pour la friture)

Préparez le bouillon. Rincez les os de porc sous l'eau froide pour enlever toute impureté, puis placez-les dans une grande marmite, couvrez d'eau et portez à ébullition.

Laissez bouillir pendant 10 min, puis égouttez et rincez les os à nouveau.

Remettez les os dans la marmite avec 2 l d'eau propre, et ajoutez l'oignon, le gingembre, l'ail et le poireau. Portez à ébullition, réduisez le feu et laissez mijoter pendant au moins 4 h, en écumant la surface régulièrement pour enlever les impuretés.

Au bout de 4 h, retirez les os et les légumes du bouillon. Ajoutez la sauce soja, le mirin et salez selon votre goût. Gardez le bouillon chaud.

Faites chauffer de l'huile végétale dans une petite poêle à feu moyen. Ajoutez les gousses d'ail émincées et faites-les frire jusqu'à ce qu'elles soient dorées et croustillantes. Égouttez-les sur du papier absorbant.

Faites cuire les nouilles ramen selon les instructions du paquet. Égouttez et rincez sous l'eau froide pour arrêter la cuisson. Égouttez bien.

Tranchez finement le chashu. Réhydratez et tranchez les champignons kikurage. Émincez les ciboules.

Préparez les œufs mollets en les faisant cuire pendant 6 min dans de l'eau bouillante, puis refroidissez-les immédiatement dans de l'eau glacée. Écalez-les et coupez-les en deux.

Répartissez les nouilles dans des bols de service et versez-y le bouillon chaud. Disposez les tranches de chashu, les œufs mollets, les champignons kikurage, les pousses de bambou marinées et les bandes d'algues nori sur le dessus.

Saupoudrez de ciboules, de graines de sésame grillées et d'ail frit. Servez immédiatement.

POUR **4 PERSONNES** | TEMPS DE PRÉPARATION : **30 MINUTES** | TEMPS DE CUISSON : **1 H 30**

Ramen à la poitrine de porc et au piment

- 300 g de nouilles ramen
- 200 g de poitrine de porc fraîche découennée et désossée
- 2 carottes
- 1 poignée de haricots verts
- ½ douzaine de mini-épis de maïs
- ½ botte de ciboulette
- 1 poignée de germes de soja
- 2 cuil. à soupe de miso rouge
- Huile de piment

Pour le bouillon :

- 2 cm de gingembre
- 1 gousse d'ail
- 1 échalote
- 1 carotte
- 1 carcasse de poulet
- 1 petit piment rouge
- 1 cuil. à soupe de sauce soja
- 5 cl de saké
- Sel, poivre

Préparez le bouillon. Épluchez le gingembre, l'ail, l'échalote et la carotte, puis coupez-les en gros morceaux.

Rincez la carcasse de poulet à l'eau froide afin de retirer toute trace de sang. Disposez-la dans une grande casserole et recouvrez d'eau froide. Portez à ébullition, écumez et ajoutez les légumes, le piment, la sauce soja et le saké. Laissez cuire à feu doux pendant 1 h. Filtrez en fin de cuisson et vérifiez l'assaisonnement.

Dans le même temps, faites cuire les nouilles ramen en suivant les instructions portées sur le paquet et réservez. Épluchez les carottes et coupez-les en bâtonnets de la même taille que les haricots. Rincez les mini-épis de maïs et coupez-les en deux dans le sens de la longueur. Équeutez les haricots. Rincez et émincez finement la ciboulette.

Mettez dans une casserole les carottes, les haricots et le maïs. Recouvrez d'eau froide salée et portez à ébullition. Ajoutez les germes de soja et laissez cuire pendant 1 min. Égouttez et réservez.

Coupez la poitrine de porc en fines tranches. Dans un wok (ou une grande poêle), faites dorer les tranches de poitrine, puis ajoutez les légumes et mélangez. Versez le bouillon, portez à ébullition et laissez cuire pendant 10 min. Délayez le miso dans un bol avec 4 cuil. à soupe de bouillon et reversez le tout dans le wok.

Répartissez les nouilles dans 4 grands bols, puis couvrez de bouillon de légumes et de porc. Saupoudrez de ciboulette et ajoutez quelques gouttes d'huile de piment. Servez aussitôt.

POUR **4 PERSONNES** | TEMPS DE PRÉPARATION : **30 MINUTES** | TEMPS DE CUISSON : **25 MINUTES**

Ramen au curry rouge

- 400 g de nouilles ramen
- 200 g de poulet (poitrine ou cuisse), tranché finement (ou tofu pour une version végétarienne)
- 1 carotte
- 1 poivron rouge
- 1 poignée de champignons shiitaké
- 1 poignée de pousses de soja
- 2 ciboules, émincées
- 1 petit bouquet de coriandre fraîche, hachée
- 1 citron vert, coupé en quartiers (pour servir)
- Piments rouges frais, tranchés (pour servir, facultatif)

Pour le bouillon :

- 1 cuil. à soupe d'huile végétale
- 2 gousses d'ail, émincées
- 1 morceau de gingembre (environ 5 cm), râpé
- 1 tige de citronnelle, coupée en morceaux (facultatif)
- 1 feuille de kaffir (facultatif)
- 2 cuil. à soupe de pâte de curry rouge thaï
- 1 boîte (400 ml) de lait de coco
- 4 tasses de bouillon de poulet (ou de légumes)
- 2 cuil. à soupe de sauce poisson (ou sauce soja pour une version végétarienne)
- 1 cuil. à soupe de sucre

Préparez le bouillon. Dans une grande casserole, faites chauffez l'huile végétale à feu moyen. Ajoutez l'ail émincé, le gingembre râpé, la tige de citronnelle et la feuille de kaffir (si utilisée). Faites revenir pendant environ 2 min jusqu'à ce que les arômes se dégagent.

Ajoutez la pâte de curry rouge et faites cuire pendant 1 à 2 min, en remuant constamment, jusqu'à ce qu'elle soit bien incorporée. Versez le lait de coco et le bouillon de poulet (ou de légumes). Portez à ébullition.

Réduisez le feu et ajoutez la sauce poisson (ou sauce soja) et le sucre. Laissez mijoter pendant environ 10 min.

Pendant que le bouillon mijote, faites cuire les nouilles ramen selon les instructions du paquet. Égouttez-les et rincez-les sous l'eau froide pour arrêter la cuisson. Égouttez bien.

Dans une poêle, faites cuire le poulet tranché (ou le tofu) jusqu'à ce qu'il soit bien cuit. Réservez.

Préparez les légumes : coupez la carotte, le poivron rouge et les champignons shiitaké en fines lamelles.

Répartissez les nouilles cuites dans des bols. Disposez les tranches de poulet (ou le tofu) ainsi que les légumes préparés, et versez le bouillon au curry rouge chaud sur les nouilles et les garnitures. Ajoutez les pousses de soja, les ciboules et la coriandre fraîche sur le dessus. Servez avec des quartiers de citron vert et des piments rouges frais tranchés pour ajouter du piquant, si vous le souhaitez.

POUR **4 PERSONNES** | TEMPS DE PRÉPARATION : **30 MINUTES** | TEMPS DE CUISSON : **20 MINUTES**

Ramen au poisson

- 400 g de nouilles ramen
- 300 g de filets de poisson blanc (cabillaud, tilapia ou autre poisson blanc), coupés en morceaux
- 1 cuil. à soupe d'huile végétale
- 1 carotte
- 1 poivron rouge
- 1 poignée de champignons shiitaké
- 1 poignée de pousses de soja
- 2 ciboules, émincées
- 1 petit bouquet de coriandre fraîche, hachée
- Graines de sésame grillées (pour la garniture)

Pour le bouillon :

- 1 l de bouillon de poisson ou de dashi (voir recette p. 153)
- 2 cuil. à soupe de sauce soja
- 1 cuil. à soupe de miso blanc
- 1 cuil. à soupe de mirin
- 1 morceau de gingembre (environ 5 cm), tranché
- 2 gousses d'ail, émincées
- 1 oignon, coupé en quartiers
- 1 tige de citronnelle, coupée en morceaux (facultatif)

Préparez le bouillon. Dans une grande casserole, faites chauffer le bouillon de poisson ou de dashi à feu moyen. Ajoutez la sauce soja, le miso blanc, le mirin, le gingembre tranché, l'ail émincé, l'oignon et la citronnelle (si utilisée). Portez à ébullition, puis réduisez le feu et laissez mijoter pendant environ 20 min pour permettre aux saveurs de se mélanger. Filtrez le bouillon pour enlever les solides et gardez-le au chaud.

Faites cuire les nouilles ramen selon les instructions du paquet. Égouttez-les et rincez-les sous l'eau froide pour arrêter la cuisson. Égouttez bien et réservez.

Faites cuire les morceaux de poisson dans une poêle avec un peu d'huile jusqu'à ce qu'ils soient bien cuits et légèrement dorés. Réservez.

Préparez les légumes : coupez la carotte, le poivron rouge et les champignons shiitaké en fines lamelles.

Répartissez les nouilles cuites dans des bols et disposez les morceaux de poisson cuits et les légumes préparés par-dessus. Versez le bouillon chaud sur les nouilles. Ajoutez les pousses de soja, les ciboules et la coriandre fraîche sur le dessus. Saupoudrez de graines de sésame grillées.

POUR **4 PERSONNES** | TEMPS DE PRÉPARATION : **30 MINUTES** | TEMPS DE CUISSON : **1 H**

Ramen au porc et au gingembre

- 300 g de nouilles ramen
- 300 g d'épaule de porc
- 4 cm de gingembre frais
- 2 cuil. à soupe de saké
- 2 cuil. à soupe de sauce soja
- 2 oignons nouveaux
- 3 cuil. à soupe d'huile végétale
- 2 poignées de pousses d'épinards

Pour le bouillon :

- 2 cm de gingembre
- 1 gousse d'ail
- 1 échalote
- 1 carotte
- 1 carcasse de poulet
- 1 cuil. à soupe de sauce soja
- 5 cl de saké
- Sel, poivre

Préparez le bouillon. Épluchez le gingembre, l'ail, l'échalote et la carotte, puis coupez-les en gros morceaux. Rincez la carcasse de poulet à l'eau froide afin de retirer toute trace de sang. Disposez-la dans une grande casserole et recouvrez d'eau froide.

Portez à ébullition, écumez et ajoutez les légumes, la sauce soja et le saké. Laissez cuire à feu doux pendant 1 h. Filtrez en fin de cuisson et vérifiez l'assaisonnement.

Dans le même temps, coupez le porc en tranches fines. Épluchez et râpez le gingembre. Dans un plat creux, mélangez le porc avec le gingembre, le saké et la sauce soja. Laissez reposer 30 min.

Séparez le vert du blanc des oignons nouveaux et émincez finement le tout. Dans une poêle, faites chauffer l'huile puis, lorsqu'elle fume, faites-y dorer les tranches de porc de chaque côté. Disposez-les ensuite dans le plat avec la marinade. Faites alors revenir le blanc des oignons pendant 1 à 2 min. Réservez.

Dans un wok (ou une casserole), portez le bouillon à ébullition avec le porc et le blanc des oignons. Ajoutez les pousses d'épinards et laissez cuire 1 min. En même temps, faites cuire les nouilles ramen en suivant les instructions du paquet et répartissez-les dans 4 bols. Ajoutez le bouillon avec la viande et saupoudrez de vert d'oignons. Servez aussitôt.

LES DIFFÉRENTS TYPES DE NOUILLES

Si les soba, udon et ramens composent la sainte trinité des nouilles japonaises, il ne faudrait pas oublier les somen ou autres yakisoba. À vous de voir ensuite si vous les avalez tsuru-tsuru en un clin d'œil, ou si vous les savourez afin d'apprécier le nopogoshi, « la sensation de la nouille qui passe dans la gorge ».

Les ramens : les nouilles superstars

Le ramen est considéré comme le plat emblématique du Japon à l'étranger. Pourtant, celui-ci est en réalité d'origine chinoise, « ramen » étant la prononciation nippone du *lamian* chinois. Ces pâtes composées de farine de blé franchissent les frontières de l'archipel au début du xxe siècle, notamment à Yokohama. C'est dans ce grand port de commerce qu'ouvrira d'ailleurs une des premières échoppes où seront vendues ces fameuses nouilles servies dans un bouillon avec des pousses de bambou, un demi-œuf dur et une tranche de rôti de porc.

C'est après la Seconde Guerre mondiale, alors que les États-Unis exportent au Japon leur surplus de blé, que les ramens vont s'inscrire définitivement dans la culture japonaise. En quelques décennies, le pays aura réussi à s'approprier ce plat et à faire oublier que l'on doit sa présence dans l'archipel aux travailleurs immigrés chinois. Adaptés aux goûts nippons, les ramens s'avalent aussi bien dans des stands ambulants que dans des gargotes ou les cantines scolaires.

S'il existe quatre types principaux de ramen – le shio ramen au sel, le miso ramen à base de soja fermenté, le shoyu ramen à la sauce soja et le tonkotsu ramen au bouillon fait à base de porc – chaque région japonaise a développé sa recette de ramen, à base d'ingrédients locaux. Ainsi, Sapporo, sur l'île Hokkaido, est célèbre pour ses ramens riches à base de miso, souvent servis avec une noix de beurre et du maïs doux pour refléter l'héritage agricole de la région. À Fukuoka, festive capitale de l'île de Kyushu, les ramens de style hakata sont connus pour leur bouillon tonkotsu crémeux et leurs nouilles ultrafines, très appréciées des noctambules.

Les soba : la tradition dans un bol

Les soba apparaissent au Japon à partir de l'ère Edo. Elles sont confectionnées à base de farine de sarrasin (*soba* en japonais) mélangée à de l'eau. Cependant, pour que la pâte soit plus simple à travailler, de la farine de blé peut être ajoutée à la recette. Il existe ainsi trois types de soba en fonction de leur teneur en farine de blé : les juwari ou towari pour celles qui sont confectionnées avec 100 % de farine de sarrasin, les sotonihashi pour celles qui en contiennent environ 17 % et enfin les nihachi qui en sont composées à 20 %.

Si les soba se mangent froides, on les appelle alors *zaru soba*, accompagnées d'algues séchées, de petits oignons et d'une sauce tsuyu (un mélange de sauce soja, de sucre, de mirin et de bouillon dashi). Elles peuvent également être servies chaudes, dans un bouillon.

La coutume veut que l'on savoure en famille, le soir du réveillon du 31 décembre, un plat de soba, appelé *toshikoshi soba*. La croyance promet une longue vie à celles et ceux qui les consomment. Une autre tradition consiste à offrir des soba, dénommés *hikkoshi soba*, à ses nouveaux voisins, lors d'un emménagement.

Les udon : le plat réconfortant par excellence

Les udon sont des nouilles moelleuses faites à base de farine de blé, d'eau et de sel, généralement servies dans un simple bouillon à base de dashi. Épaisses de 2 à 4 mm, elles sont plus denses que les nouilles au sarrasin et peuvent être plates ou arrondies.

Les udon ont commencé à être commercialisées dans des échoppes spécialisées à partir du XVIIe siècle. Ces nouilles sont consommées dans tout le Japon, mais sont particulièrement populaires dans le sud du pays, de l'île de Shikoku à celle de Kyushu en passant par Osaka. À l'inverse des soba qui sont davantage populaires à l'est du pays, notamment dans le kanto, la région de Tokyo.

Comme les soba, les udon peuvent se déguster chaudes ou froides.

Somen et yakisoba : les vaillantes outsiders

Mais à l'ombre de ce trio populaire existent d'autres types de nouilles, aussi fortement appréciées des Japonais, à l'instar des sōmen, de fines nouilles de blé souvent servies froides, idéales pendant les chaleurs estivales. Elles sont parfois servies dans un style unique : nagashi-sōmen. Les nouilles coulent dans un canal de bambou rempli d'eau froide au centre de la table et les convives doivent les attraper avec leurs baguettes pour espérer pouvoir les déguster. On pense aussi au yakisoba, un plat de nouilles sautées qui, bien qu'il se compose du mot « soba », est en réalité confectionné à partir de nouilles de blé semblables à celles utilisées pour les ramens. Ces nouilles sont sautées avec des légumes, de la viande, des algues et du gingembre mariné, le tout accompagné d'une sauce sucrée-salée.

POUR **4 PERSONNES** | TEMPS DE PRÉPARATION : **30 MINUTES** | TEMPS DE CUISSON : **30 MINUTES**

Ramen végétarien

- 400 g de nouilles ramen
- 200 g de tofu ferme, coupé en cubes
- 1 carotte
- 1 poivron rouge
- 1 poignée de champignons shiitaké frais
- 1 poignée de pousses de soja
- 2 ciboules, émincées
- 1 petit bouquet de coriandre fraîche, hachée
- 4 œufs
- Graines de sésame grillées (pour la garniture)
- Algues nori, coupées en bandes (pour la garniture)

Pour le bouillon :

- 1 l de bouillon de légumes
- 3 cuil. à soupe de sauce soja
- 1 cuil. à soupe de miso blanc
- 1 cuil. à soupe de mirin
- 1 morceau de gingembre (environ 5 cm), tranché
- 3 gousses d'ail, émincées
- 1 oignon, coupé en quartiers
- 1 tige de citronnelle, coupée en morceaux (facultatif)
- 1 feuille de kombu (facultatif)
- 4 ou 5 champignons shiitaké séchés (facultatif)

Préparez le bouillon. Dans une grande casserole, faites chauffez le bouillon de légumes à feu moyen. Ajoutez la sauce soja, le miso blanc, le mirin, le gingembre tranché, l'ail émincé, l'oignon, la citronnelle (si utilisée), le kombu et les champignons shiitaké séchés (si utilisés).

Portez à ébullition, puis réduisez le feu et laissez mijoter pendant environ 20 à 30 min pour permettre aux saveurs de se mélanger. Filtrez le bouillon pour enlever les solides et gardez-le au chaud.

Faites cuire les nouilles ramen selon les instructions du paquet. Égouttez-les et rincez-les sous l'eau froide pour arrêter la cuisson. Égouttez bien et réservez.

Faites cuire les cubes de tofu dans une poêle avec un peu d'huile jusqu'à ce qu'ils soient dorés de tous les côtés. Réservez.

Préparez les légumes : coupez la carotte, le poivron rouge et les champignons shiitaké en fines lamelles.

Faites cuire les œufs dans de l'eau bouillante pendant 6 min, puis refroidissez-les immédiatement dans de l'eau glacée. Écalez-les et coupez-les en deux.

Répartissez les nouilles cuites dans des bols. Disposez les cubes de tofu dorés et les légumes préparés et versez le bouillon chaud sur les nouilles. Ajoutez les pousses de soja, les ciboules et la coriandre fraîche sur le dessus. Ajoutez un œuf mollet dans chaque bol. Saupoudrez de graines de sésame grillées et ajoutez des bandes d'algues nori.

POUR **4 PERSONNES** | TEMPS DE PRÉPARATION : **30 MINUTES** | TEMPS DE CUISSON : **25 MINUTES**

Tsukemen

- 400 g de nouilles ramen
- 200 g de chashu (porc braisé), tranché finement
- 2 œufs
- 1 concombre
- 1 carotte
- 2 ciboules
- Graines de sésame grillées (pour la garniture)

Pour le bouillon :

- 200 g de porc haché
- 1 cuil. à soupe d'huile de sésame
- 1 morceau de gingembre (environ 5 cm), tranché
- 2 gousses d'ail, émincées
- 1 l de bouillon de poulet (ou de porc)
- 100 ml de sauce soja
- 50 ml de mirin
- 1 cuil. à soupe de miso (blanc ou rouge)
- 1 feuille de kombu (algue séchée)
- 100 g de katsuobushi (flocons de bonite séchée)
- 2 cuil. à soupe de miso
- 1 cuil. à soupe de sucre

Préparez le bouillon. Dans une grande casserole, faites chauffez l'huile de sésame à feu moyen. Ajoutez le porc haché et faites-le cuire jusqu'à ce qu'il soit bien doré. Ajoutez le gingembre et l'ail émincés, et faites revenir pendant 2 min. Ajoutez le bouillon de poulet (ou de porc), la sauce soja, le mirin, le miso, la feuille de kombu et le katsuobushi.

Portez à ébullition, puis réduisez le feu et laissez mijoter pendant 20 min. Filtrez le bouillon pour enlever les solides et gardez-le au chaud. Ajustez l'assaisonnement avec du sucre et du sel si nécessaire.

Faites cuire les œufs dans de l'eau bouillante pendant 6 min, puis refroidissez-les immédiatement dans de l'eau glacée. Écalez-les et coupez-les en deux.

Faites cuire les nouilles ramen selon les instructions du paquet. Égouttez-les et rincez-les sous l'eau froide pour arrêter la cuisson. Égouttez bien et réservez.

Tranchez finement le chashu. Coupez le concombre et la carotte en julienne, et émincez les ciboules.

Répartissez les nouilles cuites dans des bols de service. Disposez les tranches de chashu, les œufs mollets, le concombre et la carotte en julienne sur les nouilles. Servez le bouillon chaud dans des bols séparés. Ajoutez les ciboules émincées et les graines de sésame grillées sur le bouillon.

Astuce

Pour déguster, prenez une portion de nouilles et trempez-la dans le bouillon avant de manger. Continuez ainsi jusqu'à ce que vous ayez fini.

RIZ

pages 124-149

POUR **1 PERSONNE** | TEMPS DE PRÉPARATION : **20 MINUTES** | TEMPS DE TREMPAGE : **30 MINUTES** | TEMPS DE CUISSON : **15-20 MINUTES**

Riz japonais avec cuiseur

- ½ tasse de riz à sushi (environ 100 g)
- de tasse d'eau (environ 160 ml)
- 2 cuil. à soupe de vinaigre de riz
- 1 cuil. à soupe de sucre
- ½ cuil. à café de sel

Matériel :

Cuiseur à riz

Rincez le riz à sushi à l'eau froide jusqu'à ce que l'eau devienne claire. Cela permet de retirer l'excès d'amidon et d'éviter que le riz ne devienne trop collant.

Placez le riz rincé dans votre cuiseur à riz et ajoutez les ⅔ de tasse d'eau. Laissez le riz tremper dans l'eau environ 15 à 30 min. Cela contribue à améliorer la texture et la cuisson du riz.

Une fois cette étape terminée, allumez le cuiseur à riz et choisissez le mode de cuisson approprié pour le riz à sushi. Laissez le cuiseur faire son travail jusqu'à ce que le riz soit cuit.

Pendant que le riz cuit, préparez le mélange de vinaigre. Dans une petite casserole, faites chauffer le vinaigre de riz, le sucre et le sel à feu doux. Remuez jusqu'à ce que le sucre et le sel soient complètement dissous. Ne faites pas bouillir le mélange.

Lorsque le riz est cuit, laissez-le reposer dans le cuiseur à riz 10 min environ. Cela permet au riz de terminer sa cuisson à la vapeur et de devenir plus moelleux encore.

Transférez le riz cuit dans un grand bol en bois ou en plastique (évitez le métal, car il peut réagir avec le vinaigre). Utilisez une spatule en bois pour mélanger délicatement le riz, tout en ajoutant le mélange de vinaigre. Assurez-vous que le riz soit uniformément enrobé de vinaigre.

Pendant que vous mélangez le riz avec le vinaigre, refroidissez-le en l'éventant doucement avec un éventail ou en utilisant un plateau pour créer un souffle d'air. Continuez à le mélanger et à le refroidir jusqu'à ce que le riz atteigne une température proche de la température ambiante.

POUR **1 PERSONNE** | TEMPS DE PRÉPARATION : **20 MINUTES** | TEMPS DE TREMPAGE : **30 MINUTES** | TEMPS DE CUISSON : **20 MINUTES**

Riz japonais sans cuiseur

- ½ tasse de riz à sushi (environ 100 g)
- ⅔ de tasse d'eau (environ 160 ml)
- 2 cuil. à soupe de vinaigre de riz
- 1 cuil. à soupe de sucre
- ½ cuil. à café de sel

Rincez le riz à sushi sous l'eau froide jusqu'à ce que l'eau devienne claire. Cela aidera à éliminer l'amidon en excès et à éviter que le riz ne devienne trop collant.

Placez le riz rincé dans une casserole et ajoutez les ⅔ de tasse d'eau. Laissez le riz tremper dans l'eau 15 à 30 min environ.

Une fois cette étape terminée, posez un couvercle sur la casserole et portez le riz à ébullition à feu moyen. Réduisez ensuite à feu doux et laissez mijoter le riz 15 à 20 min environ, ou jusqu'à ce que toute l'eau soit absorbée et que le riz soit cuit.

Retirez la casserole du feu et laissez reposer le riz, couvert, 10 min environ. Cela permettra au riz de terminer sa cuisson à la vapeur et de devenir plus moelleux.

Pendant que le riz repose, préparez le mélange de vinaigre. Dans une petite casserole, faites chauffer le vinaigre de riz, le sucre et le sel à feu doux jusqu'à ce que le sucre et le sel soient dissous. Ne faites pas bouillir le mélange.

Transférez le riz cuit dans un grand bol en bois ou en plastique. Ajoutez le mélange de vinaigre au riz cuit et mélangez doucement pour bien enrober chaque grain de riz.

Pendant que vous mélangez, refroidissez le riz en l'éventant doucement avec un éventail ou en utilisant un plateau pour créer un souffle d'air. Continuez à le mélanger et à le refroidir jusqu'à ce que le riz atteigne une température proche de la température ambiante.

POUR **4 PERSONNES** | TEMPS DE PRÉPARATION : **30 MINUTES** | TEMPS DE CUISSON : **20 MINUTES**

Nigiri sushi

(recette de base)

- Riz à sushi (voir recettes p. 124)
- Garnitures au choix
- Wasabi (pour servir, facultatif)
- Sauce soja (pour servir)
- Gingembre mariné (pour servir, facultatif)

Préparez le riz à sushi. Une fois cuit puis assaisonné, laissez refroidir à température ambiante. Assurez-vous que le poisson est frais et de qualité sashimi. Si vous utilisez des légumes, lavez-les et épluchez ceux qui doivent l'être. Coupez les garnitures en fines tranches d'environ 2 à 3 cm de large et 5 à 6 cm de long.

Humidifiez légèrement vos mains avec de l'eau vinaigrée pour éviter que le riz ne colle. Prenez une petite quantité de riz et formez un petit ovale ou rectangle compact à la base de votre paume.

Placez une tranche de poisson ou un peu de légumes sur le dessus du riz. Appuyez légèrement pour fixer le tout.

Utilisez vos doigts pour façonner délicatement le sushi. Le riz doit être suffisamment ferme pour tenir ensemble, mais pas trop compact.

Répétez les étapes précédentes pour créer autant de nigiri que vous le souhaitez.

Disposez les nigiri sur un plat de service. Servez-les avec du wasabi, de la sauce soja et du gingembre mariné en accompagnement.

Astuce

Si vous utilisez du poisson, n'oubliez pas que la fraîcheur de celui-ci est primordiale pour réussir des nigiri sushis délicieux et sûrs à déguster crus. Il est essentiel de s'assurer qu'il provient de sources fiables et de haute qualité, et qu'il a été correctement préparé pour la consommation crue. Si vous n'êtes pas sûr de la découpe du poisson, vous pouvez demander conseil à votre poissonnier. De plus, il est recommandé de congeler le poisson avant de le consommer cru pour éliminer tout risque de parasites.

DÉCLINAISONS NIGIRI SUSHIS

Saumon cru et wasabi

Formez des boulettes de riz comme dans la recette de base (p. 125). Ajoutez sur le dessus un petit peu de wasabi avant de recouvrir votre nigiri avec une tranche de saumon cru. Façonnez les nigiri. À déguster avec de la sauce soja.

Saumon fumé

Si vous préférez le saumon fumé, il peut également être utilisé pour préparer des nigiri. Le goût sera plus fort et plus salé. Formez des boulettes de riz comme dans la recette de base (p. 125). Ajoutez une fine tranche de saumon fumé sur le dessus et arrosez d'un peu de jus de citron. Ajoutez un brin d'aneth pour décorer.

Thon cru

Pour faire des sushis, on utilise principalement la partie maigre du thon, appelée *akami*, et située près de la queue du thon. C'est une viande rouge foncé qui est relativement moins grasse que d'autres parties de ce poisson. Formez des boulettes de riz comme dans la recette de base (p. 125) et utilisez un morceau d'akami comme garniture. Ajoutez selon votre goût du wasabi et dégustez avec de la sauce soja.

Otoro

Le terme « toro » fait référence à une partie particulière du thon qui est considérée comme l'une des plus prisées en raison de sa texture tendre et de sa teneur élevée en graisse. Le toro provient de la partie ventrale du thon, près de la tête et du cou. Formez des boulettes de riz comme dans la recette de base (p. 125) et utilisez un morceau d'otoro comme garniture. Ajoutez selon votre goût du wasabi et dégustez avec de la sauce soja.

Chutoro

Le chutoro est situé entre l'otoro et l'akami (la partie maigre du thon). Il est moins gras que l'otoro mais plus gras que l'akami. Il est également très apprécié pour son équilibre entre la graisse et la chair.
Formez des boulettes de riz comme dans la recette de base (p. 125) et déposez dessus un morceau de chutoro. Ajoutez selon votre goût du wasabi et dégustez avec de la sauce soja.

Kama-toro

C'est la partie la plus proche de l'arête dorsale du thon. Elle est moins grasse que l'otoro et le chutoro, mais elle est toujours très tendre.
Formez des boulettes de riz comme dans la recette de base (p. 125) et déposez dessus un morceau de kama-toro. Ajoutez selon votre goût du wasabi et dégustez avec de la sauce soja.

Dorade

La dorade blanche a une chair ferme et légèrement sucrée qui se prête bien aux nigiri sushis. Elle est populaire dans la cuisine japonaise et est souvent utilisée pour les sushis.
Coupez votre poisson (bien frais) en fines lamelles. Formez des boules de riz comme dans la recette de base (p. 125) et déposez dessus le poisson. Ajoutez selon votre goût du wasabi et dégustez avec de la sauce soja.

Bar (ou loup de mer)

Le bar est un poisson blanc très apprécié dans la cuisine méditerranéenne et il peut également être utilisé pour les nigiri sushis. Il a une chair délicate et savoureuse. Comme pour la dorade, coupez-le finement et disposez les lamelles sur les boulettes de riz préalablement formées. Ajoutez selon votre goût du wasabi et dégustez avec de la sauce soja.

Flétan blanc

Le flétan blanc a une chair tendre et légèrement sucrée. Il est souvent préféré pour les sushis en raison de sa texture agréable.
Coupez-le finement et disposez les lamelles sur les boulettes de riz préalablement formées. Ajoutez selon votre goût du wasabi et dégustez avec de la sauce soja.

Turbot

Le turbot est un autre poisson plat avec une chair blanche et maigre. Il peut être utilisé pour des nigiri sushis de qualité. Coupez le turbot finement et disposez les lamelles sur les boulettes de riz préalablement formées. Ajoutez, selon votre goût, du wasabi et dégustez avec de la sauce soja.

Barbue

La barbue a une chair fine et douce. Elle peut être utilisée pour apporter une saveur subtile aux nigiri sushis. Coupez-la finement et disposez les lamelles sur les boulettes de riz préalablement formées. Ajoutez selon votre goût du wasabi et dégustez avec de la sauce soja.

Pagre

Le pagre est un poisson de la famille des sparidés, avec une chair blanche et tendre. Il est populaire dans certaines régions pour les sushis.
Coupez-le finement et disposez les lamelles sur les boulettes de riz préalablement formées. Ajoutez selon votre goût du wasabi et dégustez avec de la sauce soja.

Maquereau

Le maquereau est un poisson gras qui a une saveur prononcée. Il est souvent mariné dans du vinaigre avant d'être utilisé afin d'équilibrer sa richesse.
Pour bien le choisir : les yeux du maquereau doivent être clairs, brillants et bombés. La peau doit être brillante et les branchies doivent être rouges ou rose vif.
Le maquereau cru, comme d'autres poissons, peut potentiellement contenir des parasites. Pour éliminer ce risque, il est recommandé de congeler le maquereau à une température de -20 °C pendant au moins 24 h.

Sardine

Gardez à l'esprit que la sardine a un goût assez prononcé, donc si vous appréciez cette saveur, c'est une excellente option pour vos sushis. Si vous n'êtes pas sûr, vous pouvez essayer avec une petite quantité d'abord.
Pour équilibrer la saveur de la sardine, vous pouvez envisager d'ajouter du wasabi, du gingembre mariné (gari) ou d'autres condiments de votre choix. Les sardines sont mieux appréciées lorsqu'elles sont consommées rapidement après la préparation.

Truite fumée

La truite fumée est une alternative intéressante pour ceux qui préfèrent le poisson fumé. Elle peut être utilisée pour préparer des sushis aux saveurs uniques mais, comme son cousin le saumon fumé, son goût est plus fort et plus salé.
Coupez la truite fumée finement et disposez les lamelles sur les boulettes de riz préalablement formées. Ajoutez selon votre goût du wasabi et dégustez avec de la sauce soja.

Surimi

Le surimi est un produit à base de poisson transformé qui peut avoir mauvaise réputation mais qui est pourtant souvent utilisé pour les sushis. Il a une texture ferme et peut être façonné facilement.
Formez vos boulettes de riz comme dans la recette de base (p. 125). Ajoutez sur le dessus un tout petit peu de mayonnaise. Déroulez vos bâtonnets de surimi et coupez-les dans le sens de la largeur (et éventuellement de la longueur s'ils sont trop grands). Déposez ces lamelles sur les boulettes de riz préalablement formées. Ajoutez selon votre goût du wasabi et dégustez avec de la sauce soja.

Seiche

Faites cuire la seiche en la faisant bouillir pendant environ 20 à 30 min jusqu'à ce qu'elle soit tendre. Vous pouvez également la cuire à la vapeur. Laissez-la refroidir, puis coupez-la en fines tranches.
Assaisonnez les tranches de seiche avec un peu d'huile d'olive, de jus de citron et éventuellement une pincée de sel. Disposez les morceaux de seiche sur les boulettes de riz préalablement formées. Ajoutez selon votre goût du wasabi et dégustez avec de la sauce soja.

Crevette

Les crevettes peuvent être utilisées pour les sushis. Elles offrent une texture ferme et une saveur douce. Assurez-vous d'utiliser des crevettes cuites et décortiquées. Si les crevettes sont grandes, vous pouvez les couper en deux dans le sens de la longueur pour qu'elles s'adaptent mieux aux nigiri.
Arrosez-les d'un peu de jus de citron, de sauce soja et de graines de sésame. Mélangez bien pour que la marinade enrobe les crevettes. Disposez les crevettes ou les lamelles de crevette sur les boulettes de riz. Ajoutez selon votre goût du wasabi et dégustez avec de la sauce soja.

Omelette

Ce type de sushi est mieux connu sous le nom de *tamago nigiri*. Il s'agit d'une boulette de riz recouverte d'une fine tranche d'omelette japonaise bien tendre (voir recette p. 61).
Une fois l'omelette prête, découpez-la en morceaux puis servez-vous - en pour couvrir les boulettes de riz. Pressez légèrement et ajoutez un tout petit bout de ciboulette sur le dessus pour la décoration.

POUR **4 PERSONNES** | TEMPS DE PRÉPARATION : **30 MINUTES**

Gunkan makis (recette de base)

- 2 tasses de riz à sushi (voir recettes p. 124)
- 4 bandes de nori
- Garnitures au choix
- Sauce soja (pour servir)
- Wasabi (pour servir, facultatif)
- Gingembre mariné (pour servir, facultatif)

Faites cuire le riz à sushi.

Coupez chaque bande de nori en 4 à 6 morceaux égaux, en fonction de la hauteur souhaitée.

Prenez une petite portion de riz vinaigré et formez une boule entre vos paumes. Enroulez la boule de riz avec une petite bande de nori. Elle doit entourer le riz et former un petit « bateau ». Pressez doucement le riz pour qu'il adhère à la feuille de nori.

Remplissez chaque « bateau » de riz avec 1 cuil. de votre garniture.

Disposez les gunkan sur une assiette et servez-les avec de la sauce soja pour tremper. Vous pouvez également servir du wasabi et du gingembre mariné sur le côté en accompagnement.

Astuce

Comme pour les nigiri, si vous utilisez du poisson, n'oubliez pas que la fraîcheur de celui-ci est primordiale pour réussir des gunkan makis délicieux et sûrs à déguster crus. Il est essentiel de s'assurer qu'il provient de sources fiables et de haute qualité, et qu'il a été correctement préparé pour la consommation crue. Si vous n'êtes pas sûr de la découpe du poisson, vous pouvez demander conseil à votre poissonnier. De plus, il est recommandé de congeler le poisson avant de le consommer cru pour éliminer tout risque de parasites.

DÉCLINAISONS GUNKAN

Œufs de saumon

Les œufs de saumon, appelés *ikura*, sont la garniture la plus classique des gunkan makis. Ils offrent une explosion d'iode en bouche.

Réalisez les gunkan selon la recette de base (p. 128) et garnissez simplement avec des œufs de saumon.

Tobiko

Le tobiko sont des œufs de poisson volant. Joliment colorés, ils offrent une texture croquante et sont souvent utilisés pour ajouter de la couleur et de la saveur aux sushis.

Réalisez les gunkan selon la recette de base (p. 128) et garnissez-les simplement de tobiko. Décorez avec quelques morceaux de ciboule hachée finement.

Œufs de capelan

Similaire au tobiko, ces œufs sont plus petits et donc plus fins en bouche.

Réalisez les gunkan selon la recette de base (p. 128) et garnissez-les simplement avec les œufs. Ajoutez selon votre goût du wasabi et dégustez avec de la sauce soja.

Mentaiko

Le mentaiko est une spécialité japonaise originaire de Fukuoka, située sur l'île de Kyushu au Japon, mais désormais appréciée dans tout le pays. Il est principalement composé d'œufs de morue, qui sont extraits du poisson femelle. Ces œufs sont ensuite salés, marinés dans une pâte de piment rouge (karashi), et souvent légèrement fumés. Le mentaiko a un goût distinctif, qui est à la fois salé et épicé grâce à la présence du piment rouge. Le niveau du piquant peut varier selon les préférences du fabricant.

Réalisez les gunkan selon la recette de base (p. 128) et garnissez-les simplement avec du mentaiko et un peu de mayonnaise.

Crabe

Émiettez de la chair de crabe (fraîche ou en conserve) dans un bol. Ajoutez de la mayonnaise et de la sriracha. Mélangez bien. Réalisez les gukan selon la recette de base (p. 128) et garnissez-les simplement avec cette préparation. Ajoutez selon votre goût du wasabi et dégustez avec de la sauce soja.

Tourteau

Vous pouvez décliner cette idée avec de la chair de tourteau qui apportera une certaine douceur aux gunkan.

Thon émietté

Vous pouvez faire de même avec une boîte de thon que vous émiettez dans un bol avec une belle cuillerée à soupe de mayonnaise et un peu de jus de citron. Il existe aujourd'hui de nombreuses déclinaisons de thon en boîte déjà assaisonné, alors faites des essais !

Réalisez les gunkan selon la recette de base (p. 128) et garnissez-les simplement avec votre mélange au thon. Ajoutez selon votre goût du wasabi et dégustez avec de la sauce soja.

Unagi

Connue sous le nom de « unagi », l'anguille grillée est une garniture qui se marie bien avec le riz vinaigré et la nori, ce qui en fait une excellente option pour les gunkan. L'unagi se trouve aujourd'hui précuite dans les épiceries spécialisées.

Coupez-la en fines tranches ou en petits morceaux pour l'ajouter aux gunkan. Vous pouvez également la napper légèrement de sauce teriyaki pour plus de saveurs.

Oursin

L'oursin, appelé « uni » en japonais, est souvent utilisé comme garniture pour les gunkan makis à cause de sa texture crémeuse et de sa saveur iodée. C'est un produit très délicat. Choisissez vos oursins bien frais.

Réalisez les gunkan selon la recette de base (p. 125) et garnissez-les de morceaux d'oursin. Ajoutez selon votre goût du wasabi et dégustez avec de la sauce soja.

Crevettes épicées

Formez les gunkan avec le riz et la lanière de nori. Déposez sur le dessus 1 cuil. de mayonnaise mélangée avec la sriracha, puis un bout de crevette par-dessus. Dégustez avec de la sauce soja.

Crevette et avocat

Empilez un petit bout d'avocat bien mûr et un morceau de crevette cuite au centre des gunkan pour un mélange de textures très frais ! Ajoutez selon votre goût du wasabi et dégustez avec de la sauce soja.

Crevette et mangue

S'il y a une association qui fonctionne bien, c'est celle de la mangue et de la crevette. Coupez en brunoise des crevettes cuites et un bout de mangue bien mûre. Assaisonnez avec du sel et du poivre selon votre goût. Pour plus de saveur, ajoutez quelques feuilles de coriandre fraîche au mélange. La garniture à gunkan est prête !

Tartare de saumon

Un tartare de poisson frais assaisonné avec des herbes, des épices et de l'huile peut être une option savoureuse pour garnir les gunkan makis.

Coupez en petits dés du saumon frais et cru. Dans un bol, mélangez les dés de saumon avec de la sauce soja, de l'huile de sésame et du jus de citron. Assemblez les gunkan et utilisez le tartare en garniture. Décorez avec de la ciboule hachée.

Tartare de thon

La recette précédente peut être déclinée avec du thon frais. Ajoutez 1 cuil. à soupe de sriracha à la marinade pour obtenir un tartare de thon épicé. Un délice pour les amateurs de piquant.

Tartare de saint-jacques au sésame noir

De la même manière, vous pouvez décliner la recette du tartare avec des noix de saint-jacques bien fraîches et coupées en petits dés. Pour apporter une saveur unique et une texture croquante, ajoutez 1 cuil. à café de sésame noir légèrement grillé dans la marinade.

Tartare de bar au citron vert et à la coriandre

Coupez un filet de bar en petits dés. Mélangez-les avec du jus de citron vert, de l'huile d'olive, de la coriandre fraîche ciselée et de l'échalote hachée. Assaisonnez avec du sel et du poivre. Utilisez le tartare de bar au citron vert et à la coriandre comme garniture pour les gunkan makis.

POUR **4 PERSONNES** | TEMPS DE PRÉPARATION : **40 MINUTES**

Maki sushis (recette de base)

- 2 tasses de riz à sushi (voir recettes p. 124)
- 4 bandes de nori
- Garnitures au choix
- Sauce soja (pour servir)
- Wasabi (pour servir, facultatif)
- Gingembre mariné (pour servir, facultatif)

Matériel :

Natte en bambou (makisu)

Préparez vos garnitures selon les recettes suivies.

Placez une natte de bambou (makisu) sur une surface propre. Placez une feuille d'algue nori sur la natte, côté brillant vers le bas. Humidifiez légèrement vos mains pour éviter que le riz ne colle. Étalez une fine couche de riz sur les deux tiers de la feuille d'algue, en laissant un espace libre d'environ 1 cm en haut. Placez les garnitures de manière égale sur le riz, légèrement en dessous du centre.

Soulevez le bord de la natte près de vous et repliez-le soigneusement sur les garnitures. Roulez fermement en pressant doucement pour former un rouleau compact. Humidifiez légèrement le bord libre de l'algue nori avec de l'eau pour sceller le rouleau.

À l'aide d'un couteau bien aiguisé, coupez le rouleau en morceaux d'environ 2,5 à 3 cm de large. Humidifiez le couteau entre les coupes pour faciliter la découpe. Disposez les makis sur une assiette de service. Servez avec de la sauce soja, du wasabi et du gingembre mariné. Trempez légèrement les makis dans la sauce soja, ajoutez un peu de wasabi selon votre goût, puis dégustez.

DÉCLINAISON MAKI SUSHIS

Kappa maki

C'est le plus classique et celui que vous avez forcément déjà dû goûter : placez un mélange d'avocat et de concombre finement coupés et assaisonnez avec un peu de sauce soja au centre du riz.

Avocat et saumon

Placez des tranches de saumon cru et d'avocat au centre du riz. Dégustez avec un peu de wasabi.

Avocat et mangue

Choisissez un avocat et une mangue bien mûrs. Coupez-les en petits morceaux. Ajoutez un peu de coriandre fraîche hachée. Mélangez et garnissez les makis, en suivant les instructions de la recette de base.

Avocat et tofu épicé

Vous pouvez décliner la recette précédente en remplaçant la sauce teriyaki par une marinade à base de sauce soja et de sriracha.

Avocat et Spam

Le Spam est une viande en conserve à base de porc et de jambon mélangés, souvent appelée « porc pressé ». Le nom « Spam » est en fait une contraction de « *spiced ham* » (jambon épicé), bien que le produit lui-même contienne également du porc, de l'eau, du sel, du sucre, et divers autres ingrédients. On le trouve facilement dans les épiceries du monde.

Hachez-le finement. Coupez votre avocat en petits morceaux et arrosez de jus de citron. Mélangez et garnissez les makis.

Thon

Découpez le thon cru et l'avocat en petits dés et le concombre en petits morceaux. Garnissez ensuite les makis.

Tuna twist

Vous pouvez décliner cette recette classique en ajoutant des câpres coupées en deux et de la ciboule hachée.

Thon épicé

Pour une version un peu plus relevée, mélangez du thon cru coupé en dés, de l'avocat également coupé en dés, de la mayonnaise et de la sriracha. Mélangez bien et garnissez les makis.

Thon au *cream cheese*

Préparez les makis en suivant les étapes de base, en utilisant des lanières de thon, d'avocat et une fine couche de *cream cheese*. Servez avec de la sauce soja.

Cream cheese

Rien de plus simple pour cette variante des makis : garnissez le riz avec 1 cuil. à café de *cream cheese*, de Saint-Môret®, de Philadelphia® ou de tout autre fromage crémeux de ce type.

Cream cheese aux concombres

Préparez les makis en suivant les étapes de base, en utilisant comme garniture des lanières de saumon, de concombre et de fromage à la crème. Servez avec de la sauce soja, du wasabi et du gingembre mariné.

Cream cheese et avocat

Préparez les makis en suivant les étapes de base, et en utilisant du *cream cheese*, type Philadelphia®, et des morceaux d'avocat.

Crevette et mayonnaise

Préparez les makis en suivant les étapes de base, en utilisant comme garniture des crevettes cuites et coupées en deux dans la longueur accompagnées de mayonnaise.

Tempura de crevette

Préparez les makis en suivant les étapes de base, en utilisant comme garniture des lanières d'avocat, de concombre et des crevettes tempura (voir recette p. 71).

Dragon roll à la crevette

Préparez les makis en suivant les étapes de base en plaçant des lanières d'avocat, de concombre et de crevettes tempura (voir recette p. 71) sur le riz.

Roulez les makis à l'aide de la natte en bambou, en veillant à bien les serrer. Saupoudrez de graines de sésame pour une touche de croquant.

Tamago maki

Préparez les makis en suivant les étapes de base en plaçant des lanières d'omelette japonaise au centre du riz (voir recette p. 57).

Natto roll

Préparez les makis en suivant les étapes de base en plaçant des lanières d'omelette japonaise au centre du riz (voir recette p. 57) et du natto (des haricots de soja fermentés, disponibles dans les magasins spécialisés).

Ikura maki

On a déjà parlé de l'ikura, les œufs de poisson très utilisés dans les nigiri et les gunkan. Ils peuvent aussi trouver leur place dans les makis. Pour cela, préparez les makis en suivant les étapes de base et en plaçant des œufs de poisson sur le riz.

Œufs de poisson et avocat

L'ikura se marie très bien avec l'avocat et un peu de ciboulette pour garnir les makis.

Saumon fumé

Préparez les makis en suivant les étapes de base en plaçant des lanières de saumon fumé et un peu de *cream cheese* au centre du riz.

Rainbow roll

Préparez les makis en suivant les étapes de base, en utilisant comme garniture des lanières de saumon, d'avocat, de thon, de concombre, de poivron rouge et d'omelette japonaise (voir recette p. 57).

Saumon teriyaki

Faites cuire un pavé de saumon coupé en morceaux dans de la sauce teriyaki (disponible en magasin). Placez des lanières de saumon teriyaki, d'avocat et de concombre sur le riz.

Saupoudrez de graines de sésame pour une touche de croquant. Roulez les makis à l'aide de la natte en bambou, en veillant à bien les serrer.

Super Philly

Préparez les makis en suivant les étapes de base en utilisant comme garniture les tranches de saumon cru, du *cream cheese*, des câpres coupées en deux et des petits morceaux d'oignons rouges.

Triple poisson

Choisissez du poisson bien frais pour cette recette ! Préparez les makis en suivant les étapes de base en plaçant sur le riz de fines tranches de thon rouge cru, de saumon cru et de thon blanc (akami), cru également. Ajoutez quelques tranches d'avocat bien mûr lors du montage.

Crabe et avocat

Vous pouvez évidemment utiliser de la chair de crabe frais, mais une conserve fonctionnera aussi très bien. Préparez les makis en suivant les étapes de base, en plaçant la chair de crabe émiettée et les morceaux d'avocat, assaisonnés avec du jus de citron, du sel et du poivre.

Crabe à la sauce à l'ail

Préparez les makis en suivant les étapes de base, en plaçant la chair de crabe émiettée, mélangée à de la mayonnaise, de la sriracha et de l'ail émincé finement sur le riz.

Crabe et *cream cheese*

Préparez les makis en suivant les étapes de base en plaçant la chair de crabe émiettée, mélangée avec du *cream cheese* type Saint-Môret® ou Philadelphia® sur le riz. Assaisonnez avec du sel et du poivre avant de rouler les makis.

Surimi et avocat

Préparez les makis en suivant les étapes de base en utilisant comme garniture des petits morceaux de bâtonnets de surimi et d'avocat, assaisonnés avec du jus de citron.

Surimi et *cream cheese*

Préparez les makis en suivant les étapes de base en utilisant comme garniture des petits morceaux de bâtonnets de surimi, mélangés avec du *cream cheese*, type Saint-Môret® ou Philadelphia®.

Surimi et tamago

Préparez les makis en suivant les étapes de base, en utilisant comme garniture des petits morceaux de bâtonnets de surimi et d'omelette japonaise (voir recette p. 57). Ajoutez un peu de sauce soja et roulez les makis.

Unagi et avocat

L'unagi est de l'anguille grillée, souvent assaisonnée avec une sauce sucrée, qui offre une saveur riche et un contraste de texture. Vous pouvez la trouver précuite et sous-vide dans les épiceries spécialisées. Coupez-la en petits morceaux et ajoutez de l'avocat coupé en petits dés. Mélangez et garnissez les makis, en suivant les étapes de base.

Unagi teriyaki

Préparez les makis en suivant les étapes de base, en utilisant comme garniture de l'anguille en petits morceaux, mélangée à du cresson et de la sauce teriyaki.

Tamago classique

Préparez une omelette japonaise comme présentée p. 57. Ajoutez un peu de sauce soja et garnissez les makis en suivant les étapes de base.

POUR **12 FUTOMAKIS** | TEMPS DE PRÉPARATION : **30 MINUTES**

Futomaki aux crevettes et piment

- 150 g de riz à sushi cuit (voir recettes p. 124)
- 8 grosses crevettes cuites
- ¼ de botte de ciboulette
- 1 cuil. à soupe de mayonnaise
- 2 pincées de piment japonais Ichimi Togarashi
- 1 petit concombre
- ½ avocat
- 2 feuilles de nori
- 1 verre d'eau additionné de
- 1 cuil. à soupe de vinaigre de riz pour humidifier les ingrédients, les ustensiles et vos mains

Matériel :

Natte en bambou (makisu)

Rincez et émincez finement la ciboulette. Dans un bol, mélangez-la avec la mayonnaise et le piment. Coupez les crevettes en deux dans le sens de la longueur et retirez le boyau noir se trouvant au centre.

Épluchez le concombre et coupez-le en deux dans le sens de la longueur. Retirez les graines se trouvant au centre. Coupez-le ensuite en bâtonnets de 5 cm de long sur 0,5 cm d'épaisseur. Décollez la chair de l'avocat en passant délicatement une cuillère entre le fruit et la peau. Coupez-la ensuite en bâtonnets de la même taille que le concombre.

Étalez la natte en bambou et humidifiez-la bien avec de l'eau vinaigrée. Coupez les feuilles de nori aux deux tiers de leur longueur pour obtenir des feuilles rectangulaires (vous n'utiliserez pas le tiers restant) et posez-en une sur la natte. Humidifiez-la légèrement à l'aide de vos doigts.

Humidifiez légèrement vos mains à l'eau vinaigrée, puis prenez la moitié du riz et posez-le au centre de la feuille de nori. Étalez-le sur toute la feuille, puis retournez-la de façon à avoir le riz directement en contact avec la natte et la feuille de nori par-dessus.

Au centre de la feuille, étalez une fine couche de mayonnaise. Répartissez par-dessus la moitié des bâtonnets d'avocat puis de concombre et 4 crevettes. Soulevez le bord de la natte le plus proche de vous et repliez-la sur le rouleau. Serrez la natte entre vos doigts, puis enroulez-la complètement et appuyez bien dessus pour tasser le riz et fermer les futomakis.

Retirez le rouleau de la natte et posez-le sur une planche à découper. Coupez-le en deux parts égales. Alignez-les, rapprochez-les et coupez-les en trois morceaux pour obtenir 6 futomakis de forme et de taille identiques. Renouvelez l'opération avec le reste des ingrédients.

POUR **8 TEMAKI** | POUR **3 À 4 PERSONNES** | TEMPS DE PRÉPARATION : **30 MINUTES** | TEMPS DE CUISSON : **45 MINUTES**

Temaki zushi

- 450 g de riz rond blanc à sushi
- 560 ml d'eau filtrée
- 110 ml de vinaigre de riz ou cidre
- 40 g de sucre
- 12 g de sel

Aux choix (A à D) :

A. 1 tranche de saumon fumé
A. ½ avocat
B. 2 crevettes cuites
B. ½ avocat

C. 1 petite boîte de thon
C. ¼ d'oignon, finement ciselé
C. 1 cuil. à café de mayonnaise
C. 1 pincée de sel

D. ½ concombre, coupé en julienne
D. 2 feuilles de shiso

- 4 feuilles de nori
- Wasabi (facultatif)
- Feuilles de shiso (à votre goût)

Sauce :

Sauce soja

Cuisson du riz :

Rincez délicatement le riz à l'eau sans casser les grains. Répétez deux à trois fois et égouttez dans une passoire.

Mettez le riz lavé et l'eau filtrée dans une casserole, couvrez et laissez reposer au moins 30 min avant la cuisson.

Faites cuire à couvert à feu vif 5 minutes. À ébullition, baissez à feu doux et laissez cuire 10 min. Éteignez le feu et laissez reposer à couvert 10 min.

Mélangez le vinaigre de riz (ou de cidre), le sucre et le sel dans un petit bol.

Étalez le riz cuit dans un grand plateau à fond plat. Mélangez délicatement en ajoutant le vinaigre, en refroidissant le riz avec un éventail.

Préparez les 4 déclinaisons :

A. Coupez la tranche de saumon fumé en deux, la moitié d'avocat dans la longueur en quatre à cinq bâtonnets égaux.

B. Décortiquez les crevettes et mettez trois à quatre petits coups de couteau côté ventre pour que les crevettes tiennent droites. Coupez la moitié d'avocat dans la longueur en quatre à cinq bâtonnets égaux.

C. Ciselez finement le quart d'oignon et mélangez-le avec une pincée de sel. Ajoutez le thon et la mayonnaise. Mélangez bien.

D. Coupez le demi-concombre en julienne. Lavez les feuilles de shiso.

Coupez chaque feuille de nori en deux.

Présentation :

Prenez la moitié d'une feuille de nori dans la main. Étalez-y délicatement 40 à 50 g de riz à sushi, puis la garniture au choix (de **A** à **D**) au centre du riz en ajoutant du wasabi selon vos goûts (optionnel). Enroulez la feuille de nori avec tous les ingrédients dedans. Dégustez en trempant dans la sauce soja.

POUR **12 PIÈCES** | TEMPS DE PRÉPARATION : **25 MINUTES** | TEMPS DE REPOS : **20 MINUTES** | TEMPS DE CUISSON : **20 MINUTES**

Inarizushi

- 100 g de riz à sushi cru (ou 300 g de riz cuit)
- 2 cuil. à café de vinaigre de riz
- 25 g + 35 g de sucre
- 1 cuil. à café de sel
- 6 morceaux d'aburaage (tofu frit) de 5 cm × 8 cm
- 1 cuil. à café de dashi en poudre
- 25 ml de sauce soja
- 1 cuil. à soupe de graines de sésame noir

Rincez et égouttez le riz. Portez 240 ml d'eau à ébullition dans une casserole à fond épais. Lorsque l'eau bout, ajoutez le riz, mélangez et baissez à feu doux. Couvrez et laissez cuire 10 min. Éteignez le feu et laissez à couvert pendant 10 min pour terminer la cuisson à la vapeur.

Dans un petit bol, mélangez le vinaigre de riz, 25 g sucre et le sel. Transférez le riz dans un grand bol et versez le vinaigre dessus. Mélangez délicatement avec une cuillère en bois et laissez tiédir. Retournez le riz de temps en temps pour le refroidir uniformément.

Versez de l'eau bouillante sur le tofu frit pour retirer l'excédent d'huile. Laissez tremper 3 min. Égouttez et placez le tofu dans un récipient d'eau froide.

Faites bouillir 250 ml d'eau dans une casserole, puis versez le dashi, la sauce soja et 35 g sucre. Sur feu moyen, ajoutez le tofu frit. Poursuivez la cuisson jusqu'à ce que tout le liquide soit absorbé et évaporé (10 min environ). Éteignez le feu et laissez refroidir complètement.

Égouttez le tofu en le pressant légèrement entre les mains.

Façonnez 12 boulettes de riz de la taille des pochettes de tofu. Ouvrez doucement chaque pochette d'aburaage sans la casser et insérez une boule de riz dedans. Fermez l'extrémité vers le bas. Répétez l'opération pour toutes les boulettes de riz. Saupoudrez de graines de sésame noir et servez.

POUR **10 MAKIS** | TEMPS DE PRÉPARATION : **30 MINUTES**

Makis printemps aux crevettes

- Riz à sushi cuit (voir recettes p. 124)
- 10 crevettes, cuites et décortiquées
- 1 carotte
- 1 concombre
- 1 avocat
- 1 poignée de feuilles de laitue
- Quelques feuilles de menthe et de coriandre fraîches
- 10 feuilles de riz (les feuilles de riz sont des disques de pâte de riz qui doivent être trempés dans de l'eau chaude avant utilisation)

Pour la sauce :

- 3 cuil. à soupe de sauce soja
- 2 cuil. à soupe de sauce nuoc mam
- 1 cuil. à soupe de sucre
- 1 cuil. à soupe de jus de citron vert
- 1 gousse d'ail, écrasée

Coupez les crevettes, la carotte, le concombre et l'avocat en fines lanières. Lavez et séchez les feuilles de laitue, la menthe et la coriandre.

Mélangez la sauce soja, la sauce nuoc man, le sucre, le jus de citron vert et l'ail écrasé. Réservez.

Trempez une feuille de riz dans un bol d'eau chaude pour la ramollir. Posez-la sur une surface propre.

Placez quelques feuilles de laitue au centre de la feuille de riz. Ajoutez le riz à sushi comme dans la recette traditionnelle des makis, puis votre garniture : ici des crevettes et les légumes coupés. Ajoutez quelques feuilles de menthe et de coriandre fraîches.

Pliez les côtés gauche et droit de la feuille de riz vers l'intérieur, puis roulez-la fermement à partir du bas vers le haut, en veillant à bien enfermer tous les ingrédients. Coupez les rouleaux en tranches et servez-les avec la sauce préparée.

POUR **2 BOMBES** | TEMPS DE PRÉPARATION : **30 MINUTES** | TEMPS DE MARINADE : **2 MINUTES** | TEMPS DE CUISSON : **10 MINUTES**

Sushi bombs 100 % saumon

- 500 g de riz à sushi cuit (voir recettes p. 124)
- 200 g de filet de saumon, coupé en dés ou en fines tranches
- 2 feuilles de nori
- 2 feuilles de shiso, finement ciselées
- 5 brins d'aneth, finement ciselés
- 10 g d'œufs de saumon
- Sel

Pour la marinade :

- 120 g de pâte de miso blanc
- 4 cuil. à soupe de mirin
- 1 cuil. à soupe de zeste d'orange

Saupoudrez le poisson de sel et laissez reposer 20 min. Essuyez-le à l'aide de papier absorbant pour éliminer le plus de liquide possible.

Pour la marinade, mélangez la pâte de miso et le mirin dans un bol, puis ajoutez le zeste d'orange. Versez la moitié de la marinade sur du film alimentaire. Disposez le poisson au centre, nappez-le du reste de marinade et repliez le film dessus. Laissez mariner au moins 2 h, ou toute la nuit, au réfrigérateur.

Préchauffez le four à 170 °C (th. 5-6). Débarrassez délicatement le poisson de la marinade, disposez-le sur une plaque de cuisson et enfournez environ 10 min (en fonction de son épaisseur). Brisez délicatement le poisson en petits morceaux et réservez.

Garnissez un bol mélangeur de film alimentaire. Disposez délicatement une feuille de nori à l'intérieur (essayez de ne pas la briser).

Mélangez les feuilles de shiso et d'aneth ciselées avec le riz. Divisez le riz en quatre parts et placez-en une au fond du bol. Lissez puis ajoutez un quart du poisson, disposez les œufs de saumon au centre puis ajoutez un autre quart de saumon, pour recouvrir les œufs. Ajoutez une autre portion de riz et lissez la surface. Repliez les bords de la feuille de nori sur le riz.

Enveloppez la bombe dans le film alimentaire du bol, retournez-la et laissez reposer 10 min. La feuille de nori va s'humidifier au contact du riz et enfermer la bombe. Préparez la seconde.

Au moment du service, tranchez la bombe en deux à la verticale pour en révéler les couches.

POUR **4 PERSONNES** | TEMPS DE PRÉPARATION : **40 MINUTES** | TEMPS DE TREMPAGE : **30 MINUTES** | TEMPS DE CUISSON : **25 MINUTES**

Kaisedon

Pour le riz :

- 450 g de riz rond blanc à sushi
- 60 ml d'eau filtrée
- 110 ml de vinaigre de riz ou cidre
- 40 g de sucre
- 12 g de sel

Pour la garniture :

- Environ 15 fines lamelles de poisson cru de votre choix (saumon, thon, daurade, crevette, œufs de saumon, etc.)

Pour l'omelette japonaise :

- 3 œufs
- 1 cuil. à soupe de sucre
- ½ cuil. à café de sauce soja
- 1 pincée de sel
- Feuilles de shiso (facultatif)
- Feuilles de nori (facultatif)
- Huile végétale (pour la cuisson)

Pour la sauce à tremper :

- Sauce soja Wasabi (facultatif)

Pour le riz à sushi : rincez délicatement le riz à l'eau sans casser les grains, deux à trois fois avant de le laisser égoutter dans une passoire. Mettez le riz lavé et l'eau filtrée dans une casserole, couvrez et laissez tremper au moins 30 min avant la cuisson.

Faites cuire à couvert à feu vif 5 min. À ébullition, baissez à feu doux et laissez cuire 10 min. Éteignez le feu et laissez reposer à couvert 10 min.

Mélangez le vinaigre de riz, le sucre et le sel dans un petit bol.

Étalez le riz cuit dans un grand plateau à fond plat. Mélangez délicatement en ajoutant le vinaigre, en refroidissant le riz avec un éventail.

Pour l'omelette japonaise : battez les œufs en ajoutant le sucre, la sauce soja et le sel.

Faites chauffer l'huile dans une poêle, puis versez une petite quantité d'œuf battu de façon à former une fine crêpe. Roulez la crêpe jusqu'au bord opposé de la poêle.

Graissez la poêle si nécessaire à l'aide d'un papier absorbant huilé, puis versez à nouveau une petite quantité d'œuf en soulevant légèrement la crêpe roulée précédemment pour faire passer un peu d'œuf en dessous.

Enroulez cette nouvelle crêpe avec la crêpe précédente jusqu'au bord opposé de la poêle. Répétez cette opération jusqu'à ne plus avoir de préparation.

Placez le riz à sushi dans un bol et disposez des tranches de poisson cru et d'omelette par-dessus. Décorez avec une feuille de shiso ou de nori coupée en filaments. Servez avec de la sauce soja Wasabi, si vous le souhaitez.

POUR **2 PERSONNES** | TEMPS DE PRÉPARATION : **20 MINUTES** | TEMPS DE CUISSON : **25 MINUTES**

Kiritanpo

- 200 g de riz à sushi cuit (voir recettes p. 124)
- 240 ml d'eau (pour la cuisson)
- 2 cuil. à café de vinaigre de riz
- 25 g de sucre
- ½ cuil. à café de sel
- 1 cuil. à soupe d'huile végétale

(Miso pour servir)

Matériel :

Piques à brochette en bambou, surikogi

Rincez et égouttez le riz. Portez 240 ml d'eau à ébullition dans une casserole à fond épais. Lorsque l'eau bout, ajoutez le riz, mélangez et baissez à feu doux. Couvrez et laissez cuire 10 min. Éteignez le feu et laissez à couvert pendant 10 min pour terminer la cuisson à la vapeur.

Dans un petit bol, mélangez le vinaigre de riz, le sucre et le sel. Transférez le riz dans un grand bol et versez le vinaigre dessus. Mélangez délicatement avec une cuillère en bois et laissez tiédir. Retournez le riz de temps en temps pour le refroidir uniformément.

Mouillez le bout d'un pilon surikogi avec de l'eau. Écrasez un peu les grains de riz pour éviter qu'ils ne se séparent pendant la cuisson.

Façonnez le riz en boules d'environ 75 g chacune. Plantez une pique à brochette en bambou dans chaque boule de riz que vous façonnerez progressivement autour. Mouillez de temps en temps vos mains avec de l'eau pour empêcher le riz de coller.

Sur une planche à découper légèrement mouillée, roulez le riz pour égaliser la surface. Préparez des kiritanpo d'environ 12 cm de long.

Faites chauffer une poêle avec l'huile végétale. Retournez les kiritanpo de temps en temps pour les griller uniformément.

Retirez les piques lorsque les kiritanpo sont encore chauds. Pour cela, frappez-les légèrement dans votre paume plusieurs fois, puis tournez les brochettes doucement pour les décrocher délicatement. Dégustez avec du miso ou ajoutez-les dans une marmite kiritanpo.

POUR **4 ONIGIRIS** | POUR **2 PERSONNES** | TEMPS DE PRÉPARATION : **24 HEURES** | TEMPS DE CUISSON : **45 MINUTES**

Onigiri

- 100 à 120 g de pavé de saumon grillé
- 300 g de riz rond blanc
- 360 g d'eau filtrée
- 2 feuilles d'algue nori
- 1 cuil. à café de sel
- ½ cuil. à café de graines de sésame

La veille, recouvrez le pavé de saumon de sel, sans le saler côté peau. Laissez au réfrigérateur au moins une nuit – deux ou trois, si possible – dans une assiette.

Cuisson du riz :

Rincez délicatement le riz à l'eau claire sans casser les grains. Répétez l'opération 2 à 3 fois, puis égouttez le riz dans une passoire. Placez le riz nettoyé et l'eau filtrée dans une casserole. Couvrez et laissez reposer au moins 30 min avant la cuisson. Faites cuire à feu vif 5 min, puis à feu doux 10 min. Éteignez et laissez reposer encore 10 min sans soulever le couvercle.

Cuisson du saumon :

À l'aide d'un papier absorbant, retirez le surplus de sel et d'eau à la surface du saumon. Dans une poêle chaude, posez le saumon côté peau, couvrez en laissant si possible une petite ouverture, et faites cuire 25 à 30 min à feu très doux. Une fois cuit, coupez le saumon en quatre morceaux. Si vous aimez la peau, vous pouvez la garder pour confectionner votre onigiri ; sinon, il est facile de la retirer.

Dans un bol, mélangez 100 ml d'eau et 1 cuil. à café de sel. Humidifiez la paume de vos mains avec, afin d'éviter que le riz ne colle aux doigts. Ensuite, posez 100 à 120 g de riz dans votre main ; aplatissez légèrement et formez un petit creux au centre duquel vous allez déposez un peu du saumon préparé précédemment. Formez un triangle sans trop appuyer, mais suffisamment pour que cela tienne. Enroulez-le d'une feuille d'algue nori coupée en trois ou en quatre. Dégustez chaud.

Si vous le dégustez plus tard, attendez le moment du service pour enrouler l'onigiri dans l'algue afin de conserver son aspect croustillant.

POUR **2 PERSONNES** | TEMPS DE PRÉPARATION : **10 MINUTES**

Onigiri (recette rapide)

- 200 g de riz à sushi cuit (voir recettes p. 124)
- 4 feuilles de nori
- Garnitures au choix (thon, saumon, concombre, avocat, omelette…)

Faites cuire le riz à sushi.

Placez une feuille de nori sur du film alimentaire.

Étalez une couche de riz au centre de la feuille de nori.

Ajoutez vos garnitures préférées (je vous confie mes mélanges préférés juste après, mais libre à vous de tenter des associations inédites !).

Refermez le sandwich en pliant les côtés de la feuille de nori. Enveloppez-le bien dans le film alimentaire et coupez-le en deux pour servir.

POUR **2 PERSONNES** | TEMPS DE PRÉPARATION : **15 MINUTES** | TEMPS DE CUISSON : **5 MINUTES**

Onigiri umeboshi et pousses de petits pois

- 150 g de riz à sushi cuit (voir recettes p. 124)
- 1 cuil. à soupe de pousses de petits pois
- 1 cuil. à soupe d'huile de sésame grillé
- 1 umeboshi (prune salée) (voir recette p. 32)
- ½ cuil. à café de sauce tsuyu concentrée
- 2 cuil. à soupe de tenkasu (miettes de panure à tempura)

Coupez les pousses de petits pois en petits morceaux et faites-les revenir légèrement dans de l'huile de sésame. Dénoyautez la prune et morcelez la pulpe.

Versez la sauce tsuyu sur le tenkasu.

Mélangez tous les ingrédients avec le riz et formez l'onigiri.

POUR **2 PERSONNES** I TEMPS DE PRÉPARATION : **10 MINUTES**

Onigiri tofu et shiso

- 150 g de riz à sushi cuit (voir recettes p. 124)
- ½ feuille de tofu frit
- 2 feuilles de shiso vert
- ½ cuil. à soupe de préparation pour riz à sushi
- ½ cuil. à soupe de graines de sésame blanc

Émincez finement le tofu frit et faites-le légèrement poêler. Ciselez les feuilles de shiso.

Mélangez la préparation pour riz à sushi avec le riz, puis avec le reste des ingrédients avant de former l'onigiri.

POUR **2 PERSONNES** I TEMPS DE PRÉPARATION : **10 MINUTES**

Onigiri thon mayo

- 150 g de riz cuit
- ½ boîte de thon au naturel
- ½ cuil. à café de mayonnaise
- ½ cuil. à soupe de graines de sésame blanc
- 1 pincée de sel

Mélangez le thon égoutté et la mayonnaise.

Incorporez les graines de sésame blanc et le sel au riz, puis formez l'onigiri en plaçant le mélange au thon au centre.

POUR **2 PERSONNES** I TEMPS DE PRÉPARATION : **15 MINUTES**

Onigiri œuf, ciboule et gingembre mariné

- 150 g de riz à sushi cuit (voir recettes p. 124)
- 10 g de ciboule
- 1 cuil. à soupe de bouillon de poule
- ½ œuf
- 1 cuil. à café de beni shoga (gingembre mariné rouge)
- 1 pincée de sel et de poivre

Faire revenir la ciboule dans une poêle. Salez et poivrez. Délayez le bouillon dans l'œuf et préparez des œufs brouillés.

Mélangez tous les ingrédients avec le riz et formez l'onigiri.

LE RIZ, PIERRE ANGULAIRE DE LA SOCIÉTÉ JAPONAISE

Pour comprendre l'importance du riz dans la culture japonaise, il suffit de se tourner vers le dictionnaire. En effet, s'il existe trois mots différents pour désigner le riz, celui utilisé pour évoquer le riz cuit que l'on consomme est « gohan », terme que l'on utilise aussi pour désigner le repas.

Si l'on s'arrête un instant sur les chiffres, on pourrait croire que le riz est en mauvaise posture au Japon. En effet, au pic de sa consommation, en 1962, chaque individu en consommait en moyenne 114 kg par an. Désormais, ce chiffre atteint seulement les 55 kg. Une baisse de moitié (due principalement à l'attrait pour les nouilles des jeunes générations), mais qui reste bien supérieure à la consommation occidentale. En comparaison, nous n'en consommons en France que 6 kg par personne et par an. Comment l'expliquer ?

Le riz arrive au Japon au IIIe siècle, par l'intermédiaire d'échanges culturels et commerciaux avec la Chine et la Corée. C'est à cette même période que les premières cultures de riz en rizières submergées font leur apparition dans l'archipel, marquant une transition vers une agriculture sédentaire. Au fil des siècles, le riz devient la pierre angulaire de l'économie et de la société japonaise : il sert aussi de monnaie puisque les seigneurs féodaux collectent leurs taxes en riz. Mais c'est surtout durant les époques Edo (1603-1868) et Meiji (1868-1912) que la production de riz s'envole, entre autres grâce aux progrès technologiques de l'archipel.

Mais le riz est également un élément primordial de la spiritualité japonaise et notamment des rites shintoïstes. Symbole de la vie, lié aux divinités et notamment à Inari, la déesse du riz, vénérée dans des milliers de sanctuaires au Japon, il sert d'offrande aux ancêtres ou aux dieux et est également offert aux nouveaux-nés lors de leur naissance pour leur apporter la prospérité. C'est également à partir de cette céréale que l'on fabrique le saké, alcool sacré par excellence dans l'archipel, qui a, lui aussi, une place primordiale dans les rituels shintoïstes.

Il existe, au cours de l'année, plusieurs fêtes liées à la culture du riz :

Otaue Matsuri : cette cérémonie marque la plantation du riz, au mois de juin. Les villageois se rassemblent pour prier les dieux pour une récolte abondante. Il s'agit souvent d'un festival joyeux où les plants de riz sont mis en terre, entourés de danses, de chants et de costumes traditionnels.

Niiname-sai : cette fête shintoïste célébrée en automne honore la première récolte de riz de l'année. Pendant cette cérémonie, l'empereur lui-même offre du riz frais aux divinités pour les remercier de la bonne moisson et pour partager leur bénédiction avec le peuple.

Hōjō-e : célébrée dans certains sanctuaires, cette cérémonie est dédiée à la libération des animaux dans la nature, mais elle est aussi l'occasion de rendre hommage aux récoltes de riz.

Réussir la cuisson du riz

1. Le rinçage

- Le rinçage est essentiel pour éliminer l'excès d'amidon, ce qui empêche le riz de devenir trop gluant une fois cuit.
- Placez le riz dans un grand bol.
- Ajoutez de l'eau et mélangez doucement le riz avec vos mains en effectuant des mouvements circulaires. L'eau va devenir blanche.
- Égouttez l'eau avec précaution, en utilisant une passoire fine.
- Répétez cette opération environ 3 à 4 fois, jusqu'à ce que l'eau soit presque claire.

2. Le trempage

- Après le dernier rinçage, ajoutez de l'eau propre dans le bol contenant le riz.
- Laissez le riz tremper pendant 30 min à 1 h. Cela permet aux grains d'absorber l'eau et de mieux cuire. Cette étape est particulièrement importante si vous utilisez une casserole au lieu d'un cuiseur à riz.

3. La cuisson à la casserole

- Égouttez le riz après le trempage et placez-le dans une casserole avec une quantité d'eau égale à celle du riz. Couvrez.
- Portez l'eau à ébullition à feu moyen. Dès qu'elle commence à bouillir, réduisez le feu au minimum et laissez cuire à feu doux à couvert pendant 12 à 15 min.
- Éteignez le feu et laissez le riz reposer, toujours couvert, pendant 10 min.

4. La cuisson avec un cuiseur à riz

- Placez le riz rincé et égoutté dans le cuiseur à riz.
- Ajoutez la quantité d'eau nécessaire (généralement, la même quantité d'eau que de riz).
- Fermez le couvercle et lancez la cuisson.
- Une fois la cuisson terminée, laissez le riz reposer dans le cuiseur en mode « maintien au chaud » pendant environ 10 min.

5. L'aération

- Utilisez une spatule à riz pour remuer délicatement le riz de bas en haut pour bien aérer les grains, en faisant attention à ne pas les écraser.

POUR **8 TENMUSU** | TEMPS DE PRÉPARATION : **2 H** | TEMPS DE CUISSON : **15 MINUTES**

Tenmusu

- 300 g de riz rond blanc
- 360 g d'eau filtrée

Pour les tempuras :

- 8 crevettes crues (peuvent être remplacées par un légume ou une viande de votre choix)
- 1 cuil. à soupe de sauce soja
- 1 cuil. à café d'ail, râpé
- 1 cuil. à soupe de fécule de pomme de terre
- 60 g de farine de blé T45
- 60 ml d'eau pétillante (l'eau plate peut aussi convenir, mais le résultat sera plus croustillant avec de l'eau pétillante)
- 1 cuil. à café de sel
- 500 ml d'huile de friture
- 2 feuilles de nori

1. Cuisson du riz

Rincez délicatement le riz à l'eau sans casser les grains. Répétez l'opération deux à trois fois et égouttez dans une passoire.

Placez le riz lavé et l'eau filtrée dans une casserole, couvrez et laissez reposer au moins 30 min avant la cuisson.

Laissez couvert. Faites cuire à feu vif 5 min. À ébullition, baissez à feu doux et laissez cuire à couvert 10 min. Éteignez le feu et laissez reposer à couvert 10 min.

2. Préparation des tempuras

Décortiquez et déveinez les crevettes. Si elles sont grosses, coupez-les en deux dans le sens de la longueur.

Ajoutez aux crevettes la sauce soja, l'ail râpé et la fécule de pomme de terre, et mélangez. Laissez mariner 1 h.

Mélangez la farine, l'eau pétillante froide et le sel dans un petit bol. Plongez les crevettes marinées dans ce mélange afin de les enrober entièrement.

Dans une petite casserole, faites chauffer l'huile de friture à 180 °C (th. 6), et déposez-y les crevettes en les retournant de temps en temps. Retirez-les de l'huile avant qu'elles ne soient trop dorées et déposez-les dans une passoire à friture.

3. Montage

Préparez un bol d'eau salée avec 100 ml d'eau et 1 cuil. à soupe de sel. Mélangez bien. Mouillez-vous les mains avec cette eau salée pour éviter que le riz ne colle.

Dans une main, déposez 40 à 50 g de riz. Creusez légèrement cette boule de riz pour y déposer un tempura, puis façonnez une boule de forme triangulaire avec vos deux mains sans trop appuyer, en laissant dépasser une partie du tempura. Enroulez le riz d'une feuille de nori coupée en quatre dans le sens de la longueur. Dégustez chaud ou froid.

POUR **4 PERSONNES** | TEMPS DE PRÉPARATION : **15 MINUTES** | TEMPS DE TREMPAGE : **1 H** | TEMPS DE REPOS : **20 MINUTES** | TEMPS DE CUISSON : **30 MINUTES**

Takikomi gohan

- 300 g de riz blanc japonais à grain court
- 3 champignons shiitaké séchés
- 1 feuille de kombu, séchée
- 2 carottes
- 100 g d'aburaage (tofu frit)
- 2 cuisses de poulet
- 2 cm de gingembre frais
- 2 cuil. à soupe de sauce soja
- 2 cuil. à soupe de sauce tsuyu
- 2 cuil. à soupe de mirin
- 2 cuil. à soupe de saké

Rincez le riz puis faites-le tremper pendant 1 h.

Placez les champignons et la feuille de kombu dans 275 ml d'eau froide et laissez tremper 1 h. Cela fera un dashi.

Après 1 h, versez le riz dans une passoire pour bien l'égoutter. Retirez les champignons du dashi et coupez-les en fines tranches. Coupez les carottes en fines lamelles et l'aburaage en lanières.

Enlevez la peau du poulet et coupez-le en petits morceaux d'environ 2 cm. Faites chauffer une petite poêle et faites frire la peau sur feu moyen jusqu'à ce qu'elle soit croustillante. Coupez-la en petits morceaux et réservez.

Faites revenir le poulet dans la même poêle pendant 5 min. Ajoutez ensuite les carottes, le gingembre râpé, les champignons et l'aburaage ; faites sauter 1 min. Réservez.

Transférez le riz dans une casserole et versez le dashi. Incorporez tous les ingrédients précuits au-dessus du riz. Versez alors la sauce soja, la sauce tsuyu, le mirin et le saké. Ne mélangez pas. Couvrez et portez à ébullition 2 min. Réduisez le feu et faites cuire 15 min.

Hors du feu, laissez reposer 20 min à couvert. Récupérez le poulet et placez-le sur une planche à découper puis effilochez-le à l'aide de deux fourchettes. Incorporez-le de nouveau au riz et mélangez bien le tout. Servez chaud.

SAUCES
& BOUILLONS

pages 152-163

POUR **2 PERSONNES** | TEMPS DE PRÉPARATION : **20 MINUTES** | TEMPS DE CUISSON : **8 MINUTES**

Soupe miso

- 4 tasses d'eau
- 1 à 2 shiitakés séchés, réhydratés et tranchés
- 2 cuil. à soupe de pâte de miso (blanche ou rouge)
- 1 bloc de tofu ferme, coupé en petits cubes
- 1 à 2 cuil. à soupe d'algues wakamé séchées, réhydratées dans l'eau
- ½ cuil. à soupe de sauce soja (facultatif)
- 1 oignon vert, finement tranché
- Ciboule ou oignons verts, hachés (pour garnir, facultatif)

Dans une casserole, portez les 4 tasses d'eau à ébullition. Ajoutez les shiitakés dans l'eau bouillante et laissez mijoter 5 min environ pour en infuser la saveur.

Ajoutez la pâte de miso dans un petit bol et versez dedans un peu de bouillon chaud. Mélangez bien pour dissoudre la pâte et éviter les grumeaux.

Versez le contenu du bol dans la casserole avec le bouillon et les champignons. Ajoutez le tofu coupé en petits cubes et les algues wakamé dans la casserole. Laissez mijoter 2 à 3 min environ, jusqu'à ce que le tofu soit chaud. Si vous le souhaitez, ajoutez la sauce soja et ajustez la saveur à votre goût.

Retirez la casserole du feu. Ajoutez l'oignon vert tranché à la soupe. Servez la soupe miso chaude dans des bols individuels. Garnissez avec de la ciboule ou des oignons verts hachés si vous le souhaitez.

POUR **1 L DE BOUILLON** | TEMPS DE PRÉPARATION : **15 MINUTES** | TEMPS DE REPOS : **1 H** | TEMPS DE CUISSON : **15 MINUTES**

Dashi kombu-katsuoboshi

- 10 g de kombu (environ 1 morceau de 10 cm)
- 1 l d'eau
- 20 g de katsuobushi (flocons de bonite séchée)

Essuyez doucement la surface du kombu avec un chiffon humide pour enlever les impuretés (ne le rincez pas à l'eau, car cela enlèverait une partie de l'umami). Ne frottez pas trop fort, vous voulez conserver la fine couche blanche qui se trouve à la surface, car elle contribue à la saveur.

Placez le kombu dans une casserole avec 1 l d'eau froide. Laissez le kombu infuser dans l'eau pendant environ 30 min à 1 h (vous pouvez aussi le laisser toute la nuit dans le réfrigérateur pour une infusion plus lente et une saveur plus riche).

Après l'infusion, chauffez la casserole à feu moyen. Juste avant que l'eau ne commence à bouillir (lorsque de petites bulles commencent à se former sur les bords de la casserole), retirez le kombu. Ne laissez pas le kombu bouillir, car cela pourrait rendre le dashi amer.

Dès que vous retirez le kombu, ajoutez les flocons de katsuobushi dans la casserole. Laissez-les infuser pendant environ 30 s à 1 min, jusqu'à ce qu'ils commencent à couler au fond de la casserole.

Éteignez le feu et laissez reposer 1 min. Filtrez ensuite le liquide à travers une passoire fine ou un torchon propre pour retirer les flocons de katsuobushi. Vous devriez obtenir un bouillon clair et parfumé.

Votre dashi est prêt à être utilisé dans des soupes (comme la soupe miso), des sauces ou pour la cuisson de légumes et de viandes. Il est préférable de l'utiliser le jour même, mais vous pouvez le conserver au réfrigérateur pendant 2 à 3 jours.

POUR **1 L DE BOUILLON** | TEMPS DE PRÉPARATION : **15 MINUTES** | TEMPS DE REPOS : **1 H** | TEMPS DE CUISSON : **15 MINUTES**

Dashi végétarien

- 10 à 15 g de kombu (environ 1 à 2 morceaux de 10 cm)
- 1 l d'eau

Essuyez doucement le kombu avec un chiffon humide ou du papier absorbant pour enlever les impuretés éventuelles. Ne le rincez pas à l'eau, car cela peut enlever une partie des précieux glutamates présents à la surface. Laissez la poudre blanche (qui est du glutamate naturel) sur l'algue, car elle contribue à l'umami.

Placez le kombu dans une casserole avec 1 l d'eau froide. Laissez-le infuser pendant au moins 30 min à 1 h. Pour un dashi plus riche en umami, vous pouvez laisser le kombu dans l'eau froide pendant toute la nuit au réfrigérateur.

Une fois que le kombu a bien infusé dans l'eau froide, mettez la casserole sur feu moyen et commencez à chauffer lentement l'eau. Chauffez le tout pendant environ 10 à 15 min, jusqu'à ce que de petites bulles commencent à apparaître sur les bords, juste avant que l'eau n'arrive à ébullition. Ne laissez pas bouillir l'eau avec le kombu, car cela peut libérer une saveur amère.

Juste avant que l'eau ne bouille, retirez le kombu de la casserole. Votre dashi kombu est maintenant prêt à être utilisé.

Vous pouvez utiliser ce dashi kombu immédiatement dans des soupes (comme la soupe miso), pour la cuisson des légumes ou dans des sauces. Ce bouillon se conserve bien au réfrigérateur pendant 2 à 3 jours, dans un récipient hermétique.

POUR **4 PERSONNES** | TEMPS DE PRÉPARATION : **30 MINUTES** | TEMPS DE CUISSON : **17 MINUTES**

Zoni (soupe du Nouvel An)

- 4 mochis (gâteaux de riz japonais)
- 150 g de poulet (cuisses ou poitrine)
- 1 carotte
- 1 daïkon (environ 100 g)
- 4 shiitakés (champignons frais ou réhydratés)
- 1 poireau
- Quelques feuilles d'épinards ou de mitsuba (herbe japonaise similaire au persil)
- 1 l de dashi (vous pouvez utiliser le dashi kombu-katsuobushi, voir recette p. 153)
- 1 ou 2 cuil. à soupe de sauce soja (shoyu)
- 1 cuil. à soupe de mirin (facultatif)
- 1 pincée de sel
- Yuzu (zeste d'agrumes, pour garnir, facultatif)

Épluchez et coupez la carotte et le daïkon en fines rondelles (vous pouvez les découper en forme de fleurs pour une touche festive). Nettoyez les shiitakés et coupez-les en tranches fines. Coupez le poulet en morceaux de la taille d'une bouchée. Découpez le poireau en rondelles ou en biseau, et préparez les feuilles d'épinards (ou de mitsuba).

Dans une casserole, portez à ébullition 1 l de dashi. Si vous n'avez pas de dashi déjà préparé, suivez la recette de dashi kombu que nous avons déjà vue. Ajoutez les morceaux de poulet dans le bouillon de dashi et laissez cuire jusqu'à ce qu'ils soient bien cuits (environ 5 à 7 min). Ajoutez ensuite les carottes, le daïkon et les shiitakés, puis laissez mijoter jusqu'à ce que les légumes soient tendres (environ 10 min).

Assaisonnez le bouillon avec 1 à 2 cuil. à soupe de sauce soja, 1 cuil. à soupe de mirin (facultatif) et une pincée de sel. Goûtez et ajustez selon vos préférences.

Pendant que la soupe cuit, préparez les mochis. Ils peuvent être grillés au four ou à la poêle jusqu'à ce qu'ils gonflent et deviennent légèrement dorés et croustillants à l'extérieur. Vous pouvez aussi les cuire directement dans la soupe, mais le mochi devient alors plus gluant et mou (ce qui est aussi une texture recherchée par certains).

Une fois les légumes et le poulet cuits, retirez la soupe du feu. Placez un morceau de mochi grillé dans chaque bol. Versez la soupe chaude (poulet, légumes, dashi) sur le mochi. Ajoutez les feuilles d'épinards ou le mitsuba pour garnir, ainsi que quelques rondelles de poireau pour une touche de fraîcheur. Si vous en avez, ajoutez un peu de zeste de yuzu râpé ou une fine tranche de yuzu pour une note d'agrumes qui rafraîchit la soupe. Servez chaud et dégustez immédiatement.

POUR **1 PORTION DE SAUCE** | TEMPS DE PRÉPARATION : **10 MINUTES** | TEMPS DE CUISSON : **10 MINUTES**

Sauce teriyaki

- ½ tasse de sauce soja
- ¼ de tasse de mirin (saké doux)
- 2 cuil. à soupe de sucre
- 1 gousse d'ail, émincée (facultatif)
- 1 cuil. à soupe de Maïzena® (diluée dans 2 cuil. à soupe d'eau pour épaissir la sauce, facultatif)

Dans une petite casserole, mélangez la sauce soja, le mirin, le sucre et l'ail émincé (si utilisé).

Portez à ébullition à feu moyen, puis réduisez le feu et laissez mijoter pendant environ 5 min, en remuant de temps en temps.

Si vous le souhaitez, vous pouvez épaissir la sauce en ajoutant le mélange de Maïzena® diluée dans l'eau. Remuez jusqu'à ce que la sauce épaississe légèrement.

Retirez du feu et laissez la sauce refroidir avant de l'utiliser. Elle est parfaite pour mariner la viande ou le poisson avant de les griller.

POUR **1 PORTION DE SAUCE** | TEMPS DE PRÉPARATION : **10 MINUTES** | TEMPS DE CUISSON : **10 MINUTES**

Sauce yakitori

- ¼ de tasse de sauce soja
- ¼ de tasse de mirin (saké doux)
- 2 cuil. à soupe de sucre
- 1 gousse d'ail, émincée (facultatif)

Dans une petite casserole, mélangez la sauce soja, le mirin, le sucre et l'ail émincé (si utilisé).

Portez à ébullition à feu moyen, puis réduisez le feu et laissez mijoter pendant environ 5 min, en remuant de temps en temps.

Retirez du feu et laissez la sauce refroidir avant de l'utiliser. Elle est parfaite pour arroser les brochettes de viande ou de légumes grillées.

POUR **1 PORTION DE SAUCE** | TEMPS DE PRÉPARATION : **10 MINUTES** | TEMPS DE CUISSON : **30 MINUTES**

Sauce ponzu

- ¼ de tasse de sauce soja
- 5 cl de jus de yuzu
- Le jus de 1 orange
- Le jus de 1 citron
- 1 cuil. à soupe de vinaigre de riz
- 1 cuil. à soupe de mirin
- 1 cuil. à soupe de dashi (facultatif)
- 1 cuil. à soupe de sucre (facultatif)

Dans un bol, mélangez tous les ingrédients jusqu'à ce qu'ils soient bien combinés.

Goûtez et ajustez les assaisonnements selon vos préférences, en ajoutant éventuellement un peu de sucre pour équilibrer l'acidité.

Laissez la sauce ponzu reposer pendant environ 30 min avant de l'utiliser, afin que les saveurs se mélangent bien. Elle est idéale comme sauce pour les sushis, les sashimis, les salades ou pour les tempuras.

LA CÉRAMIQUE JAPONAISE

Au fil des siècles, les potiers japonais ont créé des styles variés, allant des bols à thé rustiques à la porcelaine hautement décorative. Faisons un petit tour de la question.

Avec ses formes tantôt délicates et colorées, tantôt rustiques et terreuses, la céramique japonaise a gagné en popularité en Occident ces dernières années. Désormais, il n'est plus rare de déguster un matcha chez soi, dans une tasse fabriquée au Japon et rapportée à la faveur d'un voyage personnel, ou dégotée dans ces petites boutiques d'artisanat nippon qui éclosent de plus en plus régulièrement dans les grandes villes de l'Hexagone.

L'histoire de la céramique japonaise s'écrit sur le temps long. En effet, si les premières traces d'objets créés en terre remontent à la période Jōmon (14 000–300 av. J.-C.), durant laquelle les premiers habitants de l'archipel façonnèrent des poteries aux motifs cordés, c'est à partir du XIIe siècle jusqu'à l'époque de Muromachi (1336-1568) que la céramique japonaise a connu une phase particulièrement prolifique. En effet, c'est à cette période que des potiers ont investi différentes zones de l'archipel afin d'y implanter la production de céramique, comme celles de Bizen, Tanba, Shigaraki, Tokoname, Seto et Echizen. Apparaît ainsi une céramique japonaise qui parvient à se détacher des influences de la Chine et de la Corée voisines. Ces zones, dénommées « les six anciens fours », ont été inscrites par le gouvernement japonais en 2017 sur la liste du patrimoine culturel de l'archipel.

L'essor de la céramique japonaise doit aussi beaucoup à la culture du thé qui se développe durant la période Muromachi. En effet, l'influence du bouddhisme zen et l'essor de la cérémonie du thé ont entraîné une demande de bols à thé simples et rustiques, connus sous le nom de *chawan*. La philosophie du *wabi-sabi*, qui met l'accent sur la beauté de l'imperfection et l'impermanence, est devenue étroitement liée à l'esthétique des objets en céramique, en particulier les objets raku.

Mais c'est surtout la période Edo (1603-1868), marquée par une paix et une stabilité sans précédent, qui a permis à l'art et à la culture japonaise de s'épanouir. À cette époque, la production de céramiques s'est répandue dans tout le Japon, chaque région développant ses propres styles et techniques dont voici les plus importantes et, qui plus est, facilement trouvable pour les amateurs de tasses, bols et autres plats.

Porcelaine d'Arita et d'Imari

C'est au début du XVIIe siècle que la production de céramique débute à Arita (sur l'île de Kyushu), après que les potiers coréens ont apporté au Japon des techniques de fabrication de la porcelaine. La porcelaine d'Arita, en particulier celle d'Imari, est réputée pour ses couleurs vives, notamment des rouges, des ors et des bleus, dont les motifs représentent la nature ou encore les thèmes mythologiques. La Compagnie néerlandaise des Indes orientales a exporté la porcelaine Imari en Europe, où elle est devenue très à la mode parmi l'élite européenne.

Porcelaines de Kyoto

La céramique de Kyo, apparue dans la région de Kyoto, est connue pour ses motifs délicats, peints à la main, représentant souvent des motifs saisonniers, des paysages et des animaux dans des couleurs vives. Les céramiques sont généralement fabriquées avec de l'argile fine et sont utilisées lors d'occasions spéciales ou de cérémonies du thé. Mais la région est aussi le berceau de la céramique raku, célèbre pour ses formes non raffinées, façonnées à la main, qui reflètent les principes du bouddhisme zen et l'esthétique de simplicité du maître de thé Sen no Rikyu.

Grès de Bizen

La céramique de Bizen est l'une des plus anciennes formes de poterie japonaise, connue pour son grès non émaillé d'aspect naturel. Les céramiques de Bizen se caractérisent par leur teinte brun-rouge et leur texture rugueuse. Les pièces sont cuites sans émaillage et leur apparence est due à la cendre naturelle du four et à l'argile locale riche en fer.

La porcelaine de Shigaraki

La porcelaine de Shigaraki est connue pour son grès à la texture rugueuse. L'argile caractéristique de la région contient du quartz et du feldspath, qui donnent à la poterie de Shigaraki une surface granuleuse qui contraste avec un émaillage à base de cendres qui se forme lors de la cuisson au bois. Les poteries présentent souvent des couleurs chaudes et naturelles, de l'orange au gris en passant par le noir. Shigaraki a longtemps été associé à la production de grandes jarres de stockage, mais aujourd'hui, la ville est également populaire pour ses statues de *tanuki*, une espèce de raton-laveur du folklore japonais que l'on peut voir à l'extérieur des maisons et des magasins dans tout le Japon.

POUR **1 PORTION DE SAUCE** | TEMPS DE PRÉPARATION : **10 MINUTES**

Vinaigrette Wafu

- 10 cl de sauce soja
- ½ oignon blanc, râpé
- 5 g de gingembre, râpé
- 5 g de graines de sésame doré
- 5 cl d'eau
- 5 cl de vinaigre de riz
- 10 cl d'huile de colza

Dans un bol, mixez tous les ingrédients de la vinaigrette.

POUR **1 PORTION DE SAUCE** | TEMPS DE PRÉPARATION : **10 MINUTES**

Mayonnaise yakiniku

- 30 g de mayonnaise Kewpie®
- ½ gousse d'ail, râpée
- 3 cl de mirin
- 3 cl de sauce soja
- 5 g de graines de sésame, mixées
- 3 cl d'huile de sésame

Mettez dans un bol tous les ingrédients de la vinaigrette et montez-la à l'huile de sésame.

POUR **1 PORTION DE SAUCE** | TEMPS DE PRÉPARATION : **10 MINUTES**

Sauce goma

- 5 cl de sauce Mizkan
- 5 cl de sauce soja
- 3 g de pâte miso
- 5 cl d'huile de sésame grillé
- 10 g de graines de sésame grillées, moulues

Dans un bol, mixez tous les ingrédients et montez la préparation à l'huile de sésame grillé, comme une vinaigrette. Ajoutez à la fin les graines de sésame.

POUR **4 PERSONNES** | TEMPS DE PRÉPARATION : **20 MINUTES** | TEMPS DE CUISSON : **30 MINUTES**

Bouillon de champignons et riz

- 1 botte de ciboulette
- 2 œufs entiers extra-frais
- 6 champignons de Paris
- 6 shiitakés frais ou secs
- 2 gros cèpes
- 100 g de chanterelles ou de girolles
- 100 g de mousserons
- 50 cl de bouillon de légumes
- 10 cl de bouillon dashi (voir recette p. 153)
- 3 cuil. à soupe de sauce soja
- 200 g de riz complet
- Sel, poivre

Rincez et émincez finement la ciboulette. Battez les œufs en omelette dans un bol. Réservez.

Préparez le bouillon de légumes : rincez les champignons de Paris et retirez le pied terreux. Découpez-les, ainsi que les shiitakés, en 8 quartiers. Coupez la pointe du pied des cèpes et épluchez-les. Rincez-les rapidement à l'eau froide à l'aide d'un pinceau et coupez-les en petits morceaux. Faites de même avec les chanterelles et les mousserons.

Mettez tous les champignons dans une grande poêle antiadhésive et faites chauffer à feu doux. Ils vont perdre leur eau de végétation petit à petit.

Poursuivez la cuisson pendant 10 min, puis ajoutez le bouillon de légumes, le bouillon dashi et la sauce soja. Portez à ébullition et faites réduire d'un tiers. Vérifiez l'assaisonnement, réservez.

En même temps, faites cuire le riz complet en suivant les indications portées sur le paquet. Égouttez le riz, rincez-le rapidement sous l'eau chaude et mélangez-le au bouillon. Portez de nouveau le bouillon à frémissement et versez les œufs battus sans cesser de mélanger.

Laissez cuire pendant 1 à 2 min tout en continuant à mélanger, puis répartissez dans de grands bols. Saupoudrez de ciboulette, servez aussitôt.

Variantes

Vous pouvez aussi réaliser cette recette avec du riz blanc, mais le riz complet, plus rustique, accompagne à merveille le bouillon de champignons.

Vous pouvez, comme souvent, ajouter dans le bouillon un peu de gingembre ou, pour corser le goût, de la poitrine de porc.

POUR **4 PERSONNES** | TEMPS DE PRÉPARATION : **15 MINUTES** | TEMPS DE CUISSON : **20 MINUTES** | TEMPS DE REPOS : **20 MINUTES**

Soupe claire au crabe

- Les arêtes et la tête d'un grand poisson blanc (turbot, daurade, sole...)
- 1 carré d'algue kombu de 10 cm de côté
- 10 cl de saké
- 1 l d'eau
- 1 cuil. à soupe de katsuobushi (bonite séchée en flocons)
- 10 brins de cresson
- ½ botte de ciboulette
- 100 g de chair de crabe
- 2 cuil. à soupe de sauce soja

Rincez longuement à l'eau froide les arêtes et la tête du poisson afin de retirer toute trace de sang.

Dans une grande casserole, mettez la tête de poisson, la feuille de kombu et le saké. Ajoutez 1 l d'eau et portez à ébullition. Baissez le feu et faites cuire à petits bouillons pendant 20 min. Éteignez le feu, ajoutez la bonite séchée et laissez reposer 20 min.

Rincez et émincez finement le cresson et la ciboulette.

Égouttez le crabe. Répartissez-le dans 4 bols.

Filtrez délicatement le bouillon afin de le garder aussi clair que possible. Versez-le dans une casserole et ajoutez la sauce soja. Portez de nouveau à ébullition, puis versez-le sur les morceaux de crabe. Ajoutez les herbes et servez aussitôt.

POUR **4 PERSONNES** | TEMPS DE PRÉPARATION : **30 MINUTES** | TEMPS DE CUISSON : **20 MINUTES**

Soupe au porc et aux légumes

- 2 carottes
- 5 cm de daïkon (ou de radis blanc)
- 6 champignons shiitaké frais (à défaut, une petite poignée de pleurotes ou de champignons de Paris)
- 200 g de tofu soyeux
- ½ botte de ciboulette
- 200 g de filet mignon de porc
- 2 cuil. à soupe d'huile végétale
- 2 cuil. à soupe d'huile de sésame
- 60 cl de bouillon dashi (voir recette p. 153)
- 1 cuil. à soupe de pâte miso rouge
- 1 cuil. à café de graines de sésame noir
- Sel, poivre

Épluchez les carottes et le daïkon, puis coupez-les en carrés de 0,5 cm de côté. Retirez le pied des champignons et émincez-les en tranches de 2 à 3 mm. Détaillez le tofu en cubes de 0,5 cm de côté. Rincez et émincez la ciboulette, réservez-la.

Coupez le porc en tranches de 2 à 3 mm d'épaisseur, puis détaillez chaque tranche en 2 morceaux. Dans une cocotte, faites chauffer les deux huiles puis, lorsqu'elles fument, faites-y revenir la viande et les légumes. Laissez bien dorer avant de verser le bouillon dashi. Couvrez d'eau, portez à ébullition, écumez et faites cuire à petits bouillons pendant 12 à 15 min.

Dans un bol, délayez la pâte miso avec quelques cuillerées à soupe de bouillon. Reversez le tout dans la cocotte et vérifiez l'assaisonnement.

Répartissez la soupe dans de grands bols et ajoutez le tofu, les graines de sésame noir et la ciboulette. Servez aussitôt.

POUR **4 PERSONNES** | TEMPS DE PRÉPARATION : **20 MINUTES** | TEMPS DE CUISSON : **1 H 05**

Bouillon au poulet, crevettes et saumon

- 8 grosses crevettes crues
- 1 carcasse de poulet
- 2 cuil. à soupe de saké
- 2 cuil. à soupe de sauce soja
- 2 carottes
- 5 cm de daïkon (ou radis blanc)
- 6 champignons shiitaké frais (à défaut, une petite poignée de pleurotes ou de champignons de Paris)
- 1 citron vert
- 2 pavés de saumon d'environ 150 g (sans la peau)
- 2 blancs de poulet
- 2 oignons nouveaux

Décortiquez les crevettes et ne laissez sur la queue que le dernier anneau et les nageoires. Conservez les carapaces. Rincez longuement sous l'eau froide la carcasse du poulet afin de retirer toute trace de sang.

Dans une grande casserole à feu vif, mettez la carcasse de poulet et les carapaces des crevettes, puis recouvrez largement d'eau. Ajoutez le saké, la sauce soja et portez à ébullition. Baissez le feu et laissez cuire à feu moyen pendant 45 min. Filtrez le bouillon.

Dans le même temps, épluchez les carottes, le daïkon et coupez-les en carrés de 0,5 cm de côté. Ôtez le pied des champignons et émincez-les en tranches de 2 à 3 mm. Coupez le bout rond du citron à l'aide d'un couteau bien aiguisé, puis épluchez complètement le citron. Vous devez obtenir un fruit où n'apparaît que la chair, séparée par des traits blancs. Incisez alors l'agrume le long de ces traits blancs afin de détacher les quartiers (on appelle cela « lever les suprêmes »). Réservez.

Coupez le saumon en lanières, détaillez le poulet en médaillons. Séparez le blanc du vert des oignons, puis émincez le tout. Réservez le vert pour la finition.

Portez de nouveau le bouillon à ébullition, puis ajoutez le saumon, le poulet, les légumes, le blanc des oignons et portez à frémissement. Laissez cuire à petits bouillons pendant 15 min. Ajoutez les crevettes et laissez cuire encore 5 min. Éteignez le feu et répartissez la soupe dans de grands bols. Saupoudrez-la avec le vert des oignons réservés, répartissez les quartiers de citron vert dessus et servez aussitôt.

SOBA

pages 166-183

POUR **2 PERSONNES** | TEMPS DE PRÉPARATION : **30 MINUTES** | TEMPS DE CUISSON : **30 MINUTES**

Ankake yakisoba

- 200 g de nouilles yakisoba (précuites si possible)
- 150 g de viande de votre choix (porc, poulet) ou de crevettes, coupées en morceaux
- 2 cuil. à soupe d'huile végétale
- 1 oignon, émincé
- 1 carotte, coupée en fines lanières
- 1 poivron, coupé en fines lanières
- 2 tasses de chou cabus, finement émincé
- 2 œufs, cuits sur le plat
- Ciboule ou ciboulette, coupée en fines tranches

Pour la sauce ankake :

- 2 cuil. à soupe de sauce soja
- 2 cuil. à soupe de ketchup
- 1 cuil. à soupe de mirin (ou un peu de sucre)
- 1 cuil. à soupe de fécule de maïs mélangée à 3 cuil. à soupe d'eau

Dans un petit bol, mélangez la sauce soja, le ketchup, le mirin et la fécule de maïs diluée dans l'eau. Réservez cette sauce ankake.

Faites chauffer une grande poêle ou un wok à feu moyen-vif. Versez 1 cuil. à soupe d'huile végétale. Ajoutez la viande coupée en morceaux et faites-la cuire jusqu'à ce qu'elle soit dorée. Retirez-la de la poêle et réservez.

Dans la même poêle, versez la seconde cuillerée à soupe d'huile. Ajoutez l'oignon émincé et faites-le revenir jusqu'à ce qu'il devienne translucide. Ajoutez ensuite la carotte et le poivron. Faites sauter les légumes pendant quelques minutes jusqu'à ce qu'ils commencent à ramollir. Ajoutez le chou cabus émincé et faites sauter tous les légumes ensemble jusqu'à ce qu'ils soient tendres mais encore croquants. Ajoutez les nouilles yakisoba précuites dans la poêle.

Versez la sauce ankake préparée. Mélangez tout pour enrober uniformément.

Remettez la viande cuite dans la poêle et mélangez-la avec les nouilles et les légumes. Une fois que tout est bien mélangé et que la sauce a épaissi, retirez la poêle du feu. Servez dans des assiettes individuelles. Placez un œuf sur le plat sur chaque portion et saupoudrez de ciboule ou de ciboulette coupée.

POUR **4 PERSONNES** | TEMPS DE PRÉPARATION : **15 MINUTES** | TEMPS DE CUISSON : **10 MINUTES**

Mori soba

- 400 g de nouilles soba (nouilles de sarrasin)

Pour la sauce tsuyu :

- 1 tasse de dashi (bouillon de base japonais, voir recette p. 153)
- ¼ tasse de sauce soja
- ¼ tasse de mirin
- 1 cuil. à café de sucre (facultatif)

Pour les garnitures :

- 2 oignons verts, émincés
- Gingembre frais, râpé (facultatif)
- Feuilles de nori (algue séchée), coupées en fines lamelles
- Wasabi selon votre goût
- Graines de sésame grillées (facultatif)

Dans une casserole, mélangez le dashi, la sauce soja, le mirin et le sucre (si utilisé). Portez le mélange à ébullition, puis réduisez le feu et laissez mijoter pendant quelques minutes. Retirez du feu et laissez refroidir. Vous pouvez également réfrigérer la sauce tsuyu pour qu'elle soit bien froide au moment de servir.

Portez une grande casserole d'eau à ébullition. Ajoutez les nouilles soba et faites-les cuire selon les instructions du paquet, généralement environ 5 à 7 min. Une fois cuites, égouttez les nouilles et rincez-les abondamment sous l'eau froide pour arrêter la cuisson et enlever l'excès d'amidon. Égouttez bien et disposez-les dans un grand bol ou sur un plateau de service.

Émincez les oignons verts et râpez le gingembre frais (si utilisé). Coupez les feuilles de nori en fines lamelles.

Servez les nouilles soba froides sur un plateau ou dans des bols individuels. Versez la sauce tsuyu refroidie dans des petits bols individuels, pour tremper. Disposez les garnitures (oignons verts, wasabi, gingembre râpé, nori et graines de sésame grillées) dans des petits récipients ou directement sur le plateau de service.

POUR **4 PERSONNES** | TEMPS DE PRÉPARATION : **20 MINUTES** | TEMPS DE CUISSON : **15 MINUTES**

Nouilles soba au bœuf cru

- 400 g de filet de bœuf ou de cœur de rumsteck
- 200 g de nouilles soba
- 3 cuil. à soupe d'huile végétale
- 1 petite gousse d'ail
- 3 cm de gingembre
- 1 botte de ciboulette
- 3 cubes de bouillon de bœuf
- 2 pincées de piment japonais Shichimi Togarashi
- 2 cuil. à soupe de sauce soja
- Sel, poivre

Dans une grande poêle, faites chauffer l'huile jusqu'à ce qu'elle fume, puis faites-y rapidement dorer le bœuf sur toutes les faces avec un peu de sel et de poivre.

Éteignez le feu et disposez le bœuf sur une assiette froide. Réservez la poêle.

Épluchez l'ail et le gingembre, hachez-les finement. Rincez la ciboulette et émincez-la finement, puis mélangez-la avec le gingembre.

Dans une grande casserole d'eau bouillante, diluez les cubes de bouillon de bœuf et faites-y cuire les nouilles soba en suivant les instructions portées sur le paquet. Égouttez-les et rincez-les à l'eau chaude.

Coupez en très fines tranches le filet de bœuf et conservez le jus. Dans la poêle que vous aviez réservée, faites revenir les nouilles avec l'ail et le piment pour les réchauffer.

Lorsqu'elles sont fumantes, ajoutez la sauce soja et mélangez bien. Éteignez le feu et versez le jus de bœuf.

Sur de grandes assiettes, répartissez les nouilles soba et ajoutez par-dessus de fines tranches de bœuf.

Saupoudrez de ciboulette au gingembre. Servez aussitôt.

POUR **2 PERSONNES** | TEMPS DE PRÉPARATION : **20 MINUTES** | TEMPS DE CUISSON : **25 MINUTES**

Soba au miso et au gingembre

- 200 g de nouilles soba
- 1 cuil. à soupe d'huile de sésame
- 2 gousses d'ail, émincées
- 1 morceau de gingembre frais (environ 3 cm), pelé et râpé
- 2 cuil. à soupe de pâte de miso (rouge ou blanc, selon votre préférence)
- 4 tasses de bouillon de légumes ou dashi (voir recette p. 153)
- 1 cuil. à soupe de sauce soja
- 1 cuil. à soupe de mirin (facultatif)
- 1 carotte, coupée en julienne
- 100 g de champignons shiitaké, tranchés
- 1 poireau, coupé en fines rondelles
- 1 bloc de tofu ferme, coupé en cubes (facultatif)
- Graines de sésame grillées (pour garnir)
- Oignons verts, hachés (pour garnir)
- Feuilles de nori, coupées en fines lanières (pour garnir)

Portez un grand volume d'eau à ébullition. Ajoutez les nouilles soba et faites-les cuire selon les instructions du paquet (généralement 4 à 5 min). Égouttez les nouilles et rincez-les à l'eau froide pour arrêter la cuisson. Réservez.

Dans une grande casserole, faites chauffer l'huile de sésame à feu moyen. Ajoutez l'ail et le gingembre. Faites revenir pendant 1 à 2 min jusqu'à ce qu'ils soient parfumés. Ajoutez la pâte de miso et mélangez bien pour la dissoudre.

Versez le bouillon de légumes (ou dashi) et portez à ébullition. Ajoutez la sauce soja et le mirin (si utilisé). Réduisez le feu et laissez mijoter.

Ajoutez la carotte, les champignons shiitaké, le poireau et le tofu (si utilisé) au bouillon. Laissez cuire pendant 5 à 7 min jusqu'à ce que les légumes soient tendres.

Répartissez les nouilles soba cuites dans des bols, versez le bouillon chaud et les légumes sur les nouilles. Garnissez chaque bol de graines de sésame grillées, d'oignons verts hachés et de lanières de nori. Servez immédiatement.

POUR **2 PERSONNES** | TEMPS DE PRÉPARATION : **20 MINUTES** | TEMPS DE CUISSON : **20 MINUTES**

Soba au poulet

- 200 g de nouilles soba
- 2 poitrines de poulet, coupées en fines lamelles
- 2 cuil. à soupe d'huile de sésame
- 2 gousses d'ail, émincées
- 1 morceau de gingembre frais (environ 3 cm), pelé et râpé
- 1 carotte, coupée en julienne
- 1 poivron rouge, coupé en fines lanières
- 100 g de champignons shiitaké, tranchés
- 4 cuil. à soupe de sauce soja
- 2 cuil. à soupe de mirin (facultatif)
- 1 cuil. à soupe de vinaigre de riz
- 1 cuil. à soupe de miel (ou sucre)
- Graines de sésame grillées (pour garnir)
- 2 oignons verts, hachés (pour garnir)
- Coriandre fraîche (pour garnir)
- Sel, poivre selon votre goût

Portez un grand volume d'eau à ébullition. Ajoutez les nouilles soba et faites-les cuire selon les instructions du paquet (généralement 4 à 5 min). Égouttez les nouilles et rincez-les à l'eau froide pour arrêter la cuisson. Réservez.

Dans une grande poêle ou un wok, faites chauffer l'huile de sésame à feu moyen-élevé. Ajoutez les lamelles de poulet et faites-les cuire jusqu'à ce qu'elles soient dorées et bien cuites, environ 5 à 7 min. Retirez le poulet de la poêle et réservez.

Dans la même poêle, ajoutez l'ail émincé et le gingembre râpé. Faites revenir pendant 1 à 2 min jusqu'à ce qu'ils soient parfumés.

Ajoutez la carotte, le poivron rouge et les champignons shiitaké. Faites sauter les légumes pendant 4 à 5 min jusqu'à ce qu'ils soient tendres, mais encore croquants.

Dans un bol, mélangez la sauce soja, le mirin (si utilisé), le vinaigre de riz et le miel (ou le sucre). Versez ce mélange dans la poêle avec les légumes et mélangez bien.

Remettez le poulet cuit dans la poêle et mélangez pour bien enrober le poulet de sauce. Ajoutez les nouilles soba cuites dans la poêle et mélangez délicatement pour bien répartir la sauce et les ingrédients.

Répartissez les nouilles soba au poulet et aux légumes dans des bols. Garnissez chaque bol de graines de sésame grillées, d'oignons verts hachés et de coriandre fraîche.

POUR **2 PERSONNES** | TEMPS DE PRÉPARATION : **20 MINUTES** | TEMPS DE CUISSON : **15 MINUTES**

Soba aux champignons shimeji

- 200 g de nouilles soba
- 2 cuil. à soupe d'huile de sésame
- 2 gousses d'ail, émincées
- 1 morceau de gingembre frais (environ 3 cm), pelé et râpé
- 200 g de champignons shimeji, séparés en petits bouquets
- 1 carotte, coupée en julienne
- 1 poivron rouge, coupé en fines lanières
- 3 cuil. à soupe de sauce soja
- 2 cuil. à soupe de mirin (facultatif)
- 1 cuil. à soupe de vinaigre de riz
- 1 cuil. à soupe de miel (ou sucre)
- 2 tasses de bouillon de légumes
- Graines de sésame grillées (pour garnir)
- 2 oignons verts, hachés (pour garnir)
- Coriandre fraîche (pour garnir)
- Sel, poivre selon votre goût

Portez un grand volume d'eau à ébullition. Ajoutez les nouilles soba et faites-les cuire selon les instructions du paquet (généralement 4 à 5 min). Égouttez les nouilles et rincez-les à l'eau froide pour arrêter la cuisson. Réservez.

Dans une grande poêle ou un wok, faites chauffer l'huile de sésame à feu moyen-élevé. Ajoutez l'ail émincé et le gingembre râpé. Faites revenir pendant 1 à 2 min jusqu'à ce qu'ils soient parfumés.

Ajoutez les champignons shimeji et faites-les sauter pendant 3 à 4 min jusqu'à ce qu'ils soient tendres. Ajoutez la carotte et le poivron rouge. Faites sauter les légumes pendant 4 à 5 min jusqu'à ce qu'ils soient tendres, mais encore croquants.

Dans un bol, mélangez la sauce soja, le mirin (si utilisé), le vinaigre de riz et le miel (ou le sucre). Versez ce mélange dans la poêle avec les légumes et les champignons et mélangez bien.

Ajoutez le bouillon de légumes et portez à ébullition. Réduisez le feu et laissez mijoter pendant 5 min.

Ajoutez les nouilles soba cuites dans la poêle et mélangez délicatement pour bien répartir la sauce et les ingrédients. Laissez cuire encore 2 à 3 min jusqu'à ce que les nouilles soient bien chaudes et enrobées de sauce.

Répartissez les nouilles soba aux champignons shimeji dans des bols. Garnissez chaque bol de graines de sésame grillées, d'oignons verts hachés et de coriandre fraîche.

POUR **2 PERSONNES** | TEMPS DE PRÉPARATION : **30 MINUTES** | TEMPS DE REPOS : **1 H** | TEMPS DE CUISSON : **2 H 30**

Soba d'Okinawa

- 200 g de poitrine de porc
- 3 cuil. à soupe d'awamori
- 3 cuil. à soupe de sucre roux
- 3 cuil. à soupe de sauce soja
- 10 tranches de kamaboko ou surimi
- ½ botte de cébette ou ciboulette
- Gingembre mariné rouge (pour garnir, facultatif)
- Piment mariné au awamori (pour garnir, facultatif)

Pour les nouilles d'Okinawa :

- 1 cuil. à soupe de bicarbonate de sodium
- 2 cuil. à café de sel
- 1 œuf
- 200 à 230 ml d'eau filtrée
- 500 g de farine T55
- 2 ou 3 poignées de fécule de pomme de terre
- 1 cuil. à soupe d'huile végétale

Pour le bouillon pour soba :

- 1,5 à 2 kg d'os de porc (côtes, dos...)
- 2 ou 3 l d'eau
- 200 ml de bouillon dashi katsuobushi (voir recette p. 153)
- 2 cuil. à soupe de sauce soja
- 2 cuil. à soupe de sel

1. Nouilles

Dans un petit bol, mélangez le bicarbonate, le sel, l'œuf et l'eau.

Dans un grand bol, versez la farine tamisée, puis le contenu du premier bol en dessinant un cercle.

Mélangez d'abord avec des baguettes, puis pétrissez 10 min.

Lorsque la pâte devient homogène et lisse, formez une boule et enfermez-la dans un sac plastique. Laissez-y entre 1 h et 1 h 30.

Divisez la boule en quatre pâtons égaux. Étalez chacun en ajoutant de la fécule de pomme de terre pour qu'il ne colle pas. Aplatissez la pâte à l'aide d'un rouleau à pâtisserie pour obtenir 1 à 2 mm d'épaisseur.

Ajoutez de la fécule, pliez la pâte en quatre, et découpez des rubans de 3 à 4 mm de largeur : vous obtenez des nouilles. Ajoutez encore de la fécule à la fin pour dénouer les nouilles et les conserver sans qu'elles se collent entre elles.

2. Bouillon

Lavez les os de porc à l'eau bouillante et posez-les dans une cocotte. Versez de l'eau jusqu'à les recouvrir complètement. Ajoutez le bloc de poitrine de porc pour le cuire en même temps.

Laissez cuire à feu moyen. Écumez lorsque l'eau bout, et baissez le feu pour faire cuire à feu doux 2 à 3 h en écumant régulièrement, jusqu'à ce que le niveau du bouillon baisse de moitié.

Retirez le bloc de poitrine, enlevez le surplus de gras à la surface de la soupe si nécessaire, et filtrez la soupe. Ajoutez le bouillon dashi, le sel et la sauce soja. La soupe est prête.

Cuisez la poitrine avec de l'awamori, du sucre roux et de la sauce soja, 30 à 50 min, jusqu'à obtenir une belle couleur brillante. Coupez en tranches.

Coupez le kamaboko en tranches et ciselez la ciboulette.

Dans une grande casserole, faites bouillir de l'eau avec une pincée de sel, et faites cuire les nouilles environ 2 min. Tapotez-les un peu avant de les mettre dans l'eau pour enlever la fécule autour. Les nouilles sont cuites quand elles remontent à la surface. Égouttez-les.

Dans un bol, mélangez la soupe, les nouilles, et décorez avec des tranches de porc, du kamaboko et de la ciboulette. En option, vous pouvez ajouter du gingembre et un peu de piment mariné. Dégustez chaud !

LES REPAS DE FÊTE AU JAPON

Du début de la nouvelle année aux anciennes fêtes des moissons, le calendrier japonais est parsemé d'événements où la nourriture occupe une place centrale, à la fois symbole de prospérité et vecteur de continuité culturelle. Voici une plongée dans les principaux repas de fête dans l'archipel.

Au Japon, la nourriture est profondément liée aux traditions culturelles et spirituelles. Ainsi, chaque fête ou festival est marqué par un ensemble de rituels et de repas partagés en famille ou avec sa communauté. Un moyen de se retrouver entre générations, de perpétuer les liens sociaux et surtout de déguster des petits plats spécialement cuisinés pour l'occasion. Petit tour d'horizon de la question.

Oshōgatsu

Le Nouvel An japonais, ou *oshōgatsu*, est l'une des célébrations les plus importantes au Japon. C'est l'occasion pour les familles de se réunir, de réfléchir à l'année écoulée et de prier pour la prospérité de celle à venir. Les coutumes traditionnelles comprennent la visite de sanctuaires, l'envoi de cartes de vœux et le nettoyage de la maison pour accueillir le *Toshigami-sama* (la divinité de la nouvelle année).

QUAND ?

Du 1er au 3 janvier.

LES PLATS FÉTICHES

L'osechi ryori : l'osechi est un ensemble de plats spécialement préparés pour l'occasion et servis dans des boîtes en laque empilées, toutes garnies d'aliments symboliques. En effet, chaque aliment représente un souhait pour l'année à venir : le *kazunoko* (œufs de hareng) symbolise la fertilité, le *kuromame* (haricots noirs sucrés) la santé et le *datemaki* (omelette roulée) la réussite scolaire et professionnelle.

Le zōni : le zōni est une soupe à base de mochi (gâteau de riz), de légumes et parfois de poulet ou de poisson. Les ingrédients spécifiques varient selon les régions mais représentent universellement la longévité et la bonne fortune.

Le toshikoshi soba : le terme *toshikoshi* signifie littéralement « passer à la nouvelle année ». Le toshikoshi soba est un plat de nouilles qui symbolise le souhait d'une vie longue et en bonne santé. En effet, le sarrasin, à partir duquel sont confectionnées les sobas, est associé à la ténacité. Quant à la longévité, elle est symboliquement représentée par la taille particulièrement longue de ces nouilles, une vingtaine de centimètres. Les toshikoshi soba sont dégustés le soir du 31 décembre.

Correct
正
月
Lune ou le mois

Oshōgatsu

Le nouvel an japonais

Au Japon le nouvel an est la fête la plus importante de l'année : c'est une fête famiLLiale et on profite pour rentrer chez soi

Au départ la date était bassé sur le calandrier chinois...

En 1873 tout chnage er la date officiel devient le 1er janvier, basée sur le calendrier grégorien

Calendrier solaire

Quelques jours avant le 31, on commence par faire le :

Osōuji

大掃除

Grand

Balayer

Exclure

soit le grand ménage

On fait le poussière, on lave, on aère... Bref on purifie la maison pour entamerla nouvelLe année sur de bonnes bases. On profite pour réparer les objects cassés et poser les décorations.

Kagami Mochi

Kadomatsu

Shide shimenawa

Hina matsuri

Hina matsuri, ou « fête des poupées », est un festival visant à prier pour la santé, le bonheur et la prospérité des jeunes filles. Les familles qui ont des filles exposent des poupées ornementales représentant la cour impériale et leur donnent des offrandes en guise de bénédiction.

QUAND ?

Le 3 mars.

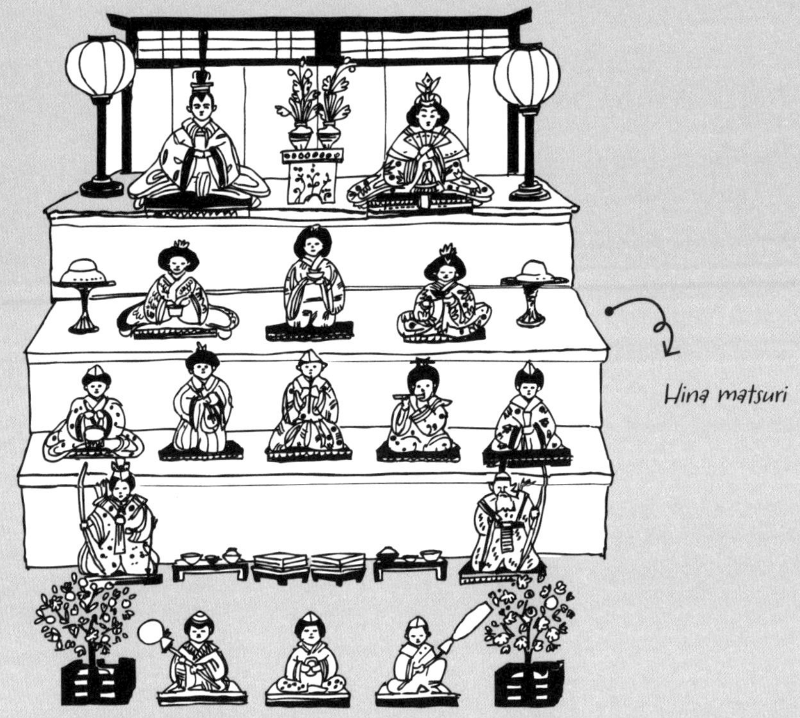

LES PLATS FÉTICHES

L'hishi mochi : l'hishi mochi est un gâteau de riz en forme de losange avec trois couches superposées : une rose représentant les fleurs de prunier, une blanche pour la neige et ses vertus purificatrices et une verte symbolisant les nouvelles pousses.

Le chirashi sushi : un type de sushi servi dans un bol avec des garnitures éparses comme des crevettes, des racines de lotus, des œufs et des œufs de saumon. Les couleurs vives sont censées signifier la bonne fortune.

Tanabata

Tanabata, ou la « fête des étoiles », commémore la légende de deux amoureux croisés, Orihime et Hiko-boshi, séparés par la Voie lactée mais autorisés à se rencontrer une fois par an. À cette occasion, les familles écrivent des vœux sur de petites bandes de papier (*tanzaku*) et les accrochent à des branches de bambou.

QUAND ?

Le 7 juillet.

LE PLAT FÉTICHE

Les nouilles sōmen : les nouilles sōmen sont des nouilles de blé fines, généralement servies froides en été et censées représenter la Voie lactée. Souvent garni de concombre et accompagné d'une sauce, ce plat est parfait lors des fortes chaleurs de juillet.

Obon

Obon est une fête bouddhiste dédiée à l'hommage aux ancêtres décédés. La croyance veut que les esprits reviennent rendre visite à leurs parents vivants pendant cette période. Les familles se rendent alors sur les tombes, nettoient les pierres commémoratives et offrent de la nourriture aux ancêtres et aux esprits des morts.

QUAND ?

À la mi-août.

LES PLATS FÉTICHES

Les offrandes : de nombreux foyers préparent des aliments spéciaux pour les esprits comme des fruits, des légumes et des mochis. Ces offrandes sont placées sur l'autel familial situé dans la maison ou sur les tombes.

Le *botamochi* : ces boules de riz sucrées enrobées de pâte de haricots rouges, de sésame ou de farine de soja, aux airs de mochis inversés, sont servies pendant l'Obon et associées au réconfort des vivants et des morts.

L'*unagi* : l'anguille est très appréciée pendant les mois chauds de l'Obon. Par ailleurs, l'anguille grillée est censée redonner de l'énergie et de la vitalité.

Kodomo no Hi

Connu à l'origine sous le nom de « Journée des enfants », *Kodomo no Hi* est aujourd'hui une journée de célébration de la santé, du bonheur et de la croissance de tous les enfants. Les familles exposent des *koi nobori*, ces banderoles en forme de carpe, à l'extérieur de leur maison, symbolisant la force et la détermination.

QUAND ?

Le 5 mai.

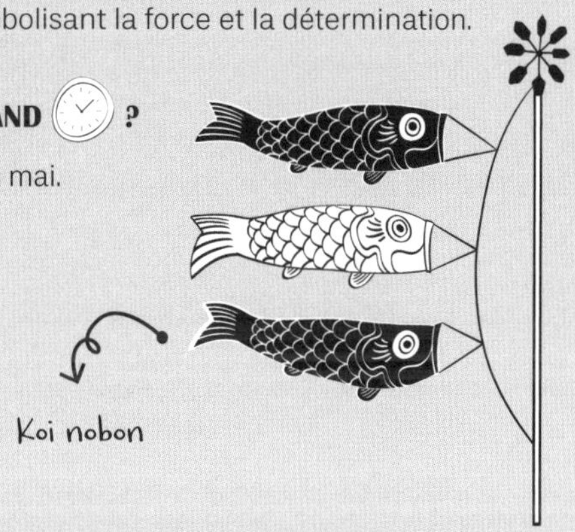

LES PLATS FÉTICHES

Le *kashiwa-mochi* : ce sont des gâteaux de riz sucrés remplis de pâte de haricots rouges et enveloppés dans des feuilles de chêne. Le chêne symbolise la prospérité de la progéniture et la bonne santé des parents.

Le *kusamochi* : cette confiserie est préparée en mélangeant de la pâte de haricots rouges avec de l'armoise. Cette dernière est censée avoir le pouvoir de conjurer le mal et la maladie. Ce mochi est ainsi considéré comme porte-bonheur.

POUR **2 PERSONNES** | TEMPS DE PRÉPARATION : **30 MINUTES** | TEMPS DE CUISSON : **25 MINUTES**

Soba épicées aux légumes et tofu fumé

- 200 g de nouilles soba
- 200 g de tofu fumé, coupé en cubes
- 2 cuil. à soupe d'huile de sésame
- 2 gousses d'ail, émincées
- 1 morceau de gingembre frais (environ 3 cm), pelé et râpé
- 1 carotte, coupée en julienne
- 1 poivron rouge, coupé en fines lanières
- 100 g de champignons shiitaké, tranchés
- 1 courgette, coupée en julienne
- 3 cuil. à soupe de sauce soja
- 2 cuil. à soupe de sauce chili sucrée
- 1 cuil. à soupe de vinaigre de riz
- 1 cuil. à soupe de sriracha (ajuster selon le niveau de piquant désiré)
- 1 cuil. à soupe de miel (ou sucre)
- 1 tasse de bouillon de légumes
- Graines de sésame grillées (pour garnir)
- 2 oignons verts, hachés (pour garnir)
- Coriandre fraîche (pour garnir)
- Sel, poivre selon votre goût

Portez un grand volume d'eau à ébullition. Ajoutez les nouilles soba et faites-les cuire selon les instructions du paquet (généralement 4 à 5 min). Égouttez les nouilles et rincez-les à l'eau froide pour arrêter la cuisson. Réservez.

Dans une grande poêle ou un wok, faites chauffer 1 cuil. à soupe d'huile de sésame à feu moyen-élevé. Ajoutez les cubes de tofu fumé et faites-les dorer de tous les côtés pendant environ 5 à 7 min. Retirez le tofu de la poêle et réservez.

Dans la même poêle, ajoutez l'autre cuil. à soupe d'huile de sésame. Ajoutez l'ail émincé et le gingembre râpé. Faites revenir pendant 1 à 2 min jusqu'à ce qu'ils soient parfumés.

Ajoutez la carotte, le poivron rouge, les champignons shiitaké et la courgette. Faites sauter les légumes pendant 5 à 7 min jusqu'à ce qu'ils soient tendres mais encore croquants.

Dans un bol, mélangez la sauce soja, la sauce chili sucrée, le vinaigre de riz, la sriracha et le miel (ou le sucre). Versez ce mélange dans la poêle avec les légumes et mélangez bien.

Ajoutez le bouillon de légumes et portez à ébullition. Réduisez le feu et laissez mijoter pendant 3 à 5 min.

Ajoutez les nouilles soba cuites et le tofu doré dans la poêle et mélangez délicatement pour bien répartir la sauce et les ingrédients. Laissez cuire encore 2 à 3 min jusqu'à ce que les nouilles soient bien chaudes et enrobées de sauce.

Répartissez les nouilles soba épicées aux légumes et au tofu fumé dans des bols. Garnissez chaque bol de graines de sésame grillées, d'oignons verts hachés et de coriandre fraîche.

POUR **2 PERSONNES** | TEMPS DE PRÉPARATION : **30 MINUTES** | TEMPS DE CUISSON : **25 MINUTES**

Soba et bouillon de miso blanc aux algues

- 200 g de nouilles soba
- 4 tasses de bouillon de légumes ou dashi (voir recette p. 153)
- 2 gousses d'ail, émincées
- 1 morceau de gingembre frais (environ 3 cm), pelé et râpé
- 3 cuil. à soupe de pâte de miso blanc
- 1 cuil. à soupe de sauce soja
- 1 cuil. à soupe de mirin (facultatif)
- 1 carotte, coupée en julienne
- 100 g de champignons shiitaké, tranchés
- 1 poireau, coupé en fines rondelles
- 1 bloc de tofu ferme, coupé en cubes (facultatif)
- 2 cuil. à soupe de wakamés séchés (algues), réhydratés selon les instructions du paquet
- Graines de sésame grillées (pour garnir)
- Oignons verts, hachés (pour garnir)
- Feuilles de nori, coupées en fines lanières (pour garnir)

Portez un grand volume d'eau à ébullition. Ajoutez les nouilles soba et faites-les cuire selon les instructions du paquet (généralement 4 à 5 min). Égouttez les nouilles et rincez-les à l'eau froide pour arrêter la cuisson. Réservez.

Dans une grande casserole, faites chauffer à feu moyen le bouillon de légumes (ou dashi). Ajoutez l'ail émincé et le gingembre râpé. Laissez mijoter pendant environ 5 min.

Dans un bol, mélangez la pâte de miso blanc avec un peu de bouillon chaud jusqu'à ce qu'elle soit bien dissoute, puis ajoutez ce mélange au bouillon. Ajoutez la sauce soja et le mirin (si utilisé).

Ajoutez la carotte, les champignons shiitaké, le poireau et le tofu (si utilisé) au bouillon. Laissez cuire pendant environ 10 min jusqu'à ce que les légumes soient tendres.

Ajoutez les wakamés réhydratés et laissez mijoter encore 2 à 3 min.

Répartissez les nouilles soba cuites dans des bols. Versez le bouillon chaud et les légumes sur les nouilles. Garnissez chaque bol de graines de sésame grillées, d'oignons verts hachés et de lanières de nori.

POUR **2 PERSONNES** | TEMPS DE PRÉPARATION : **25 MINUTES** | TEMPS DE CUISSON : **10 MINUTES**

Zaru soba

- 200 g de soba (nouilles de sarrasin)

Pour la sauce tsuyu :

- 120 ml de dashi (fait maison, voir recette p. 153, ou en sachet)
- 40 ml de sauce soja (shoyu)
- 40 ml de mirin
- 1 cuil. à café de sucre (facultatif)

Pour la garniture :

- 2 oignons verts
- Algues nori
- Wasabi, selon votre goût
- Graines de sésame (facultatif)

Matériel :

- Zaru (panier en bambou)

Faites bouillir une grande quantité d'eau non salée dans une casserole. Une fois que l'eau bout, ajoutez les nouilles soba et faites-les cuire selon les instructions sur l'emballage (généralement 4 à 5 min).

Une fois cuites, égouttez-les immédiatement et rincez-les abondamment à l'eau froide pour arrêter la cuisson et retirer l'excès d'amidon. Ce rinçage est important pour que les nouilles soient lisses et non collantes.

Égouttez bien les nouilles et disposez-les sur une assiette ou un zaru (panier en bambou) si vous en avez, pour bien les aérer.

Dans une petite casserole, mélangez le dashi, la sauce soja, le mirin et le sucre (si vous en utilisez). Portez ce mélange à ébullition, puis retirez du feu et laissez refroidir. Vous pouvez préparer cette sauce à l'avance et la conserver au réfrigérateur. Une fois refroidie, versez la sauce dans de petits bols individuels (pour tremper les nouilles).

Ciselez finement les oignons verts. Coupez l'algue nori en fines lamelles à l'aide de ciseaux. Préparez un peu de wasabi (ajustez la quantité selon vos goûts).

Garnissez les nouilles soba froides de quelques fines lamelles d'algue nori. Servez les garnitures (oignons verts, wasabi, algues nori supplémentaire) à côté dans des petits plats, pour que chacun puisse les ajouter à sa sauce tsuyu selon son goût.

Pour déguster, prenez une bouchée de soba avec vos baguettes, trempez-la dans la sauce tsuyu, et mangez. Vous pouvez ajouter les garnitures (oignons verts, wasabi, etc.) directement dans votre sauce tsuyu pour la parfumer.

Conseils

Variantes du tsuyu : vous pouvez acheter du tsuyu tout prêt dans les magasins asiatiques, souvent concentré. Dans ce cas, diluez-le avec de l'eau froide (généralement 1 part de tsuyu pour 2 ou 3 parts d'eau, selon la concentration).

Ajout d'accompagnement : vous pouvez ajouter des tempuras (beignets de légumes ou de crevettes) en accompagnement pour un repas plus copieux.

Servez avec du yuzu ou du gingembre râpé pour une touche de fraîcheur supplémentaire dans la sauce.

POUR **2 PERSONNES** | TEMPS DE PRÉPARATION : **30 MINUTES** | TEMPS DE CUISSON : **15 MINUTES**

Soba et queue de lotte en bouillon miso

- 200 g de nouilles soba
- 2 queues de lotte (environ 400 g), coupées en morceaux
- 2 cuil. à soupe d'huile de sésame
- 2 gousses d'ail, émincées
- 1 morceau de gingembre frais (environ 3 cm), pelé et râpé
- 3 cuil. à soupe de pâte de miso blanc
- 1 cuil. à soupe de sauce soja
- 1 cuil. à soupe de mirin (facultatif)
- 4 tasses de bouillon de légumes (ou dashi)
- 1 carotte, coupée en julienne
- 100 g de champignons shiitaké, tranchés
- 1 poireau, coupé en fines rondelles
- 1 courgette, coupée en julienne
- 2 cuil. à soupe de wakamés séchés (algues), réhydratés selon les instructions du paquet
- Graines de sésame grillées (pour garnir)
- Oignons verts, hachés (pour garnir)
- Feuilles de nori, coupées en fines lanières (pour garnir)
- Sel, poivre selon votre goût

Portez un grand volume d'eau à ébullition. Ajoutez les nouilles soba et faites-les cuire selon les instructions du paquet (généralement 4 à 5 min). Égouttez les nouilles et rincez-les à l'eau froide pour arrêter la cuisson. Réservez.

Assaisonnez les morceaux de queue de lotte avec du sel et du poivre.

Dans une grande poêle, faites chauffer 1 cuil. à soupe d'huile de sésame à feu moyen-élevé. Ajoutez les morceaux de lotte et faites-les cuire pendant environ 2 à 3 min de chaque côté jusqu'à ce qu'ils soient dorés et cuits. Retirez la lotte de la poêle et réservez.

Dans une grande casserole, faites chauffer 1 cuil. à soupe d'huile de sésame à feu moyen. Ajoutez l'ail émincé et le gingembre râpé. Faites revenir pendant 1 à 2 min jusqu'à ce qu'ils soient parfumés. Ajoutez le bouillon de légumes (ou dashi) et portez à ébullition.

Dans un bol, mélangez la pâte de miso blanc avec un peu de bouillon chaud jusqu'à ce qu'elle soit bien dissoute, puis ajoutez ce mélange au bouillon.

Ajoutez la sauce soja et le mirin (si utilisé). Ajoutez la carotte, les champignons shiitaké, le poireau et la courgette au bouillon. Laissez cuire pendant environ 10 min jusqu'à ce que les légumes soient tendres. Ajoutez les wakamés réhydratés et laissez mijoter encore 2 à 3 min.

Répartissez les nouilles soba cuites dans des bols. Ajoutez les morceaux de lotte dorés sur les nouilles. Versez le bouillon chaud et les légumes sur les nouilles et la lotte. Garnissez chaque bol de graines de sésame grillées, d'oignons verts hachés et de lanières de nori.

POUR **2 PERSONNES** | TEMPS DE PRÉPARATION : **30 MINUTES** | TEMPS DE CUISSON : **25 MINUTES**

Soba façon « wagamama »

- 200 g de nouilles soba
- 200 g de tofu ferme (ou poulet), coupé en cubes
- 2 cuil. à soupe d'huile de sésame
- 2 gousses d'ail, émincées
- 1 morceau de gingembre frais (environ 3 cm), pelé et râpé
- 2 tasses de bouillon de légumes ou dashi (voir recette p. 153)
- 1 cuil. à soupe de pâte de miso blanc
- 4 cuil. à soupe de sauce soja
- 2 cuil. à soupe de mirin
- 2 cuil. à soupe de vinaigre de riz
- 1 cuil. à soupe de miel ou de sirop d'érable
- 1 cuil. à soupe de sriracha (ajuster selon le niveau de piquant désiré)
- 1 carotte, coupée en julienne
- 1 poivron rouge, coupé en fines lanières
- 100 g de champignons shiitaké, tranchés
- 1 courgette, coupée en julienne
- 1 poireau, coupé en fines rondelles
- 2 cuil. à soupe de wakamés séchés (algues), réhydratés selon les instructions du paquet
- Graines de sésame grillées (pour garnir)
- Oignons verts, hachés (pour garnir)
- Feuilles de nori, coupées en fines lanières (pour garnir)

Portez un grand volume d'eau à ébullition. Ajoutez les nouilles soba et faites-les cuire selon les instructions du paquet (généralement 4 à 5 min). Égouttez les nouilles et rincez-les à l'eau froide pour arrêter la cuisson. Réservez.

Assaisonnez les cubes de tofu ou de poulet avec du sel et du poivre.

Dans une grande poêle ou un wok, faites chauffer 1 cuil. à soupe d'huile de sésame à feu moyen-élevé. Ajoutez les cubes de tofu ou de poulet et faites-les cuire jusqu'à ce qu'ils soient dorés et cuits. Retirez-les de la poêle et réservez.

Dans une grande casserole, faites chauffer 1 cuil. à soupe d'huile de sésame à feu moyen. Ajoutez l'ail émincé et le gingembre râpé. Faites revenir pendant 1 à 2 min jusqu'à ce qu'ils soient parfumés. Ajoutez le bouillon de légumes (ou dashi) et portez à ébullition.

Dans un bol, mélangez la pâte de miso blanc avec un peu de bouillon chaud jusqu'à ce qu'elle soit bien dissoute, puis ajoutez ce mélange au bouillon.

Ajoutez la sauce soja, le mirin, le vinaigre de riz, le miel ou le sirop d'érable et la sriracha. Mélangez bien.

Ajoutez la carotte, le poivron rouge, les champignons shiitaké, la courgette et le poireau au bouillon.

Laissez cuire pendant environ 10 min jusqu'à ce que les légumes soient tendres.

Ajoutez les wakamés réhydratés et laissez mijoter encore 2 à 3 min.

Répartissez les nouilles soba cuites dans des bols. Ajoutez les cubes de tofu ou de poulet dorés sur les nouilles. Versez le bouillon chaud et les légumes sur les nouilles et le tofu ou le poulet. Garnissez chaque bol de graines de sésame grillées, d'oignons verts hachés et de lanières de nori.

POUR **2 PERSONNES** | TEMPS DE PRÉPARATION : **30 MINUTES** | TEMPS DE CUISSON : **20 MINUTES**

Soba aux shiitakés et aux asperges vertes

- 200 g de nouilles soba
- 1 botte d'asperges vertes, coupées en tronçons de 5 cm
- 2 cuil. à soupe d'huile de sésame
- 150 g de champignons shiitaké, tranchés
- 2 gousses d'ail, émincées
- 1 morceau de gingembre frais (environ 3 cm), pelé et râpé
- 2 cuil. à soupe de sauce soja
- 1 cuil. à soupe de mirin (facultatif)
- 1 cuil. à soupe de vinaigre de riz
- 1 cuil. à soupe de miel ou de sirop d'érable
- 1 cuil. à soupe de sauce hoisin (facultatif)
- 1 cuil. à café de sriracha (ajuster selon le niveau de piquant désiré)
- Graines de sésame grillées (pour garnir)
- Oignons verts, hachés (pour garnir)
- Coriandre fraîche (pour garnir)
- Sel, poivre selon votre goût

Portez un grand volume d'eau à ébullition. Ajoutez les nouilles soba et faites-les cuire selon les instructions du paquet (généralement 4 à 5 min). Égouttez les nouilles et rincez-les à l'eau froide pour arrêter la cuisson. Réservez.

Faites chauffer une grande casserole d'eau salée à ébullition. Ajoutez les tronçons d'asperges et faites-les cuire pendant 2 à 3 min jusqu'à ce qu'ils soient tendres mais encore croquants. Égouttez et rincez à l'eau froide pour arrêter la cuisson. Réservez.

Dans une grande poêle ou un wok, faites chauffer l'huile de sésame à feu moyen-élevé. Ajoutez les champignons shiitaké tranchés et faites-les sauter pendant 5 à 7 min jusqu'à ce qu'ils soient tendres et légèrement dorés.

Ajoutez l'ail émincé et le gingembre râpé. Faites revenir pendant 1 à 2 min jusqu'à ce qu'ils soient parfumés.

Dans un bol, mélangez la sauce soja, le mirin (si utilisé), le vinaigre de riz, le miel ou le sirop d'érable, la sauce hoisin (si utilisée) et la sriracha. Versez ce mélange dans la poêle avec les champignons et mélangez bien.

Ajoutez les asperges cuites et mélangez pour bien enrober les légumes de sauce. Ajoutez les nouilles soba cuites dans la poêle et mélangez délicatement pour bien répartir la sauce et les ingrédients. Laissez cuire encore 2 à 3 min jusqu'à ce que les nouilles soient bien chaudes et enrobées de sauce.

Répartissez les nouilles soba aux shiitakés et aux asperges dans des bols. Garnissez chaque bol de graines de sésame grillées, d'oignons verts hachés et de coriandre fraîche.

TEMPURAS

pages 186-195

POUR **1 PORTION DE PÂTE** | TEMPS DE PRÉPARATION : **10 MINUTES**

Pâte à tempuras facile

- 125 g de farine tout usage
- ½ cuil. à café de sel
- 1 œuf (facultatif, pour une pâte plus riche)
- 240 ml d'eau gazeuse (froide si possible)

Dans un bol, mélangez la farine et le sel. Si vous souhaitez une pâte plus riche, ajoutez un œuf battu à ce stade.

Ajoutez l'eau gazeuse au mélange sec et mélangez délicatement avec des baguettes ou une fourchette. Il est important de ne pas trop mélanger : il est normal que la pâte soit un peu grumeleuse ; il est préférable de laisser quelques grumeaux pour obtenir une texture légère et croustillante. C'est prêt !

POUR **4 PERSONNES** | TEMPS DE PRÉPARATION : **40 MINUTES** | TEMPS DE CUISSON : **15 MINUTES**

Tempuras de légumes

- Pâte à tempuras (voir recette ci-dessus)
- 1 courgette, coupée en fines rondelles
- 1 aubergine, coupée en rondelles ou en bâtonnets
- 1 brocoli, coupé en petits morceaux
- 1 oignon, coupé en rondelles épaisses
- Sauce à tempuras (disponible dans le commerce), ou sel
- Huile végétale (pour la friture)

Préparez la pâte à tempuras, comme indiqué ci-dessus.

Faites chauffez l'huile dans une casserole à une température d'environ 170 à 180 °C.

Trempez vos légumes taillés dans la pâte à tempuras. N'oubliez pas que la pâte à tempuras doit être mélangée de manière à peine homogène pour obtenir une texture croustillante. Ne pas trop mélanger est la clé pour réussir une pâte légère et aérienne.

Faites frire jusqu'à ce que les tempuras soient dorés et croustillants.

Égouttez sur du papier absorbant et servez avec de la sauce à tempuras ou du sel.

Variantes

Vous n'aimez pas les courgettes et les aubergines ? Voici d'autres idées de légumes à utiliser !

Poivrons : coupez les poivrons en lanières, enlevez les graines et les peaux.

Haricots verts : équeutez les haricots et utilisez-les entiers.

Carottes : coupez les carottes en fines lanières ou en bâtonnets.

Patates douces : coupez les patates douces en rondelles fines.

Champignons : utilisez des champignons comme les shiitakés ou les champignons de Paris.

Asperges : faites frire des asperges entières ou coupées en morceaux.

POUR **4 PERSONNES** | TEMPS DE PRÉPARATION : **30 MINUTES** | TEMPS DE CUISSON : **15 MINUTES**

Tempuras de crevettes

- 500 g de crevettes décortiquées et déveinées (environ 125 g par personne)
- Pâte à tempuras (voir recette p. 186)
- Huile végétale (pour la friture)

Pour la sauce d'accompagnement :

- 4 cuil. à soupe de sauce soja
- 2 cuil. à soupe de mirin
- 2 cuil. à soupe de dashi (ou de bouillon de poisson)
- 1 cuil. à café de sucre
- Gingembre frais râpé (facultatif)

Préparez votre pâte à tempuras et chauffez l'huile dans une casserole à une température d'environ 170 à 180 °C.

Trempez vos crevettes dans la pâte à tempuras. N'oubliez pas que la pâte à tempuras doit être mélangée de manière à peine homogène pour obtenir une texture croustillante. Ne pas trop mélanger est la clé pour réussir une pâte légère et aérienne.

Faites frire jusqu'à ce que les tempuras soient dorés et croustillants (2 à 3 min normalement).

Égouttez sur du papier absorbant et servez avec de la sauce à tempuras ou du sel.

POUR **4 PERSONNES** | TEMPS DE PRÉPARATION : **30 MINUTES** | TEMPS DE CUISSON : **15 MINUTES**

Tempuras de cabillaud

Pour les tempuras :

- 500 g de filets de cabillaud (sans peau et sans arêtes)
- 150 g de farine de blé
- 50 g de fécule de maïs
- 1 cuil. à café de levure chimique
- 1 œuf
- 250 ml d'eau très froide (idéalement avec des glaçons)
- Sel
- Huile végétale (pour la friture)

Pour la sauce d'accompagnement :

- 4 cuil. à soupe de sauce soja
- 2 cuil. à soupe de mirin
- 2 cuil. à soupe de dashi (ou de bouillon de poisson)
- 1 cuil. à café de sucre
- Gingembre frais, râpé (facultatif)

Dans une petite casserole, mélangez la sauce soja, le mirin, le dashi et le sucre. Faites chauffer à feu doux jusqu'à ce que le sucre soit dissous. Réservez.

Coupez les filets de cabillaud en morceaux de taille égale (environ 5 cm de long). Salez légèrement et réservez au réfrigérateur.

Dans un bol, mélangez la farine de blé, la fécule de maïs et la levure chimique.

Dans un autre bol, battez l'œuf puis ajoutez l'eau très froide.

Incorporez progressivement le mélange de farines dans le mélange d'œuf et d'eau en remuant légèrement avec des baguettes ou une fourchette. La pâte doit être légèrement grumeleuse et ne doit pas être trop mélangée pour éviter de développer le gluten.

Faites chauffer l'huile de friture dans une grande casserole ou une friteuse à une température de 170-180 °C.

Trempez les morceaux de cabillaud dans la pâte à tempuras, en les enrobant bien.

Plongez les morceaux de cabillaud enrobés dans l'huile chaude par petites quantités pour éviter de faire baisser la température de l'huile. Faites frire jusqu'à ce que les morceaux soient dorés et croustillants (environ 2 à 3 min).

Retirez-les avec une écumoire et égouttez-les sur du papier absorbant. Disposez les morceaux de tempuras de cabillaud dans un plat. Servez immédiatement avec la sauce d'accompagnement et, si vous le souhaitez, un peu de gingembre frais râpé.

POUR **4 PERSONNES** | TEMPS DE PRÉPARATION : **30 MINUTES** | TEMPS DE CUISSON : **15 MINUTES**

Tempuras de calamar

Pour les tempuras :

- 500 g de calamars (anneaux ou tubes coupés en morceaux)
- 150 g de farine de blé
- 50 g de fécule de maïs
- 1 cuil. à café de levure chimique
- 1 œuf
- 250 ml d'eau très froide (idéalement avec des glaçons)
- Sel
- Huile végétale (pour la friture)

Pour la sauce d'accompagnement :

- 4 cuil. à soupe de sauce soja
- 2 cuil. à soupe de mirin
- 2 cuil. à soupe de dashi (ou de bouillon de poisson)
- 1 cuil. à café de sucre
- Gingembre frais, râpé (facultatif)

Dans une petite casserole, mélangez la sauce soja, le mirin, le dashi et le sucre. Faites chauffer à feu doux jusqu'à ce que le sucre soit dissous. Réservez.

Nettoyez les calamars et coupez-les en anneaux ou en morceaux de taille égale. Salez légèrement les morceaux et réservez-les au réfrigérateur.

Dans un bol, mélangez la farine de blé, la fécule de maïs et la levure chimique.

Dans un autre bol, battez l'œuf puis ajoutez l'eau très froide.

Incorporez progressivement le mélange de farines dans le mélange d'œuf et d'eau en remuant légèrement avec des baguettes ou une fourchette. La pâte doit être légèrement grumeleuse et ne doit pas être trop mélangée pour éviter de développer le gluten.

Faites chauffer l'huile de friture dans une grande casserole ou une friteuse à une température de 170-180 °C.

Trempez les morceaux de calamars dans la pâte à tempuras, en les enrobant bien.

Plongez les morceaux de calamars enrobés dans l'huile chaude par petites quantités pour éviter de faire baisser la température de l'huile. Faites frire jusqu'à ce que les morceaux soient dorés et croustillants (environ 2 à 3 min).

Retirez-les avec une écumoire et égouttez-les sur du papier absorbant. Disposez les morceaux de tempuras de calamar sur un plat. Servez immédiatement avec la sauce d'accompagnement.

TROIS MARCHÉS EMBLÉMATIQUES DU JAPON

Quoi de mieux pour découvrir la cuisine locale que de flâner au milieu des étals des marchés japonais ? Nous en avons sélectionné trois, emblématiques chacun à leur manière de la culture culinaire de la ville où ils sont implantés.

Véritables symboles de Tokyo, Kyoto et Osaka, les marchés de Tsukiji, Nishiki et de Kuromon reflètent l'atmosphère, les saveurs et l'histoire de la ville qui les abrite.

Le marché de Nishiki à Kyoto

Niché dans le centre-ville de l'ancienne capitale impériale, ce marché, surnommé « la cuisine de Kyoto », renferme plus de 130 commerces le long d'une artère de 400 mètres de long. Si les premières traces du marché remontent à l'époque Heian (794-1185), c'est en 1615 qu'il est fait mention du marché de Nishiki dans les documents officiels. On y vend exclusivement du poisson, en gros et aux professionnels. Ce n'est qu'à partir de 1770 qu'il est autorisé aux maraîchers de venir y vendre leurs marchandises, puis en 1928 que les bouchers et épiciers peuvent y tenir boutique. Ici, on trouve de tout : poissonniers, bouchers, maraîchers, pâtissiers.

La principale particularité de Nishiki est qu'il fait la part belle aux produits locaux. Des légumes, en bonne part, qui ont même leur petit nom : *kyōyasai*. Oignons verts, pousses de bambou, aubergines violettes ou encore de longs piments verts garnissent les étals, en version fraîche ou saumurée, les tsukemono, ces pickles de légumes qui sont une des spécialités de la ville. Autres denrées stars : le tofu, et notamment le yudofu, une variété de tofu bouilli, et le yuba, la peau qui se forme lors de l'ébullition du lait de soja et que l'on peut déguster avec de la sauce soja et du wasabi. Le marché de Nishiki fait aussi la part belle au thé, Kyoto étant relativement proche d'Uji, la ville du thé japonais par excellence, où sont produites les meilleures essences du pays.

Les marchés Tsukiji et Toyosu à Tokyo

Faut-il encore présenter le fameux marché de Tsukiji ? Autrefois le plus grand marché de poissons au monde, il a fermé ses portes en 2018, mais son âme persiste hors les murs puisqu'une poignée de commerçants a décidé de maintenir leur échoppe à l'extérieur de l'ancienne structure où se jouait tous les matins la vente en gros du poisson à la criée. Tsukiji est donc aujourd'hui encore un labyrinthe de petites rues bordées de boutiques et d'étals où l'on peut trouver des fruits de mer et du poisson frais, des épices ou encore des ustensiles de cuisine. Mais Tsukiji est surtout le point de rassemblement des gourmands qui viennent parfois dès l'ouverture manger des sushis, des sashimis ou des tempuras que proposent une poignée de restaurants, mais aussi les poissonniers qui disposent devant leur boutique des petites tables où s'installer pour savourer leurs produits. Autre spécificité, non maritime cette fois, du marché : les *tamagoyaki*, des omelettes au goût sucré-salé, préparées dans des moules rectangulaires que l'on déguste sur une baguette de bois.

Le marché de Toyosu est surtout idéal pour assister aux ventes aux enchères de thon tôt le matin. Toyosu est plus aseptisé que l'ancien marché de Tsukiji et conviendra surtout aux curieux qui veulent découvrir le ballet bien huilé des vendeurs et acheteurs, davantage qu'à ceux qui voudraient plonger dans l'âme marchande de la mégalopole. Pour autant, Toyosu possède des allées garnies de restaurants qui proposent des recettes à base de fruits de mer et de poissons on ne peut plus frais.

Le marché Kuromon Ichiba à Osaka

Souvent présenté comme le garde-manger d'Osaka, le marché de Kuromon Ichiba (que l'on peut traduire par « marché de la porte noire », en hommage à la porte de cette couleur que l'on trouve à l'extrémité nord-est du marché et qui appartenait au temple Emmeiji, détruit à la fin de l'ère Meiji en 1912) est situé dans le quartier de Nipponbashi, au sud de la ville. D'une longueur de près de 600 mètres, la plupart de ses 170 boutiques vendent du poisson, de la viande et des légumes frais. Si, dans un premier temps, ce marché était principalement le point de rendez-vous des professionnels de la gastronomie, sa clientèle s'est désormais diversifiée. À un tel point que l'on y trouve désormais tout ce qui a trait à l'univers de la cuisine : couteaux, ustensiles, tabliers, vaisselle, voire de l'électroménager.

De nombreux stands de Kuromon proposent de déguster leurs spécialités sur place. Ainsi, on peut savourer des *takoyaki*, ces boulettes de pâtes garnies de poulpe aux coquilles Saint-Jacques grillées, ou des châtaignes cuites au feu de bois, ce qui fait de Kuromon Ichiba un parfait emblème de la *street food* de la capitale du Kansai.

POUR **2 PERSONNES** | TEMPS DE PRÉPARATION : **30 MINUTES** | TEMPS DE CUISSON : **15 MINUTES**

Tempuras de patates douces

Pour les tempuras :

- 2 patates douces moyennes
- 150 g de farine de blé
- 50 g de fécule de maïs
- 1 cuil. à café de levure chimique
- 1 œuf
- 250 ml d'eau très froide (idéalement avec des glaçons)
- Gingembre frais, râpé (pour garnir, facultatif)
- Sel
- Huile végétale (pour la friture)

Pour la sauce d'accompagnement :

- 4 cuil. à soupe de sauce soja
- 2 cuil. à soupe de mirin
- 2 cuil. à soupe de dashi (ou de bouillon de poisson)
- 1 cuil. à café de sucre

Dans une petite casserole, mélangez la sauce soja, le mirin, le dashi et le sucre. Faites chauffer à feu doux jusqu'à ce que le sucre soit dissous. Réservez.

Épluchez les patates douces et coupez-les en tranches fines (environ 5 mm d'épaisseur). Plongez-les dans de l'eau froide pendant quelques minutes pour enlever l'excès d'amidon, puis égouttez-les et séchez-les bien avec un torchon propre ou du papier absorbant.

Dans un bol, mélangez la farine de blé, la fécule de maïs et la levure chimique.

Dans un autre bol, battez l'œuf puis ajoutez l'eau très froide.

Incorporez progressivement le mélange de farines dans le mélange d'œuf et d'eau en remuant légèrement avec des baguettes ou une fourchette. La pâte doit être légèrement grumeleuse et ne doit pas être trop mélangée pour éviter de développer le gluten.

Faites chauffer l'huile de friture dans une grande casserole ou une friteuse à une température de 170-180 °C.

Trempez les tranches de patates douces dans la pâte à tempuras, en les enrobant bien.

Plongez les tranches de patates douces enrobées dans l'huile chaude par petites quantités pour éviter de faire baisser la température de l'huile. Faites frire jusqu'à ce que les tranches soient dorées et croustillantes (environ 2 à 3 min).

Retirez-les avec une écumoire et égouttez-les sur du papier absorbant. Disposez les tranches de tempuras de patates douces sur un plat. Servez immédiatement avec la sauce d'accompagnement et accompagné de gingembre frais râpé si vous le souhaitez.

POUR **2 PERSONNES** | TEMPS DE PRÉPARATION : **30 MINUTES** | TEMPS DE CUISSON : **10 MINUTES**

Tempuras de shiso

Pour les tempuras :

- 20 feuilles de shiso (perilla)
- 150 g de farine de blé
- 50 g de fécule de maïs
- 1 cuil. à café de levure chimique
- 1 œuf
- 250 ml d'eau très froide (idéalement avec des glaçons)
- Gingembre frais, râpé (pour garnir, facultatif)
- Sel
- Huile végétale (pour la friture)

Pour la sauce d'accompagnement :

- 4 cuil. à soupe de sauce soja
- 2 cuil. à soupe de mirin
- 2 cuil. à soupe de dashi (ou de bouillon de poisson)
- 1 cuil. à café de sucre

Dans une petite casserole, mélangez la sauce soja, le mirin, le dashi et le sucre. Faites chauffer à feu doux jusqu'à ce que le sucre soit dissous. Réservez.

Lavez les feuilles de shiso et séchez-les délicatement avec un torchon propre ou du papier absorbant.

Dans un bol, mélangez la farine de blé, la fécule de maïs et la levure chimique.

Dans un autre bol, battez l'œuf puis ajoutez l'eau très froide.

Incorporez progressivement le mélange de farines dans le mélange d'œuf et d'eau en remuant légèrement avec des baguettes ou une fourchette. La pâte doit être légèrement grumeleuse et ne doit pas être trop mélangée pour éviter de développer le gluten.

Faites chauffer l'huile de friture dans une grande casserole ou une friteuse à une température de 170-180 °C.

Trempez chaque feuille de shiso dans la pâte à tempuras, en la tenant par la tige.

Plongez les feuilles de shiso enrobées dans l'huile chaude par petites quantités pour éviter de faire baisser la température de l'huile.

Faites frire jusqu'à ce que les feuilles soient dorées et croustillantes (environ 1 à 2 min).

Retirez-les avec une écumoire et égouttez-les sur du papier absorbant. Disposez les feuilles de tempuras de shiso sur un plat. Servez immédiatement avec la sauce d'accompagnement et accompagné de gingembre frais râpé si vous le souhaitez.

POUR **2 PERSONNES** | TEMPS DE PRÉPARATION : **30 MINUTES** | TEMPS DE CUISSON : **30 MINUTES**

Tempuras donburi

Pour les tempuras :

- 10 crevettes crues, décortiquées et déveinées
- 1 patate douce, coupée en tranches fines
- 1 courgette, coupée en tranches fines
- 150 g de farine de blé
- 1 cuil. à café de levure chimique
- 50 g de fécule de maïs
- 1 œuf
- 250 ml d'eau très froide (idéalement avec des glaçons)
- Gingembre frais, râpé (pour garnir, facultatif)
- Sel
- Huile végétale (pour la friture)

Pour la sauce d'accompagnement :

- 100 ml de sauce soja
- 100 ml de mirin
- 100 ml de dashi (ou de bouillon de poisson – voir recette p. 153)
- 2 cuil. à soupe de sucre

Pour le riz :

- 2 tasses de riz japonais (riz à sushi)
- 2 ½ tasses d'eau

Dans une petite casserole, mélangez la sauce soja, le mirin, le dashi et le sucre. Faites chauffer à feu moyen jusqu'à ce que le sucre soit dissous. Réservez.

Rincez le riz à l'eau froide jusqu'à ce que l'eau soit claire. Mettez le riz et l'eau dans une casserole et portez à ébullition. Réduisez le feu, couvrez et laissez mijoter pendant environ 15 min ou jusqu'à ce que le riz soit cuit. Retirez du feu et laissez reposer couvert pendant 10 min. Égrenez le riz avec une fourchette.

Lavez et préparez les légumes : coupez la patate douce et la courgette en tranches fines.

Décortiquez et déveinez les crevettes, en laissant la queue intacte pour une présentation plus jolie.

Dans un bol, mélangez la farine de blé, la fécule de maïs et la levure chimique.

Dans un autre bol, battez l'œuf puis ajoutez l'eau très froide.

Incorporez progressivement le mélange de farines dans le mélange d'œuf et d'eau en remuant légèrement avec des baguettes ou une fourchette. La pâte doit être légèrement grumeleuse et ne doit pas être trop mélangée pour éviter de développer le gluten.

Faites chauffer l'huile de friture dans une grande casserole ou dans une friteuse à une température de 170-180 °C.

Trempez les crevettes et les légumes dans la pâte à tempuras, en les enrobant bien.

Plongez les ingrédients enrobés dans l'huile chaude par petites quantités pour éviter de faire baisser la température de l'huile. Faites frire jusqu'à ce que les morceaux soient dorés et croustillants (environ 2 à 3 min pour les crevettes et 1 à 2 min pour les légumes).

Retirez-les avec une écumoire et égouttez-les sur du papier absorbant. Répartissez le riz cuit dans des bols individuels. Disposez les tempuras (crevettes et légumes) sur le riz et arrosez généreusement de la sauce d'accompagnement. Servez immédiatement, accompagné de gingembre frais râpé si vous le souhaitez.

POUR **2 PERSONNES** | TEMPS DE PRÉPARATION : **25 MINUTES** | TEMPS DE CUISSON : **10 MINUTES**

Soba aux tempuras

- 200 g de nouilles soba (nouilles de sarrasin)
- 4 tasses d'eau (ou de bouillon dashi acheté dans le commerce)
- 2 cuil. à soupe de sauce soja
- Tempuras (crevettes, légumes ; etc. voir recettes p. 186-194)

Faites cuire les nouilles soba selon les instructions présentes sur l'emballage, puis égouttez-les.

Dans un bol, mélangez l'eau (ou le bouillon dashi) et la sauce soja pour faire le bouillon.

Placez les soba cuites dans un bol et versez du bouillon par-dessus.

Ajoutez les tempuras dessus et servez.

TOFU

pages. 198-213

LE BOOM DU TOFU

Aliment apprécié depuis le XIIe siècle par les moines bouddhistes japonais pour sa frugalité, le tofu est aujourd'hui prisé des végétariens comme parfait substitut d'apport protéique à la viande.

Conversion au végétarisme ou envie de réduire sa consommation de viande, le tofu a de nouveau le vent en poupe au Japon. En effet, il est désormais le produit à base de soja le plus acheté par les ménages devant le natto, avec une augmentation par ménage de 4,6 paquets de tofu par an au cours des vingt dernières années, selon une étude portée par le ministère des Affaires intérieures et des Communications.

On pourrait croire le tofu un brin monolithique, mais il n'en est rien. Tout d'abord, il en existe plusieurs variétés, chacune adaptée à des usages culinaires différents et à des spécificités régionales. Les types les plus courants sont le tofu kinugoshi (tofu soyeux) et le tofu momen (tofu ferme). Le tofu soyeux est plus doux et plus délicat, souvent utilisé dans les soupes, les desserts et les préparations froides, tandis que le tofu ferme est plus robuste et convient mieux aux grillades, aux fritures et aux braisages. Il existe également des variantes régionales, comme le tofu oboro (un tofu plus doux, ressemblant à du lait caillé, populaire à Kyoto) et le *yuba* (la peau du tofu obtenue lors de l'ébullition du lait de soja), une spécialité de Nikko et de Kyoto, souvent servie comme plat de luxe dans les repas *kaiseki*.

Un révélateur de goût

Le tofu est aussi souvent considéré comme un aliment « fade » par les Occidentaux, sauf qu'il est en réalité comme une toile blanche et douce sur laquelle viennent se déposer et se révéler les goûts des autres ingrédients. Tel l'*hiyayakko*, un plat simple composé de tofu soyeux réfrigéré et agrémenté de garnitures telles que du gingembre râpé, des oignons verts, du katsuobushi (bonite séchée en flocons) et de la sauce soja. Un autre plat populaire est le agedashi dofu, où des cubes de tofu sont légèrement saupoudrés d'amidon, frits et servis dans un bouillon chaud. Le contraste entre l'extérieur croustillant et l'intérieur moelleux du tofu en fait un plat réconfortant, surtout pendant les mois les plus froids. Outre ces plats populaires, le tofu apparaît dans de nombreuses recettes traditionnelles, comme l'incontournable soupe au miso.

Le tofu emplit depuis de nombreuses années les bols japonais. Arrivé au Japon depuis la Chine durant la période de Nara (710-794), c'est surtout à partir de l'époque de Kamakura (1135-1333), durant laquelle le bouddhisme zen s'ancre dans l'archipel, que la consommation de tofu se répand, notamment dans les monastères. Au début de l'ère Edo (1603-1868), le tofu reste consommé pour des occasions spéciales, comme Obon ou le Nouvel An, et surtout dans les cercles privilégiés. Ce n'est qu'au milieu du XVIIIe siècle qu'il se démocratise, notamment grâce à la publication de l'ouvrage *Tofu hyakuchin*, que l'on peut traduire par « Cent plats à base de tofu », et qui détaille, sur plusieurs centaines de pages, des recettes pour le cuisiner cru, cuit, bouilli, grillé ou frit.

Durabilité et mondialisation

Néanmoins, la popularité croissante du tofu soulève quelques questions sur la durabilité et l'approvisionnement en soja. Le Japon, pays dont les terres arables sont limitées, importe la majorité de son soja, principalement des États-Unis et du Brésil. En réponse, certains producteurs japonais ont décidé d'utiliser du soja biologique cultivé dans le pays. Non seulement ce mouvement favorise l'agriculture locale, mais il répond également à la demande croissante des consommateurs pour des produits traçables et respectueux de l'environnement. Les fabricants artisanaux de tofu, en particulier dans des régions comme Kyoto et Hokkaido, sont à l'avant-garde de cette évolution et commercialisent leur tofu comme un produit de qualité supérieure et un choix durable.

POUR **2 PERSONNES** | TEMPS DE PRÉPARATION : **10 MINUTES** | TEMPS DE CUISSON : **5 MINUTES**

Tofu sauté au sésame

- 1 bloc de tofu ferme, coupé en dés
- 4 cuil. à soupe de sauce soja
- Graines de sésame
- Huile végétale

Faites chauffer un peu d'huile dans une poêle.

Ajoutez les dés de tofu et faites-les revenir jusqu'à ce qu'ils soient dorés.

Arrosez de sauce soja et saupoudrez de graines de sésame.

Remuez rapidement et retirez du feu. Servez chaud.

POUR **4 PERSONNES** | TEMPS DE PRÉPARATION : **30 MINUTES** | TEMPS DE CUISSON : **30 MINUTES**

Boulettes de tofu teriyaki

- 200 g de riz noir
- 400 ml d'eau
- 1 pincée de sel

Pour les boulettes de tofu :

- 400 g de tofu ferme
- 2 gousses d'ail, hachées
- 1 petit morceau de gingembre frais, râpé (environ 1 cuil. à café)
- 2 oignons verts, finement hachés
- 2 cuil. à soupe de sauce soja
- 1 cuil. à soupe de fécule de maïs (ou de farine de maïs)
- 1 cuil. à soupe d'huile de sésame
- Huile végétale (pour la cuisson)
- Sel, poivre selon votre goût

Pour la sauce teriyaki :

- 60 ml de sauce soja
- 2 cuil. à soupe de mirin (ou de vinaigre de riz sucré)
- 2 cuil. à soupe de sucre
- 1 cuil. à soupe de vinaigre de riz
- 1 cuil. à café de fécule de maïs diluée dans 2 cuil. à soupe d'eau
- Graines de sésame (facultatif)

Rincez le riz noir sous l'eau froide et ajoutez-le dans une casserole avec l'eau et une pincée de sel. Portez à ébullition, puis réduisez le feu et laissez mijoter à couvert pendant environ 30 à 40 min, ou jusqu'à ce que le riz soit tendre et l'eau absorbée. Retirez du feu et laissez reposer à couvert pendant 10 min avant de servir.

Émiettez le tofu ferme dans un bol. Ajoutez l'ail haché, le gingembre râpé, les oignons verts, la sauce soja, la fécule de maïs, l'huile de sésame, le sel et le poivre. Mélangez bien jusqu'à obtenir une pâte homogène.

Formez des boulettes avec le mélange de tofu. Chauffez un peu d'huile dans une poêle à feu moyen et faites dorer les boulettes de tofu de tous les côtés jusqu'à ce qu'elles soient bien croustillantes. Retirez et réservez.

Dans une petite casserole, mélangez la sauce soja, le mirin, le sucre et le vinaigre de riz. Portez à ébullition à feu moyen, puis ajoutez la fécule de maïs diluée en remuant constamment jusqu'à ce que la sauce épaississe. Retirez du feu et ajoutez les graines de sésame si désiré.

Ajoutez les boulettes de tofu dans la poêle avec la sauce teriyaki et mélangez bien pour les enrober uniformément. Servez les boulettes de tofu teriyaki sur un lit de riz noir.

POUR **4 PERSONNES** | TEMPS DE PRÉPARATION : **25 MINUTES** | TEMPS DE CUISSON : **20 MINUTES**

Galettes de tofu aux herbes

- 400 g de tofu ferme
- 2 échalotes, finement hachées
- 2 gousses d'ail, hachées
- 1 bouquet de persil frais haché (environ ½ tasse)
- 1 bouquet de coriandre fraîche, hachée (environ ½ tasse)
- 2 cuil. à soupe de sauce soja
- 2 cuil. à soupe de fécule de maïs (ou de farine de maïs)
- 2 cuil. à soupe de levure nutritionnelle (facultatif, pour un goût plus fromagé)
- Huile végétale (pour la cuisson)
- Sel, poivre selon votre goût

Égouttez le tofu et pressez-le légèrement pour enlever l'excès d'eau. Vous pouvez le faire en l'enveloppant dans du papier absorbant et en plaçant un poids dessus pendant quelques minutes. Émiettez ensuite le tofu dans un grand bol.

Ajoutez les échalotes, l'ail, le persil, la coriandre, la sauce soja, la fécule de maïs et éventuellement la levure nutritionnelle au tofu émietté. Assaisonnez avec du sel et du poivre selon votre goût.

Mélangez tous les ingrédients jusqu'à obtenir une texture homogène et facile à façonner en galettes. Si le mélange semble trop humide, ajoutez un peu plus de fécule de maïs.

Formez des galettes à l'aide de vos mains, en pressant fermement pour qu'elles tiennent bien ensemble.

Faites chauffez un peu d'huile végétale dans une poêle à feu moyen et faites cuire les galettes de tofu pendant environ 4 à 5 min de chaque côté, ou jusqu'à ce qu'elles soient dorées et croustillantes.

Servez les galettes de tofu aux herbes chaudes accompagnées d'une salade verte, de légumes sautés ou de riz.

POUR **4 PERSONNES** | TEMPS DE PRÉPARATION : **15 MINUTES**

Hiyayako

- 1 bloc de tofu soyeux ou mi-ferme (environ 300-400 g)
- 1 oignon vert, finement haché
- Gingembre frais, râpé (environ 1 cuil. à café)
- Flocons de bonite séchée (katsuobushi) ou algues séchées (pour une option végétalienne)
- Graines de sésame grillées (facultatif)
- Wasabi (facultatif)
- Sauce soja (shoyu) pour l'assaisonnement

Égouttez le tofu et pressez-le légèrement pour enlever l'excès d'eau. Vous pouvez le faire en l'enveloppant dans du papier absorbant et en le laissant reposer quelques minutes. Coupez ensuite le bloc de tofu en deux ou en quatre morceaux, selon la taille souhaitée.

Placez les morceaux de tofu sur une assiette ou un plat de service. Garnissez chaque morceau avec l'oignon vert haché, le gingembre râpé et les flocons de bonite séchée ou les algues séchées.

Saupoudrez de graines de sésame grillées, si désiré, et ajoutez une petite touche de wasabi sur le côté du tofu, si vous aimez le goût piquant. Juste avant de servir, versez un filet de sauce soja sur le tofu garni.

Variantes

Pour une version plus riche, vous pouvez ajouter 1 cuil. à soupe d'huile de sésame avant de verser la sauce soja.

Vous pouvez également ajouter des légumes râpés comme le daïkon (radis blanc) pour plus de croquant et de saveur.

POUR **4 PERSONNES** | TEMPS DE PRÉPARATION : **30 MINUTES** | TEMPS DE CUISSON : **20 MINUTES**

Kenchin jiru

- 1 bloc de tofu ferme (environ 300-400 g)
- 1 carotte
- ½ daïkon (radis blanc)
- 1 pomme de terre
- 1 poireau ou 1 oignon vert
- 4 champignons shiitaké (frais ou réhydratés si séchés)
- 1 morceau de konnyaku (facultatif)
- 1 l de bouillon dashi (à base de kombu et de bonite séchée, ou dashi instantané)
- 2 cuil. à soupe de sauce soja
- 1 cuil. à soupe de saké (facultatif)
- 1 cuil. à soupe de mirin (facultatif)
- 2 cuil. à soupe de miso (blanc ou rouge, selon votre préférence)
- Huile végétale (pour la cuisson)
- Sel, poivre selon votre goût
- Quelques feuilles de mitsuba ou de persil japonais (pour garnir, facultatif)

Égouttez le tofu et pressez-le légèrement pour enlever l'excès d'eau. Coupez-le en petits cubes.

Pelez et coupez la carotte, le daïkon et la pomme de terre en morceaux de taille égale. Coupez le poireau ou l'oignon vert en fines rondelles. Nettoyez les champignons shiitaké et coupez-les en tranches.

Si vous utilisez du konnyaku, coupez-le en fines lanières et blanchissez-les pendant quelques minutes pour enlever l'amertume.

Chauffez un peu d'huile végétale dans une grande casserole à feu moyen. Ajoutez les carottes, le daïkon, la pomme de terre et le konnyaku (si utilisé). Faites sauter les légumes pendant quelques minutes jusqu'à ce qu'ils soient légèrement dorés. Ajoutez les champignons shiitaké et continuez à faire sauter pendant encore quelques minutes.

Versez le bouillon dashi dans la casserole et portez à ébullition. Réduisez le feu et laissez mijoter pendant environ 15 min, ou jusqu'à ce que les légumes soient tendres.

Ajoutez le tofu en cubes dans la soupe. Incorporez la sauce soja, le saké et le mirin (si utilisés).

Dissolvez le miso dans un peu de bouillon chaud dans un bol séparé, puis ajoutez-le à la soupe. Mélangez bien. Goûtez et ajustez l'assaisonnement avec du sel et du poivre si nécessaire.

Servez la soupe chaude, garnie de rondelles de poireau ou d'oignon vert et de feuilles de mitsuba ou de persil japonais, si désiré.

POUR **2 PERSONNES** | TEMPS DE PRÉPARATION : **25 MINUTES** | TEMPS DE CUISSON : **20 MINUTES**

Okara korokke

- 2 tasses d'okara
- 1 pomme de terre moyenne, cuite et écrasée
- 1 oignon, haché finement
- 1 carotte, finement râpée
- ½ tasse de petits pois cuits
- 1 cuil. à soupe de sauce soja
- Chapelure
- Huile végétale (pour la friture)
- Sel, poivre selon votre goût

Pour la sauce d'accompagnement :

- 2 cuil. à soupe de sauce Worcestershire
- 1 cuil. à soupe de ketchup
- 1 cuil. à soupe de sauce soja
- 1 cuil. à soupe de mirin (facultatif)
- 1 cuil. à café de sucre

Dans un grand bol, mélangez l'okara, la pomme de terre écrasée, l'oignon haché, la carotte râpée, les petits pois cuits, la sauce soja, du sel et du poivre. Assurez-vous que les ingrédients sont bien mélangés.

Façonnez le mélange en petites boules et aplatissez-les pour former des croquettes. Passez chaque croquette dans la chapelure en les enrobant uniformément.

Dans une poêle, chauffez suffisamment d'huile végétale à 170-180 °C. Faites frire les croquettes jusqu'à ce qu'elles soient dorées et croustillantes des deux côtés (3 à 4 min pour chaque côté). Retirez-les de la poêle et placez-les sur du papier absorbant pour éliminer l'excès d'huile.

Dans un petit bol, mélangez tous les ingrédients de la sauce. Réservez.

Servez les croquettes d'okara chaudes avec la sauce à côté pour tremper.

POUR **4 PERSONNES** | TEMPS DE PRÉPARATION : **10 MINUTES**

Salade de tofu et œufs de saumon

- 200 g de tofu soyeux
- 100 g d'œufs de saumon
- ½ botte d'aneth
- ½ botte de persil
- ½ botte d'estragon
- ½ botte de coriandre
- 2 oignons nouveaux
- 1 cuil. à soupe de sauce soja
- 2 cuil. à soupe d'huile végétale
- Poivre

Effeuillez l'aneth, le persil, l'estragon et la coriandre. Rincez et émincez finement les oignons nouveaux.

Dans un saladier, mélangez les herbes avec les oignons, le poivre, la sauce soja et l'huile. Coupez le tofu en cubes de 1 cm de côté et ajoutez-le délicatement aux herbes. Vérifiez l'assaisonnement.

Répartissez la salade dans des bols et décorez avec les œufs de saumon. Servez aussitôt ou gardez au frais.

POUR **4 PERSONNES** | TEMPS DE PRÉPARATION : **20 MINUTES** | TEMPS DE MARINADE : **20 MINUTES** | TEMPS DE CUISSON : **30 MINUTES**

Tofu épicé au four

- 1 bloc de tofu ferme ou extra-ferme (environ 400 g)
- 2 cuil. à soupe de sauce soja
- 1 cuil. à soupe d'huile de sésame
- 1 cuil. à café de vinaigre de riz (ou vinaigre de cidre)
- 1 cuil. à café de gingembre frais râpé (facultatif)
- 2 gousses d'ail, émincées
- 2 cuil. à soupe de fécule de maïs (ou fécule de pomme de terre)
- 2 cuil. à soupe d'huile végétale (pour la cuisson)
- Graines de sésame et oignons verts, hachés (pour garnir, facultatif)
- Sauce soja ou sauce chili pour servir (facultatif)

Égouttez le tofu et enveloppez-le dans du papier absorbant pour absorber l'excès d'humidité. Vous pouvez également le presser légèrement sous un poids pendant quelques minutes. Coupez ensuite le tofu en cubes ou en rectangles d'environ 2 cm d'épaisseur.

Dans un bol, mélangez la sauce soja, l'huile de sésame, le vinaigre de riz, le gingembre râpé et l'ail émincé.

Placez les morceaux de tofu dans un plat peu profond et versez la marinade dessus. Laissez mariner pendant au moins 15 à 20 min, en retournant les morceaux à mi-temps pour bien les imbiber.

Préchauffez le four à 200 °C (th. 6-7).

Retirez les morceaux de tofu de la marinade et égouttez-les légèrement. Saupoudrez uniformément la fécule de maïs sur les morceaux de tofu, en les enrobant bien de tous les côtés.

Placez les morceaux de tofu sur une plaque à pâtisserie légèrement huilée ou recouverte de papier cuisson. Faites cuire au four pendant environ 25 à 30 min, en retournant les morceaux à mi-cuisson, jusqu'à ce que le tofu soit doré et croustillant.

Garnissez éventuellement de graines de sésame et d'oignons verts hachés.

Servez chaud, accompagné de sauce soja ou de sauce chili si désiré.

POUR **2 PERSONNES** | TEMPS DE PRÉPARATION : **15 MINUTES** | TEMPS DE TREMPAGE : **30 MINUTES** | TEMPS DE CUISSON : **12 MINUTES**

Tofu frit et tartare d'algues

- 15 g d'algues séchées (wakamé, nori, hijiki, aramé)
- 200 g de tofu soyeux
- 1 oignon nouveau
- Quelques brins de cerfeuil
- 2 cuil. à soupe de sauce soja
- 2 cuil. à soupe de mirin
- La pointe d'un couteau de gingembre haché
- 2 cuil. à soupe de farine de riz
- Huile végétale (pour la friture)
- Poivre

Faites tremper les algues dans l'eau froide pendant 30 min.

Coupez le tofu en cubes de 2 cm de côté et disposez-les sur du papier absorbant. Recouvrez d'une nouvelle couche de papier et posez dessus une planche à découper.

Égouttez les algues et pressez-les entre vos mains afin de bien les essorer. Coupez-les en petits morceaux. Rincez et émincez l'oignon nouveau. Effeuillez le cerfeuil.

Dans un petit saladier, mélangez les algues avec la sauce soja, le mirin, le cerfeuil, le gingembre, l'oignon et le poivre. Vérifiez l'assaisonnement et gardez au frais.

Faites chauffer l'huile à 190 °C. Elle doit être frémissante. Roulez les dés de tofu dans la farine de riz. Plongez-les ensuite un à un dans le bain de friture et laissez-les cuire 3 à 4 min. Il faut qu'ils soient bien dorés.

Sortez les beignets de la friture et posez-les sur du papier absorbant. Répartissez-les sur de petites assiettes et disposez une cuillerée de tartare d'algues par-dessus. Servez immédiatement.

POUR **4 PERSONNES** | TEMPS DE PRÉPARATION : **30 MINUTES** | TEMPS DE MARINADE : **20 MINUTES** | TEMPS DE CUISSON : **20 MINUTES**

Tofu kaarage

- 1 bloc de tofu ferme ou extra-ferme (environ 400 g)
- 2 cuil. à soupe de sauce soja
- 1 cuil. à soupe de saké (ou vin blanc sec)
- 1 cuil. à café de gingembre frais râpé
- 1 gousse d'ail, émincée
- ½ cuil. à café de sucre
- ½ cuil. à café de sel
- Poivre noir moulu selon votre goût
- 1 tasse de fécule de maïs (ou fécule de pomme de terre)
- Huile végétale (pour la friture)

Pour la sauce ponzu (facultative) :

- 2 cuil. à soupe de sauce soja
- 2 cuil. à soupe de jus de citron
- 1 cuil. à soupe de vinaigre de riz
- 1 cuil. à café de dashi en poudre (facultatif)
- 1 cuil. à café de sucre
- 1 cuil. à café de mirin

Égouttez le tofu et enveloppez-le dans du papier absorbant pour absorber l'excès d'eau. Vous pouvez également le presser légèrement sous un poids pendant quelques minutes pour enlever davantage d'eau. Coupez ensuite le tofu en morceaux de 2 à 3 cm de côté.

Dans un bol, mélangez la sauce soja, le saké, le gingembre râpé, l'ail émincé, le sucre, le sel et le poivre noir moulu. Mélangez bien.

Placez les morceaux de tofu dans la marinade et laissez mariner pendant au moins 15 à 20 min, en retournant les morceaux à mi-temps pour bien les imbiber.

Chauffez l'huile végétale dans une casserole ou une friteuse à feu moyen à élevé, jusqu'à ce qu'elle atteigne environ 170-180 °C.

Retirez délicatement chaque morceau de tofu de la marinade et enrobez-les généreusement de fécule de maïs. Tapotez légèrement pour enlever l'excès de fécule.

Faites frire les morceaux de tofu en plusieurs lots (pour éviter la surcharge de la casserole) pendant environ 5 à 6 min, ou jusqu'à ce qu'ils soient dorés et croustillants. Retirez ensuite le tofu frit avec une écumoire et déposez-le sur du papier absorbant pour égoutter l'excès d'huile.

Dans un petit bol, mélangez tous les ingrédients de la sauce ponzu jusqu'à ce que le sucre soit complètement dissous.

Servez le tofu karaage chaud, garni de quartiers de citron et accompagné de la sauce ponzu pour tremper.

POUR **4 PERSONNES** | TEMPS DE PRÉPARATION : **40 MINUTES** | TEMPS DE CUISSON : **50 MINUTES**

Tofu katsu curry

- 1 bloc de tofu ferme ou extra-ferme (environ 400 g)
- ½ tasse de farine
- 1 œuf battu (ou substitut végétalien comme du lait d'amande)
- ½ tasse de chapelure panko (ou chapelure ordinaire)
- 1 cuil. à café de paprika (facultatif, pour la couleur)
- Sel, poivre noir moulu, selon votre goût
- Huile végétale (pour la cuisson)

Pour le curry :

- 2 cuil. à soupe d'huile végétale
- 1 oignon moyen, finement haché
- 2 gousses d'ail, émincées
- 2 carottes, coupées en rondelles
- 1 pomme de terre, coupée en cubes
- 200 g de champignons shiitaké frais, tranchés (facultatif)
- 2 cuil. à soupe de farine
- 2 cuil. à soupe de curry en poudre (japonais ou indien, selon votre préférence)
- 500 ml de bouillon de légumes
- 1 cuil. à soupe de sauce soja
- 1 cuil. à soupe de sauce Worcestershire (végétalienne, si nécessaire)
- 1 cuil. à soupe de ketchup
- 1 cuil. à soupe de miel ou de sucre
- Sel, poivre noir moulu, selon votre goût

Pour servir :

- Riz cuit chaud

Égouttez le tofu et enveloppez-le dans du papier absorbant pour absorber l'excès d'eau. Vous pouvez également le presser légèrement sous un poids pendant quelques minutes. Coupez ensuite le bloc de tofu en tranches épaisses d'environ 1,5 cm.

Préparez trois bols peu profonds : un avec de la farine, un avec l'œuf battu (ou le substitut végétalien) et un avec la chapelure panko mélangée avec du paprika, du sel et du poivre.

Passez chaque tranche de tofu dans la farine, en secouant l'excès, puis dans l'œuf battu et enfin dans la chapelure panko. Assurez-vous que le tofu est bien enrobé de chaque côté.

Chauffez de l'huile végétale dans une poêle à feu moyen à élevé. Faire frire les tranches de tofu panées pendant environ 3 à 4 min de chaque côté, ou jusqu'à ce qu'elles soient dorées et croustillantes. Retirez et égouttez sur du papier absorbant.

Dans une grande casserole ou une cocotte, chauffez 2 cuil. à soupe d'huile végétale à feu moyen. Ajoutez l'oignon et l'ail, et faites-les revenir jusqu'à ce qu'ils soient translucides.

Ajoutez les carottes, la pomme de terre et les champignons shiitaké (si utilisés), et faites sauter pendant quelques minutes jusqu'à ce qu'ils commencent à ramollir légèrement.

Saupoudrez la farine sur les légumes et remuez pour bien enrober. Faites cuire pendant 1 à 2 min pour faire cuire la farine. Ajoutez le curry en poudre et remuez pour bien enrober les légumes.

Versez progressivement le bouillon de légumes tout en remuant pour éviter les grumeaux. Ajoutez la sauce soja, la sauce Worcestershire, le ketchup et le miel ou le sucre.

Portez à ébullition, puis faites réduire à feu doux. Laissez mijoter pendant environ 15 à 20 min, ou jusqu'à ce que les légumes soient tendres et que la sauce ait épaissi. Assaisonnez avec du sel et du poivre selon votre goût.

Servez le tofu katsu chaud sur du riz cuit, accompagné de la sauce curry aux légumes.

POUR **4 PERSONNES** | TEMPS DE PRÉPARATION : **15 MINUTES** | TEMPS DE MARINADE : **20 MINUTES** | TEMPS DE CUISSON : **20 MINUTES**

Tofu suteki

- 1 bloc de tofu ferme ou extra-ferme (environ 400 g)
- 2 cuil. à soupe de sauce soja
- 1 cuil. à soupe de mirin (ou de sucre si vous n'avez pas de mirin)
- 1 cuil. à soupe de saké (ou vin blanc sec)
- 1 cuil. à soupe d'huile de sésame
- 2 gousses d'ail, émincées
- 1 cuil. à café de gingembre frais, râpé
- 1 cuil. à soupe de fécule de maïs (facultatif, pour une texture plus croustillante)
- Huile végétale (pour la cuisson)
- Graines de sésame (pour garnir, facultatif)
- Oignons verts, hachés (pour garnir, facultatif)

Égouttez le tofu et enveloppez-le dans du papier absorbant pour absorber l'excès d'eau. Vous pouvez également le presser légèrement sous un poids pendant quelques minutes. Coupez ensuite le tofu en tranches épaisses (environ 1,5 à 2 cm d'épaisseur).

Dans un bol, mélangez la sauce soja, le mirin, le saké, l'huile de sésame, l'ail émincé et le gingembre râpé.

Placez les tranches de tofu dans un plat peu profond et versez la marinade dessus. Laissez mariner pendant au moins 15 à 20 min, en retournant les tranches à mi-temps pour bien les imbiber.

Si vous souhaitez un tofu plus croustillant, saupoudrez légèrement les tranches de tofu marinées avec de la fécule de maïs de chaque côté.

Chauffez un peu d'huile végétale dans une poêle à feu moyen. Ajoutez les tranches de tofu et faites cuire pendant environ 3 à 4 min de chaque côté, ou jusqu'à ce qu'elles soient dorées et croustillantes à l'extérieur.

Disposez les tranches de tofu suteki sur une assiette. Saupoudrez de graines de sésame et d'oignons verts hachés pour la garniture, si désiré. Servez chaud accompagné de riz, de légumes sautés ou de salade.

POUR **2 PERSONNES** | TEMPS DE PRÉPARATION : **15 MINUTES** | TEMPS DE CUISSON : **15 MINUTES**

Yuba sauté

- Yuba, coupé en morceaux
- Légumes (brocoli, champignons, etc.), détaillés
- Sauce soja
- Mirin

Faites sauter les légumes dans une poêle jusqu'à ce qu'ils soient tendres.

Ajoutez les morceaux de yuba dans la poêle et faites sauter brièvement.

Assaisonnez avec de la sauce soja et du mirin à votre goût.

Continuez à faire sauter jusqu'à ce que les saveurs soient bien mélangées et les morceaux de yuba chauds.

POUR **4 PERSONNES** | TEMPS DE PRÉPARATION : **10 MINUTES** | TEMPS DE CUISSON : **10 MINUTES**

Yudofu

- 1 bloc de tofu ferme
- 2 tasses de bouillon dashi (voir recette p. 153)
- 1 cuil. à soupe de sauce soja (facultatif)
- Oignons verts ou ciboule, hachés (pour garnir)

Portez les 2 tasses de bouillon dashi à ébullition dans une casserole. Ajoutez le tofu coupé en dés dans le bouillon chaud. Laissez-le chauffer 5 min environ, à feu doux. Assurez-vous que le bouillon reste chaud sans bouillir.

Si vous le souhaitez, ajoutez 1 cuil. à soupe de sauce soja au bouillon pour ajuster la saveur. Cependant, la simplicité est la clé du yudofu.

Une fois le tofu réchauffé, retirez la casserole du feu.

Servez le yudofu dans des bols individuels, en versant un peu de bouillon sur le tofu. Garnissez avec des oignons verts ou de la ciboule hachés. Accompagnez le yudofu de riz cuit et de légumes, ou de tsukemono (voir recette p. 31).

POUR **2 PERSONNES** | TEMPS DE PRÉPARATION : **30 MINUTES** | TEMPS DE CUISSON : **20 MINUTES**

Adegashi tofu

- 1 bloc de tofu ferme
- 2 à 3 cuil. à soupe de fécule de maïs (ou de pomme de terre)
- Katsuobushi (flocons de bonite séchée)
- Ciboule, hachée
- Daïkon, râpé
- Huile végétale (pour la friture)

Pour la sauce dashi :

- 1 tasse de bouillon dashi (voir recette p. 153)
- 2 cuil. à soupe de sauce soja
- 1 cuil. à soupe de mirin
- ½ cuil. à café de sucre

Coupez le bloc de tofu ferme en 4 à 6 morceaux rectangulaires. Placez-les sur du papier absorbant pour éliminer l'excès d'humidité. Laissez-les reposer 15 min environ. Enrobez les rectangles de tofu « secs » de fécule de maïs ou de pomme de terre.

Préparez la sauce dashi en combinant le bouillon dashi, la sauce soja, le mirin et le sucre dans une casserole. Portez à ébullition, puis réduisez le feu et laissez mijoter quelques minutes. Retirez la casserole du feu et réservez.

Dans une poêle, faites chauffer suffisamment d'huile végétale pour la friture à environ 170-180 °C. Faites frire les morceaux de tofu enrobés jusqu'à ce qu'ils soient croustillants et dorés de chaque côté. Cela prend généralement environ 2 à 3 min pour chaque côté. Retirez-les de la poêle et placez-les sur du papier absorbant pour éliminer l'excès d'huile.

Placez les morceaux de tofu frits dans des bols de service individuels. Versez la sauce dashi chaude sur les morceaux de tofu. Garnissez chaque bol avec du katsuobushi, de la ciboule et du daïkon.

LE SOJA,  SUPERNATURE

La légumineuse, riche en protéines, est utilisée pour confectionner un large éventail de produits alimentaires allant du tofu à la sauce soja en passant par le miso. Un élément indispensable de la cuisine nippone qui pousse le pays à l'importer massivement.

Quel est le point commun entre le miso, le tofu ou encore les edamame ? Le soja, bien sûr ! Cette légumineuse originaire de l'Asie de l'Est est cultivée au Japon depuis l'époque Yayoi (environ 800-400 av. J.-C–250 ap. J.-C.). Il est mentionné pour la première fois dans le *Kojiki*, qui signifie littéralement « Chronique des faits anciens », publié en 712. On peut ainsi y lire que le soja faisait partie des cinq céréales consommées au Japon en cette période. Mais c'est à compter du VIIe siècle qu'il devient déterminant dans la cuisine nippone : le bouddhisme, venu de Chine, pénètre l'archipel et la consommation de viande est proscrite ou du moins limitée. Le soja devient alors le parfait substitut à celle-ci pour remplir les apports en protéines des Japonais.

Le soja est cultivé dans plusieurs régions du Japon, notamment sur l'île d'Hokkaido, l'île la plus septentrionale de l'archipel dont la production représente plus de 50 % de celle de tout le pays. Son climat frais et ses sols fertiles en font une région particulièrement propice à la culture du soja. Le Tohoku, au nord de l'île principale de Honshu, en particulier les régions d'Akita, de Miyagi et de Yamagata, est également une place forte de la production de soja. De plus petites quantités sont cultivées dans les régions centrales du Japon, notamment autour de Niigata et Nagano, où les rizières sont parfois converties en culture de soja après la récolte du riz. Pourtant, malgré ces efforts de production nationale, la géographie du pays, caractérisée par un terrain montagneux et des terres arables limitées, ne lui permet pas d'en cultiver suffisamment pour répondre à la demande nationale.

Alors le Japon importe, et en grande quantité. Il est d'ailleurs l'un des plus grands importateurs de soja au monde avec ses 3 millions de tonnes par an (loin des 200 000 tonnes produites localement), dont 70 à 80 % en provenance des États-Unis. Les autres fournisseurs importants sont le Brésil et le Canada. La majorité des graines de soja importées sont utilisées pour l'extraction de l'huile et pour l'alimentation animale. Seules 30 à 40 % d'entre elles sont utilisés pour la consommation directe de produits alimentaires tels que le tofu, le natto, la sauce de soja et le miso.

Les principaux produits à base de soja

Le miso

Le miso est une pâte fermentée à base de graines de soja, de sel et de koji (un micro-organisme utilisé pour la fermentation). Il est utilisé pour parfumer les soupes, les sauces et les marinades. Il existe plusieurs types de miso, allant du léger et doux (shiro miso) au sombre et salé (aka miso).

Le tofu

Le tofu est fabriqué en coagulant le lait de soja et en pressant le caillé obtenu pour en faire des blocs. Il se présente sous différentes formes, allant du soyeux (plus moelleux) au ferme. Le tofu est apprécié pour sa saveur neutre et sa capacité à absorber d'autres saveurs, ce qui le rend idéal pour les soupes, les plats sautés et même les desserts.

Le natto

Le natto est obtenu par la fermentation de graines de soja. Il s'agit d'un aliment plutôt collant, à l'odeur forte, qui est souvent consommé au petit-déjeuner avec du riz. Bien que sa texture et son odeur ne fassent pas l'unanimité pour les palais inexpérimentés, le natto est apprécié pour ses bienfaits sur la santé.

Les edamame

Les edamame sont des fèves de soja récoltées avant qu'elles ne durcissent. Elles sont souvent bouillies ou cuites à la vapeur et servies comme en-cas ou hors-d'œuvre, généralement avec du sel.

Le shoyu

La sauce soja est peut-être le produit le plus emblématique des produits japonais confectionnés à partir de cette légumineuse. Il s'agit d'un condiment liquide fabriqué à partir de graines de soja fermentées, de blé, de sel et d'eau. Utilisée dans tous les plats, des sushis aux soupes, la sauce soja ajoute un petit goût d'umami. Il en existe de plusieurs types : le koikuchi shoyu, la sauce la plus commune, de couleur sombre et profonde, s'adapte à tous types de plats. L'usukuchi shoyu, une sauce à la couleur plus claire mais qui est plus salée que le koikuchi. Elle est couramment utilisée dans la cuisine du Kansai. Le tamari shoyu, fabriqué principalement à partir de graines de soja et contenant très peu voire pas de blé, ce qui en fait un produit de choix pour les personnes intolérantes au gluten.

pages. 216-223

POUR **2 PERSONNES** | TEMPS DE PRÉPARATION : **15 MINUTES** | TEMPS DE CUISSON : **15 MINUTES**

Kake udon

- 400 g d'udons (frais ou surgelés)
- 800 ml de dashi (fait maison, voir recette p. 153, ou en sachet)
- 2 cuil. à soupe de sauce soja (shoyu)
- 1 cuil. à soupe de mirin
- 1 cuil. à café de sucre
- Oignons verts, ciselés
- Algues wakamé réhydratées
- Tempura de crevettes (facultatif, pour garnir)
- Naruto (pâté de poisson en spirale, facultatif)

Faites cuire les udons dans une grande quantité d'eau bouillante selon les instructions sur l'emballage. Égouttez et rincez-les à l'eau froide pour arrêter la cuisson, puis égouttez bien.

Dans une casserole, mélangez le dashi, la sauce soja, le mirin et le sucre. Portez à ébullition, puis réduisez le feu et laissez mijoter doucement pendant quelques minutes.

Répartissez les udons dans des bols, versez le bouillon chaud par-dessus, puis garnissez d'oignons verts, d'algues wakamé et, si vous le souhaitez, d'une crevette tempura et de naruto. Servez chaud.

POUR **1 PERSONNE** | TEMPS DE PRÉPARATION : **20 MINUTES** | TEMPS DE CUISSON : **20 MINUTES**

Yakiudon

- 50 g de poulet, de bœuf, de porc ou de crevettes (au choix), coupés en petits morceaux
- Légumes au choix (poivrons, carottes, oignons, etc.), coupés en morceaux
- 150 g de nouilles udon, cuites et égouttées
- 1 cuil. à soupe d'huile végétale
- 2 cuil. à soupe de sauce soja
- Poivre noir moulu
- Flocons de nori, ciboule, graines de sésame grillées (facultatif, pour garnir)

Faites chauffer une poêle à feu moyen et versez-y l'huile. Ajoutez la viande coupée en morceaux dans la poêle. Faites-la cuire jusqu'à ce qu'elle soit bien cuite et légèrement dorée. Retirez-la de la poêle et réservez.

Dans la même poêle, ajoutez les légumes coupés en morceaux. Faites-les cuire quelques minutes jusqu'à ce qu'ils soient tendres. Ajoutez les nouilles udon cuites. Mélangez bien. Versez la sauce soja sur les nouilles et les légumes. Mélangez pour enrober le tout.

Remettez la viande cuite dans la poêle et mélangez. Assaisonnez avec un peu de poivre noir moulu à votre goût. Une fois que tout est bien mélangé et que les nouilles sont chaudes, retirez la poêle du feu.

Servez en ajoutant, si vous le souhaitez, des flocons de nori, de la ciboule et des graines de sésame grillées.

POUR **2 PERSONNES** | TEMPS DE PRÉPARATION : **10 MINUTES** | TEMPS DE CUISSON : **20 MINUTES**

Udon au curry

- 2 portions de nouilles udon
- 900 ml de bouillon dashi katsuobushi (voir recette p. 153)
- 200 g de fines tranches de porc (ou autres viandes ou champignons)
- 1 cuil. à soupe d'huile végétale
- 1 oignon
- 2 cuil. à soupe de poudre de curry
- 30 ml de saké
- 20 ml de mirin
- 1 ciboule ou poireau
- 50 ml de sauce soja
- 4 cuil. à soupe de fécule de pomme de terre (à diluer dans 4 cuil. à soupe d'eau)

Préparez le bouillon dashi si nécessaire.

Dans une casserole, faites sauter la viande dans 1 cuil. à soupe d'huile. Ajoutez l'oignon émincé. Continuez la cuisson puis ajoutez la poudre de curry. Laissez cuire 2 à 3 min.

Ajoutez le saké et le mirin. Poursuivez la cuisson 1 ou 2 min.

Ajoutez le bouillon dashi et attendez que celui-ci se mette à bouillir dans la casserole.

Émincez la ciboule en oblique de façon que les rondelles aient toutes les mêmes longueur et épaisseur.

Quand le bouillon est bien chaud, ajoutez les tranches de ciboule puis la sauce soja, en toute fin de cuisson.

Dans une autre casserole, faites cuire les udon selon le temps de cuisson indiqué sur l'emballage.

Diluez la fécule de pomme de terre avec l'eau et ajoutez ce mélange à la soupe pour lui donner une texture soyeuse. Mélangez légèrement et coupez le feu.

Déposez les udon dans un bol, recouvrez de soupe au dashi et dégustez chaud.

Avant de parler de goût, il faut parler d'histoire. S'il y a des incontournables de la culture culinaire japonaise, le curry est incontestablement de ceux-là. Pourtant, il n'est pas né au Japon, mais il y a été remanié, réinterprété pour ravir les papilles nippones. L'introduction du curry remonte à la restauration Meiji, en 1868, lorsque le pays est contraint de s'ouvrir à l'Occident après de longs siècles d'isolement. Bien qu'il soit souvent associé à l'Inde, le curry est d'abord entré au Japon par l'intermédiaire des marins britanniques. Ces derniers, qui avaient adapté le curry indien pendant leur domination coloniale, ont introduit une version simplifiée du plat au Japon qui a été rapidement adopté par la marine nippone.

C'est au début du xxe siècle que le curry devient de plus en plus populaire au Japon. En 1908, la publication d'un livre de cuisine de la marine contenant une recette de curry a cimenté son association avec la cuisine navale et militaire japonaise. Second temps fort : en 1926 est créée House Foods, une société qui produit en masse des poudres de curry spécialement adaptées aux goûts des Japonais. L'introduction de roux de curry, un mélange de farine et de graisse utilisé pour épaissir les sauces et disponible dans le commerce, a rendu sa préparation plus accessible au grand public. Le curry quitte alors les assiettes des cercles militaires pour garnir celles des civils, des restaurants, des foyers et même des cantines scolaires.

Au milieu du xxe siècle, le curry s'est fermement imposé comme un plat réconfortant pour les Japonais. Il était souvent servi sur du riz *(kare raisu)*, avec des escalopes de porc panées *(katsu kare)* ou même avec des nouilles udon *(kare udon)*. Selon une étude menée par l'Institut japonais de recherche sur le curry en 2018, le Japonais moyen consomme du riz au curry au moins une fois par semaine. Et la restauration n'est pas en reste : il existe dans l'archipel des chaînes de restaurant comme CoCo Ichibanya, spécialisées dans les plats au curry personnalisables, les clients composant eux-mêmes leurs plats parmi de nombreuses déclinaisons : niveaux d'épices, portion de riz, choix des différentes garnitures... Un succès sur lequel surfent aussi les différentes préfectures puisque certaines ont développé leurs propres variantes de ce plat, avec des ingrédients ou saveurs locaux. Ainsi, la « soupe au curry » servie sur l'île d'Hokkaido, la plus septentrionale du pays, est une version allégée, semblable à un bouillon et souvent préparée avec des légumes comme la courge, l'aubergine ou encore les racines de lotus. À Kanazawa, le *Kanazawa curry* est réputé pour son escalope de porc frite, son chou coupé en fines tranches et sa couleur d'un brun profond, presque chocolat. Mais on peut également trouver des versions hybrides du curry. Adieu le riz, la sauce riche et onctueuse nappe désormais les pizzas, et la poudre de curry donne une nouvelle profondeur au ramen.

Les principaux plats à base de curry

Karē raisu : le riz au curry est la forme la plus courante du curry au Japon. Le *karē raisu* consiste en un curry épais, semblable à un ragoût, servi sur du riz blanc. Le curry lui-même est doux, légèrement sucré et généralement préparé avec un roux pour l'épaissir.

Ce curry « standard » comprend des morceaux de viande (généralement du bœuf, du porc ou du poulet), des pommes de terre, des carottes et des oignons. Les épices sont moins fortes que dans les currys indiens ou thaïlandais et des édulcorants comme les pommes ou le miel sont souvent ajoutés.

Katsukarē : variante du *karē raisu*, le *katsukarē* ajoute une escalope de porc panée et frite (tonkatsu ou chicken katsu) sur le curry et le riz. La combinaison d'une escalope croustillante et d'une sauce au curry épaisse en fait un plat copieux et rassasiant. Le curry utilisé pour la préparation est le même que pour le *karē raisu*.

Karē udon : il s'agit d'une fusion entre le curry et les nouilles udon. Au lieu de servir le curry sur du riz, on le verse sur des nouilles udon épaisses et moelleuses. La sauce au curry est ici légèrement plus fine, mais composée avec les mêmes légumes et viande que le *karē raisu*. Populaire dans les magasins de nouilles, il est le plat réconfortant des hivers japonais.

POUR **2 PERSONNES** | TEMPS DE PRÉPARATION : **20 MINUTES** | TEMPS DE CUISSON : **20 MINUTES**

Niku udon

- 400 g d'udon (frais ou surgelés)
- 200 g de bœuf tranché finement (type carpaccio ou sukiyaki)
- 800 ml de dashi (voir recette p. 153)
- 2 cuil. à soupe de sauce soja
- 1 cuil. à soupe de mirin
- 1 cuil. à café de sucre
- 1 oignon, coupé en fines tranches
- Oignons verts, ciselés
- Algues wakamé (facultatif)
- Shichimi togarashi (poudre de piment japonais, facultatif)
- Huile végétale (pour la cuisson)

Faites cuire les udons selon les instructions sur l'emballage. Rincez-les à l'eau froide et égouttez bien.

Dans une poêle, faites chauffer un peu d'huile. Ajoutez les tranches de bœuf et faites-les revenir rapidement à feu moyen. Ajoutez 1 cuil. à soupe de sauce soja, ½ cuil. à soupe de mirin et un peu de sucre. Faites cuire jusqu'à ce que le bœuf soit légèrement caramélisé, puis réservez.

Dans une casserole, portez à ébullition le dashi. Ajoutez 1 cuil. à soupe de sauce soja, ½ cuil. à soupe de mirin, et un peu de sucre. Laissez mijoter doucement pendant quelques minutes.

Répartissez les udons dans des bols, puis versez le bouillon chaud par-dessus. Ajoutez le bœuf caramélisé sur les nouilles et garnissez avec des oignons verts et des algues wakamé.

Saupoudrez de shichimi togarashi pour une touche épicée si vous le souhaitez.

POUR **4 PERSONNES** | TEMPS DE PRÉPARATION : **20 MINUTES** | TEMPS DE CUISSON : **20 MINUTES**

Kitsune udon

- 400 g d'udon (frais ou surgelés)
- 2 aburaage (tofu frit)
- 800 ml de dashi
- 4 cuil. à soupe de sauce soja
- 3 cuil. à soupe de mirin
- 1 cuil. à soupe de sucre
- Oignons verts, ciselés
- Algue wakame, réhydratée (facultatif)
- Shichimi togarashi (facultatif, pour pimenter)

Faites bouillir de l'eau dans une casserole et plongez-y les aburaage pendant 1 à 2 min pour enlever l'excès d'huile. Égouttez et pressez doucement pour retirer l'eau.

Dans une petite casserole, mélangez 2 cuil. à soupe de sauce soja, 2 cuil. à soupe de mirin, et 1 cuil. à soupe de sucre. Faites mijoter les aburaage dans cette sauce pendant environ 5 à 7 min, puis retirez-les et laissez refroidir.

Faites cuire les udons selon les instructions sur l'emballage, puis égouttez-les et rincez-les à l'eau froide pour arrêter la cuisson.

Dans une casserole, portez le dashi à ébullition. Ajoutez 2 cuil. à soupe de sauce soja et 1 cuil. à soupe de mirin, puis laissez mijoter doucement.

Répartissez les udons dans des bols, versez le bouillon chaud par-dessus, puis ajoutez les aburaage sucrés sur les nouilles.

Garnissez avec des oignons verts, des algues wakamé et un peu de shichimi togarashi si vous aimez une touche épicée.

POUR **4 PERSONNES** | TEMPS DE PRÉPARATION : **30 MINUTES** | TEMPS DE CUISSON : **25 MINUTES**

Tempuras udon

- 400 g d'udon (frais ou surgelés)
- 800 ml de dashi (voir recette p. 153)
- 2 cuil. à soupe de sauce soja
- 1 cuil. à soupe de mirin
- Oignons verts, ciselés
- Shichimi togarashi (facultatif)
- Algues wakamé, réhydratées

Pour les tempuras :

- 4 crevettes (ou des légumes comme des patates douces, aubergines, poivrons, etc.)
- 60 g de farine
- 100 ml d'eau glacée
- 1 jaune d'œuf
- Huile végétale (pour la friture)

Mélangez la farine, l'eau glacée et le jaune d'œuf dans un bol pour faire la pâte à tempuras. Ne mélangez pas trop, il est normal qu'il reste des grumeaux.

Faites chauffer l'huile végétale dans une casserole. Trempez les crevettes ou les légumes dans la pâte à tempuras et faites-les frire jusqu'à ce qu'ils soient dorés et croustillants. Égouttez-les sur du papier absorbant.

Faites cuire les udons dans de l'eau bouillante selon les instructions, puis égouttez et rincez-les à l'eau froide.

Dans une casserole, portez le dashi à ébullition. Ajoutez la sauce soja et le mirin, puis laissez mijoter quelques minutes.

Répartissez les udons dans des bols, versez le bouillon chaud par-dessus. Disposez les tempuras croustillants sur les udons ou servez-les à part pour les garder croustillants plus longtemps.

Garnissez avec des oignons verts, des algues wakamé et saupoudrez de shichimi togarashi si vous aimez un peu de piquant.

POUR **2 PERSONNES** | TEMPS DE PRÉPARATION : **20 MINUTES** | TEMPS DE REPOS : **1 H 15** | TEMPS DE CUISSON : **20 MINUTES**

Udon au poulet et à l'œuf

- 200 g de blancs de poulet
- 300 g de nouilles udon
- 2 cuil. à soupe de saké
- 1 cuil. à soupe de sauce soja
- 6 champignons shiitaké frais
- 1 oignon nouveau
- 1 botte de ciboulette
- 1 l de bouillon dashi (voir p. 153)
- 4 cuil. à soupe de pâte miso rouge
- 4 jaunes d'œufs extra-frais
- Sel, poivre

Coupez les blancs de poulet en médaillons et mélangez-les avec le saké et la sauce soja. Laissez mariner le temps de préparer le reste de la recette.

Retirez le pied des champignons et émincez-les en tranches de 2 à 3 mm. Rincez et émincez finement l'oignon nouveau et la ciboulette, réservez-les.

Faites cuire les nouilles udon al dente en suivant les indications du paquet. Égouttez et réservez.

Portez le bouillon dashi à ébullition et ajoutez-y le poulet avec sa marinade ainsi que les champignons.

Laissez cuire à petits bouillons pendant 10 min.

Délayez dans un bol la pâte miso avec une petite louche de bouillon et reversez le tout dans la casserole.

Ajoutez les nouilles et portez de nouveau à ébullition. Vérifiez l'assaisonnement.

Répartissez la soupe dans quatre grands bols et placez un jaune d'œuf au centre de chacun. Saupoudrez de ciboulette et d'oignon. Servez aussitôt.

VIANDES

pages. 226-250

POUR **4 PERSONNES** | TEMPS DE PRÉPARATION : **15 MINUTES** | TEMPS DE CUISSON : **10 MINUTES**

Boulettes de poulet

- 4 filets de poulet avec la peau
- 1 gousse d'ail
- 2 cm de gingembre frais
- 1 oignon nouveau
- 1 pincée de sucre
- 1 cuil. à soupe de sauce soja
- 1 cuil. à soupe de saké
- 1 œuf
- 2 cuil. à soupe d'huile végétale
- Poivre

Coupez le poulet en cubes de 2 cm de côté. Épluchez et hachez grossièrement l'ail, le gingembre et l'oignon nouveau.

Dans le bol d'un robot mixeur, placez le poulet, l'ail, l'oignon, le gingembre, le sucre, la sauce soja, le saké et un peu de poivre. Actionnez le robot afin d'obtenir une farce homogène. Ajoutez l'œuf et mixez de nouveau rapidement. Vérifiez l'assaisonnement.

Façonnez des boulettes de la taille d'une balle de ping-pong. Dans une grande poêle ou sur un gril, mettez l'huile à chauffer, puis faites cuire les boulettes de poulet en les retournant souvent afin de bien les faire griller. Comptez environ 8 à 10 min de cuisson. Piquez les boulettes sur de petites piques à brochette et servez aussitôt.

POUR **2 PERSONNES** | TEMPS DE PRÉPARATION : **20 MINUTES** | TEMPS DE MARINADE : **20 MINUTES** | TEMPS DE CUISSON : **10 MINUTES**

Buta no shogayaki

- 300 g de porc (tranche fine comme du lard ou du filet), coupé en morceaux
- 2 cuil. à soupe de sauce soja
- 1 cuil. à soupe de mirin
- 1 cuil. à soupe de saké
- 1 cuil. à soupe de sucre
- 1 cuil. à soupe de gingembre frais râpé
- 1 ou 2 cuil. à soupe d'huile végétale
- Riz cuit (voir recettes p. 124)
- Oignon vert ou ciboule (pour garnir)
- Graines de sésame grillées (facultatif, pour garnir)

Dans un bol, mélangez la sauce soja, le mirin, le saké, le sucre et le gingembre râpé pour créer la marinade. Ajoutez les morceaux de porc et laissez mariner 15 à 20 min environ.

Dans une poêle, chauffez l'huile végétale à feu moyen. Faites cuire les morceaux de porc jusqu'à ce qu'ils soient bien cuits et légèrement caramélisés. Cela devrait prendre 2 à 3 min environ pour chaque côté.

Ajoutez le reste de marinade dans la poêle et laissez mijoter pendant quelques instants jusqu'à ce que la sauce épaississe légèrement et enrobe les morceaux de porc. Une fois que la sauce a épaissi, retirez la poêle du feu.

Servez sur du riz cuit à la vapeur. Garnissez avec des oignons verts ou de la ciboule hachés, éventuellement avec des graines de sésame grillées.

POUR **2 PERSONNES** | TEMPS DE PRÉPARATION : **15 MINUTES** | TEMPS DE CUISSON : **10 MINUTES**

Butadon

- 250 g de poitrine de porc (fines tranches)
- 2 cuil. à soupe d'huile végétale
- 3 cuil. à soupe de saké
- 3 cuil. à soupe de sucre
- 5 cuil. à soupe de sauce soja
- 330 g de riz rond cuit
- 3 ou 4 feuilles de laitue iceberg (ou feuilles de choudou émincées)
- Ciboulette (facultatif)
- Moutarde japonaise (facultatif)

Dans une poêle, versez l'huile et faites dorer les tranches de poitrine.

Ajoutez le saké, le sucre et la sauce soja.

Faites cuire à feu doux jusqu'à ce que la sauce devienne onctueuse.

Dans un bol, servez du riz, quelques morceaux de laitue et les tranches de poitrine dorées. Parsemez de ciboulette coupée et ajoutez de la moutarde sur le bord du bol. Dégustez bien chaud.

POUR **2 PERSONNES** | TEMPS DE PRÉPARATION : **15 MINUTES** | TEMPS DE CUISSON : **10 MINUTES**

Gyudon

- 250 g de fines tranches de bœuf (utilisez des pièces de bœuf pour fondue ou sukiyaki)
- 1 gros oignon, coupé en rondelles fines
- 3 cuil. à soupe de sauce soja
- 2 cuil. à soupe de mirin
- 2 cuil. à soupe de sucre
- 1 cuil. à soupe d'huile végétale
- Riz cuit chaud (voir recettes p. 124)
- Ciboule ou oignon vert, haché (pour garnir)

Dans une poêle huilée, faites cuire les rondelles d'oignon jusqu'à ce qu'elles deviennent translucides.

Ajoutez les tranches de bœuf et faites-les cuire jusqu'à ce qu'elles changent de couleur.

Versez la sauce soja, le mirin et le sucre dans la poêle. Laissez mijoter jusqu'à ce que la viande soit cuite et que la sauce ait réduite.

Servez le mélange de viande et d'oignons sur du riz cuit. Ajoutez de la ciboule ou de l'oignon vert haché par-dessus.

POUR **2 PERSONNES** | TEMPS DE PRÉPARATION : **30 MINUTES** | TEMPS DE CUISSON : **40 MINUTES**

Katsu curry

- 2 escalopes de porc ou de poulet
- Farine tout usage
- 1 œuf, battu
- Chapelure panko (chapelure japonaise)
- Riz cuit (voir recettes p. 124)
- Sauce curry (disponible dans le commerce)
- Légumes, détaillés en morceaux (carottes, pommes de terre, oignons, etc.)
- Sel, poivre noir moulu selon votre goût
- Huile végétale (pour la friture)

Assaisonnez les escalopes de porc ou de poulet avec du sel et du poivre. Passez chaque escalope dans la farine, en secouant l'excès, puis dans l'œuf battu, et enfin dans la chapelure panko. Appuyez doucement pour faire adhérer la chapelure.

Préchauffez l'huile végétale dans une poêle à feu moyen-vif. Faites frire les escalopes panées 3 à 4 min environ de chaque côté, jusqu'à ce qu'elles soient dorées et bien cuites. Retirez-les de la poêle et placez-les sur du papier absorbant.

Préparez la sauce curry en la mélangeant avec de l'eau selon les indications sur la boîte et ajoutez-y les légumes. Faites cuire jusqu'à ce que les légumes soient cuits.

Servez la viande panée sur du riz et nappez de sauce curry aux légumes.

POUR **2 PERSONNES** | TEMPS DE PRÉPARATION : **25 MINUTES** | TEMPS DE CUISSON : **5 MINUTES**

Tonkatsu sando

- 100 g de coleslaw (avec carottes, chou rouge et sucrine)
- 250 g de longe de porc fermière
- 1 œuf, battu
- 20 g de panko (chapelure japonaise)
- 4 tranches de shokupan
- 10 g de beurre clarifié
- Sauce tonkatsu
- Oignons rouges pickles
- Feuilles de nori (facultatif)
- Graines de sésame (facultatif)
- Sel et poivre

Pour la sauce gingembre wasabi :

- 50 g de mayonnaise
- 10 g pâte de wasabi
- 2 g de gingembre, râpé

Commencez par préparer le coleslaw. Épluchez les carottes et râpez-les finement à l'aide d'une mandoline ou au couteau. Râpez le chou rouge de la même taille, émincez la sucrine, puis mélangez tous les légumes et assaisonnez.

Préparez la sauce gingembre wasabi. Placez la mayonnaise dans un petit bol, ajoutez la pâte de wasabi et le gingembre râpé finement. Ajoutez du sel pour l'assaisonnement.

Coupez la longe de porc afin d'obtenir deux steaks assez fins de 125 g chacun.

Préparez la panure. Dans un récipient, cassez un œuf entier et mélangez-le avec du sel et du poivre. Mettez le panko dans un autre récipient.

Passez les steaks de porc d'abord dans l'œuf puis dans le panko. Faites-les cuire dans une friteuse à 180 °C pendant 5 min.

Dans une poêle, toastez les tranches de shokupan préalablement nappées d'une couche de beurre clarifié.

Disposez le coleslaw sur un côté du pain toasté, ajoutez les steaks de porc frits. Agrémentez de sauce gingembre wasabi, de sauce tonkatsu et d'oignons pickles. Refermez avec la deuxième tranche de pain. Coupez le sando en deux afin d'obtenir deux rectangles égaux et dressez-les sur une assiette.

Vous pouvez ajouter un peu de feuilles de nori émincées et des graines de sésame.

POUR **2 PERSONNES** | TEMPS DE PRÉPARATION : **20 MINUTES** | TEMPS DE CUISSON : **10 MINUTES**

Kushikatsu

Propositions d'ingrédients à frire (4 aux choix) :

- 2 shiitakés entiers
- 2 rondelles de racine de lotus (renkon) d'environ 1 cm d'épaisseur
- 2 gombos entiers (sommet ôté)
- 2 asperges vertes entières (sans talon)
- 6 œufs durs de caille (cuits 4 min et écalés)
- 2 morceaux de 50 g de viande de votre choix, coupés à la taille d'une bouchée
- 1 rondelle d'oignons, coupée en deux
- 2 portions de camembert (chacune de 1/6e du fromage)

Pour la sauce pour tremper le kushikatsu :

- 5 cuil. à soupe de sauce tonkatsu (ou okonomiyaki)
- 1 cuil. à soupe de ketchup
- 100 ml de saké
- 1 cuil. à café de sucre

Pour le mélange à l'œuf :

- 100 g de farine T45
- 100 ml de lait (ou eau)
- 1 œuf
- 100 g de panure fine non dorée
- 200 à 400 ml d'huile pour friture

Placez tous les ingrédients de la sauce dans une petite casserole et mélangez. Faites chauffer jusqu'à ébullition, puis laissez refroidir.

Préparez le mélange à l'œuf. Mélangez la farine et le lait (ou eau) dans un bol. Ajoutez l'œuf et mélangez de nouveau.

Piquez sur de fines brochettes en bambou chacun des ingrédients choisis. Si vous avez choisi de la viande, il est préférable de l'insérer avec ½ rondelle d'oignon pour éviter qu'elle ne tombe ou ne tourne sur la brochette.

Trempez les brochettes dans le mélange d'œuf puis dans la panure.

Versez l'huile au fond d'une poêle, et faites frire chaque brochette à 200 °C. Lorsqu'elles sont bien dorées, sortez-les et laissez-les reposer dans une passoire à friture.

Dégustez chaud avec la sauce.

POUR **2 PERSONNES** | TEMPS DE PRÉPARATION : **20 MINUTES** | TEMPS DE REPOS : **30 MINUTES** | TEMPS DE CUISSON : **15 MINUTES**

Magret grillé au sansho

- 2 magrets de canard
- 1 cuil. à café de sansho
- 1 botte de poireaux crayons
- ½ botte d'oignons nouveaux
- Sel

Incisez le gras des magrets de canard en croisillons et saupoudrez de sel et de shanso. Laissez reposer à température ambiante pendant 30 min.

Rincez et épluchez les poireaux et les oignons nouveaux. Disposez-les dans une casserole d'eau froide salée. Portez à ébullition et laissez cuire pendant 3 à 4 min. Égouttez et réservez.

Faites chauffer une grande poêle à feu moyen, puis disposez-y les magrets côté peau vers le bas et disposez autour les poireaux et les oignons. Laissez cuire durant 5 min afin de faire fondre le maximum de graisse.

Retirez l'excédent de matière grasse de la poêle et retournez les magrets. Tournez aussi les légumes de temps en temps. Poursuivez la cuisson pendant 5 min. Éteignez le feu, retournez encore une fois les magrets et laissez reposer 2 à 3 min. Disposez les magrets sur une planche à découper et coupez-les en fines tranches en biais.

Sur de grandes assiettes, disposez les poireaux et les oignons en bandes. Recouvrez avec les tranches de magret et servez aussitôt.

POUR **4 PERSONNES** | TEMPS DE PRÉPARATION : **30 MINUTES** | TEMPS DE CUISSON : **35 MINUTES**

Nikujaga

- 400 g de bœuf, coupé en fines tranches
- 3 cuil. à soupe d'huile végétale
- 1 oignon, coupé en fines lamelles
- 4 pommes de terre, pelées et coupées en morceaux
- 2 carottes, pelées et coupées en rondelles
- 3 cuil. à soupe de sucre
- 4 cuil. à soupe de sauce soja
- 3 cuil. à soupe de mirin
- 200 g de shirataki (nouilles de konjac)
- 800 ml de bouillon dashi (voir recette p. 153)
- Riz cuit (voir recettes p. 124)
- Ciboule ou oignons verts (pour garnir)

Dans une grande casserole, faites chauffer l'huile végétale et faites-y revenir l'oignon jusqu'à ce qu'il devienne translucide. Ajoutez les tranches de bœuf et faites-les sauter jusqu'à ce qu'elles soient bien cuites.

Ajoutez les pommes de terre, les carottes, le sucre, la sauce soja et le mirin en mélangeant bien. Ajoutez les shirataki et laissez cuire 3 à 4 min.

Versez le bouillon dashi pour couvrir les ingrédients. Assurez-vous que tous les ingrédients sont bien immergés. Portez à ébullition, puis réduisez à feu moyen-doux. Laissez mijoter 20 à 25 min environ, jusqu'à ce que les pommes de terre et les carottes soient tendres et que la sauce épaississe.

Servez le nikujaga dans des bols individuels, avec du riz cuit. Garnissez de ciboule ou d'oignons verts hachés.

POUR **2 PERSONNES** | TEMPS DE PRÉPARATION : **20 MINUTES** | TEMPS DE REPOS : **30 MINUTES** | TEMPS DE CUISSON : **30 MINUTES**

Oyaki porc et poireaux

Pour la pâte :

- 2 tasses de farine
- ½ cuil. à café de sel
- ½ tasse d'eau tiède
- 1 cuil. à soupe d'huile végétale

Pour la farce :

- 200 g de porc, haché
- 1 cuil. à soupe d'huile de sésame
- 2 gousses d'ail, émincées
- 1 morceau de gingembre (environ 2 cm), râpé
- 1 poireau, finement émincé
- 2 cuil. à soupe de sauce soja
- 1 cuil. à soupe de mirin
- 1 cuil. à soupe de saké (ou vin de cuisine)
- Sel, poivre selon votre goût

Pour la cuisson :

- 2 cuil. à soupe d'huile végétale
- ½ tasse d'eau

Commencez par préparer la pâte. Dans un grand bol, mélangez la farine et le sel. Ajoutez l'eau tiède progressivement tout en mélangeant jusqu'à obtenir une pâte souple. Pétrissez la pâte pendant environ 10 min jusqu'à ce qu'elle soit lisse et élastique. Couvrez la pâte d'un linge propre et laissez-la reposer pendant 30 min.

Dans une poêle, chauffez l'huile de sésame à feu moyen. Ajoutez l'ail et le gingembre râpé et faites revenir pendant 1 min. Ajoutez le porc haché et faites-le cuire jusqu'à ce qu'il soit bien doré. Ajoutez le poireau émincé et faites cuire jusqu'à ce qu'il soit tendre. Incorporez la sauce soja, le mirin et le saké. Assaisonnez avec du sel et du poivre.

Continuez à cuire jusqu'à ce que le liquide soit évaporé, puis retirez du feu et laissez refroidir.

Divisez la pâte en portions égales (environ 10 à 12 morceaux). Roulez chaque portion en une boule, puis aplatissez-la en un cercle d'environ 10 cm de diamètre.

Placez 1 cuil. à soupe de farce au centre de chaque cercle de pâte. Repliez la pâte sur la farce et pincez les bords pour les sceller, formant ainsi une boule. Aplatissez légèrement chaque boule farcie pour leur donner une forme de disque.

Dans une grande poêle, chauffez l'huile végétale à feu moyen. Placez les oyakis dans la poêle et faites-les cuire jusqu'à ce qu'ils soient dorés des deux côtés. Ajoutez ½ tasse d'eau dans la poêle et couvrez immédiatement avec un couvercle. Laissez cuire à la vapeur pendant environ 8 à 10 min, jusqu'à ce que l'eau soit évaporée et que les oyakis soient bien cuits.

Servez les oyakis chauds, accompagnés éventuellement de sauce soja pour tremper.

POUR **4 PERSONNES** | TEMPS DE PRÉPARATION : **20 MINUTES** | TEMPS DE REPOS : **30 MINUTES** | TEMPS DE CUISSON : **10 MINUTES**

Porc sauté au gingembre

- ½ chou blanc
- 2 poignées de germes de soja
- 3 cm de gingembre frais
- 1 botte de ciboulette
- 500 g de poitrine de porc fraîche pas trop grasse
- 4 cuil. à soupe de sauce soja
- 2 cuil. à soupe de saké
- 2 cuil. à soupe de mirin
- 2 cuil. à soupe d'huile végétale
- Poivre

Retirez les feuilles abîmées du chou avant de l'émincer finement. Rincez et essorez les germes de soja. Épluchez le gingembre et coupez-le en fins bâtonnets. Rincez la ciboulette et émincez-la finement. Mettez les pousses de soja dans une casserole d'eau froide. Portez à ébullition, puis égouttez rapidement.

Retirez la couenne et le cartilage de la poitrine de porc. Coupez ensuite la viande en fines tranches et disposez-la dans un saladier. Ajoutez la sauce soja, le saké, le poivre, le mirin et le gingembre. Mélangez et laissez reposer 30 min à température ambiante.

Égouttez la viande. Dans un wok (ou une grande poêle), faites chauffer l'huile jusqu'à ce qu'elle fume. Faites dorer la viande sur tous les côtés, puis ajoutez le chou blanc et poursuivez la cuisson pendant 8 à 10 min en mélangeant souvent.

Ajoutez la marinade et les germes de soja.

Mélangez bien et laissez encore cuire quelques minutes afin que la sauce réduise. Disposez la viande et les légumes sur un plat, saupoudrez de ciboulette et servez aussitôt.

POUR **4 PERSONNES** | TEMPS DE PRÉPARATION : **25 MINUTES** | TEMPS DE REPOS : **30 MINUTES** | TEMPS DE CUISSON : **25 MINUTES**

Poulet frit au gingembre

- 4 cuisses de poulet désossées
- ½ pomme verte
- 2 cm de gingembre frais
- 1 gousse d'ail
- 1 piment rouge
- 1 cuil. à soupe de sauce soja
- ½ citron vert
- 1 cuil. à soupe de saké
- 50 g de farine
- 50 g de farine de riz
- 1 poignée de pousses d'épinards
- 1 cuil. à café d'huile de sésame
- 3 cuil. à soupe d'huile végétale + pour la friture
- Sel, poivre

Coupez le poulet en cubes de 3 cm de côté. Épluchez et râpez finement la pomme, le gingembre et l'ail. Retirez le pédoncule du piment et coupez-le en deux afin de retirer les graines. Émincez finement la chair.

Dans un saladier, mélangez la viande avec la sauce soja, le jus du citron, le saké, la pomme, le gingembre, le piment et l'ail. Laissez reposer à température ambiante pendant 30 min.

Mélangez dans une assiette les farines avec du sel et du poivre. Égouttez la viande. Dans un saladier, mélangez le reste de la marinade avec les pousses d'épinards, l'huile de sésame et l'huile végétale. Vérifiez l'assaisonnement.

Faites chauffer l'huile dans une casserole. Passez les morceaux de poulet dans la farine un à un et plongez-les dans l'huile jusqu'à ce que les morceaux soient bien grillés. Comptez environ 5 min de cuisson par tournée. Disposez sur du papier absorbant et servez avec le condiment d'épinards.

POUR **2 PERSONNES** | TEMPS DE PRÉPARATION : **25 MINUTES** | TEMPS DE CUISSON : **20 MINUTES**

Oyakodon

- 2 petits blancs de poulet (environ 200 g au total), coupés en morceaux
- 1 oignon moyen, coupé en fines rondelles
- 1 tasse de bouillon dashi (environ 240 ml – voir recette p. 153)
- 3 cuil. à soupe de sauce soja
- 2 cuil. à soupe de mirin
- 1 cuil. à soupe de sucre
- 3 œufs, battus
- 2 bols de riz cuit
- Ciboule ou oignons verts, hachés (pour garnir)
- Huile végétale (pour la cuisson)

Dans une poêle, faites chauffer une petite quantité d'huile végétale à feu moyen. Ajoutez les rondelles d'oignon et faites-les cuire jusqu'à ce qu'elles deviennent tendres et légèrement translucides. Ajoutez les morceaux de poulet et faites-les cuire jusqu'à ce qu'ils soient bien cuits.

Dans un bol, mélangez le bouillon dashi, la sauce soja, le mirin et le sucre pour créer la sauce. Versez-la dans la poêle avec le poulet et les oignons. Laissez mijoter quelques minutes pour que les saveurs se mélangent.

Versez doucement les œufs battus sur le poulet et les oignons. Laissez cuire à feu doux jusqu'à ce que les œufs soient légèrement brouillés mais encore moelleux. Veillez à ne pas trop cuire les œufs pour qu'ils restent tendres. Une fois les œufs cuits à votre goût, retirez la poêle du feu.

Placez une portion de riz cuit à la vapeur dans chaque bol de service. À l'aide d'une cuillère, répartissez la préparation de poulet, d'oignon et d'œuf sur le riz dans chaque bol. Garnissez avec de la ciboule ou des oignons verts hachés. Servez immédiatement et dégustez chaud !

MANGER LE JAPON AVEC LES DOIGTS

La *street food* est un incontournable pour qui veut goûter le Japon du quotidien, celui que l'on dévore lorsque l'on est pressé ou celui que l'on partage tandis que l'on participe à une fête de quartier.

Ils sont incontournables dans le paysage japonais. Avec leur structure montable et démontable en un clin d'œil, leur bâche souvent colorée qui les préserve (et préserve les gourmands) de la pluie ou des rayons du soleil, et leurs petites guirlandes de lumières qui s'allument à la nuit tombée, les stands de *street food* sont reconnaissables entre mille. Ils poussent comme des champignons lors des *matsuri*, ces festivals locaux qui ont lieu principalement en été ; ils garnissent également les parcs pour qui voudrait satisfaire une petite faim durant une balade, ou habillent les abords un peu ternes des gares lorsque les employés quittent leur travail pour s'engouffrer dans les transports en commun. Et puis il y a les institutions, comme le sont les *yatai* à Fukuoka, des « restaurants » de poche qui s'installent dans les rues en fin d'après-midi et plient bagage peu après minuit. Si leur nombre décroît d'année en année, les habitants se battent désormais pour leur survie.

Mais alors que peut-on commander à manger sur ces stands de *street food* ? Les propositions sont similaires à peu près partout dans l'archipel car la cuisine de rue doit répondre à un impératif (en tout cas pour les stands mobiles) : pouvoir être préparée et cuite dans un espace réduit, avec peu ou prou les mêmes ustensiles, au gaz, et, surtout, être facilement dégustée, assis sur un tabouret ou sur un banc, bref, sans le confort que peut offrir un restaurant classique. Avant de passer en revue les pépites à commander, petite précision utile : il est très mal vu de manger en marchant au Japon. Si cela peut être toléré lors des *matsuri* alors que l'on déambule de stand en stand à la recherche de délices à savourer, cela ne l'est pas du tout si l'on croque à pleines dents au milieu du trottoir (ou, encore pire, à bord du métro ou d'un train) dans un takoyaki fumant.

Les principaux plats de la *street food* nippone

Takoyaki : les takoyaki sont des boules rondes et savoureuses faites d'une pâte à base de farine de blé et remplies de dés de poulpe, d'oignons verts et de gingembre mariné. Elles sont cuites dans des poêles à frire spéciales dotées de moules sphériques, croustillants à l'extérieur et moelleux à l'intérieur. Une fois cuites, ces boules sont nappées de sauce takoyaki (semblable à la sauce Worcestershire), de mayonnaise japonaise, de flocons de bonite (flocons de poisson séché) et d'aonori (poudre d'algue). Originaire d'Osaka, le takoyaki est à déguster très chaud et est très apprécié dans les festivals.

Okonomiyaki : il s'agit d'une crêpe salée qui peut être composée avec différents ingrédients, « Okonomi » signifie « ce que vous aimez », ce qui reflète la variété des garnitures proposées : porc, crevettes, poulpe ou encore fromage. La pâte à crêpes est mélangée à du chou râpé et cuite sur une plaque. Une fois retournée, elle est recouverte de sauce okonomiyaki, de mayonnaise, de flocons de bonite et parfois d'algues nori. Ce plat est particulièrement populaire à Osaka et Hiroshima, avec des variantes régionales.

Yakisoba : le yakisoba est un plat de nouilles sautées populaire composé de nouilles de blé, généralement associées à du porc, du chou, des oignons et des carottes. Il est cuit sur une plaque chauffante et assaisonné de sauce yakisoba, un mélange piquant et savoureux de sauce Worcestershire, de sauce soja et d'autres assaisonnements. Souvent agrémenté de gingembre mariné *(beni shoga)* et de flocons d'algues séchées.

Yakitori : les yakitori sont des brochettes de poulet grillé utilisant différentes parties du poulet, comme les cuisses, les poitrines, les ailes, ou même des parties plus aventureuses comme les cœurs de poulet *(hatsu)* ou la peau *(kawa)*. Les brochettes sont généralement grillées sur du charbon de bois, ce qui leur donne un goût fumé. Elles sont assaisonnées de sel ou de sauce soja.

Karaage : le karaage est une recette confectionnée à partir de morceaux de poulet de la taille d'une bouchée, marinés dans un mélange de sauce soja, d'ail et de gingembre, puis légèrement enrobés de farine ou de fécule de pomme de terre avant d'être frits. Le résultat est un extérieur croustillant et doré, et un intérieur juteux. Le karaage est souvent servi avec des quartiers de citron.

Ikayaki : calmar entier (ou gros morceaux de calmar) grillé à la flamme nue, souvent enduit d'un glaçage à base de sauce soja, voilà ce qu'est un ikayaki. Le calmar est généralement servi sur un bâton, ce qui permet de le manger en marchant. Il a une texture moelleuse et est particulièrement populaire sur les étals de bord de mer.

POUR **4 PERSONNES** | TEMPS DE PRÉPARATION : **25 MINUTES** | TEMPS DE MARINADE : **30 MINUTES** | TEMPS DE CUISSON : **30 MINUTES**

Poulet frit aux algues

Pour la marinade :

- 500 g de morceaux de poulet (morceaux désossés et sans peau, comme des cuisses ou des filets)
- 2 cuil. à soupe de sauce soja
- 1 cuil. à soupe de mirin
- 1 cuil. à soupe de saké (ou vin de cuisine)
- 2 gousses d'ail, émincées
- 1 morceau de gingembre (environ 2 cm), râpé

Pour la pâte à frire :

- 1 tasse de farine
- ½ tasse de fécule de maïs (Maïzena®)
- 1 cuil. à café de sel
- ½ cuil. à café de poivre blanc
- ½ tasse d'eau froide (ajuster pour obtenir la bonne consistance)
- 1 œuf
- 2 feuilles de nori (algue séchée), émiettées

Pour la friture :

- Huile végétale

Dans un grand bol, mélangez la sauce soja, le mirin, le saké, l'ail émincé et le gingembre râpé.

Ajoutez les morceaux de poulet et mélangez bien pour les enrober de marinade.

Couvrez et laissez mariner au réfrigérateur pendant au moins 30 min, ou jusqu'à 2 h pour plus de saveur.

Dans un grand bol, mélangez la farine, la fécule de maïs, le sel et le poivre blanc.

Ajoutez l'œuf et l'eau froide, puis mélangez jusqu'à obtenir une pâte lisse. La pâte doit être suffisamment épaisse pour enrober le poulet, mais pas trop épaisse. Ajoutez un peu plus d'eau si nécessaire. Incorporez les morceaux de nori émiettés à la pâte.

Dans une grande poêle ou une friteuse, chauffez l'huile végétale à 175-180 °C.

Trempez chaque morceau de poulet mariné dans la pâte à frire, en veillant à bien les enrober. Faites frire les morceaux de poulet par petites quantités jusqu'à ce qu'ils soient dorés et croustillants, environ 5 à 7 min de chaque côté, selon la taille des morceaux.

Utilisez une écumoire pour retirer les morceaux de poulet de l'huile et déposez-les sur du papier absorbant pour enlever l'excès d'huile.

Servez le poulet frit aux algues chaud, accompagné de quartiers de citron et d'une sauce de votre choix, comme une sauce soja ou une mayonnaise épicée.

POUR **4 PERSONNES** | TEMPS DE PRÉPARATION : **15 MINUTES** | TEMPS DE MARINADE : **15 MINUTES** | TEMPS DE CUISSON : **30 MINUTES**

Poulet karaage

- 400 g de haut de cuisse de poulet désossé
- 10 g de gingembre
- 10 g d'ail
- 1 ½ cuil. à soupe de saké
- 2 cuil. à soupe de sauce soja
- 4 cuil. à soupe de fécule de pomme de terre
- 500 ml d'huile de friture

Râpez le gingembre et l'ail. Découpez le poulet en morceaux de la taille d'une bouchée et disposez-les dans un bol.

Ajoutez-y le saké, la sauce soja, le gingembre et l'ail. Malaxez et laissez mariner au moins 15 min.

Transvasez la marinade dans un bol en éliminant le surplus de liquide et ajoutez-y la fécule de pomme de terre.

Mélangez bien et faites frire entre 160 et 180 °C selon la taille du poulet.

Dégustez chaud accompagné de salade et de jus de citron.

POUR **2 PERSONNES** | TEMPS DE PRÉPARATION : **30 MINUTES** | TEMPS DE MARINADE : **15 MINUTES** | TEMPS DE CUISSON : **15 MINUTES**

Poulet teriyaki

- 2 filets de poulet (d'environ 200 g chacun)
- 2 cuil. à soupe de sauce soja
- 2 cuil. à soupe de mirin
- 2 cuil. à soupe de saké (ou vin blanc sec)
- 1 cuil. à soupe de sucre
- 1 cuil. à café d'huile végétale
- Graines de sésame grillées (pour garnir)
- Ciboule hachée (pour garnir, facultatif)

Dans un bol, mélangez la sauce soja, le mirin, le saké et le sucre pour préparer la marinade. Placez les filets de poulet dans un sac hermétique ou un plat peu profond. Versez la moitié de la marinade sur les filets de poulet et réservez l'autre moitié. Assurez-vous que les filets de poulet sont bien enrobés de marinade. Laissez mariner pendant au moins 15 à 30 min.

Chauffez une poêle à feu moyen-vif avec 1 cuil. à café d'huile végétale. Placez les filets de poulet dans la poêle chaude. Faites cuire 4 à 5 min environ de chaque côté, jusqu'à ce que le poulet soit bien cuit et doré. Le temps de cuisson peut varier en fonction de l'épaisseur des filets.

Pendant la cuisson du poulet, faites chauffer la marinade réservée dans une petite casserole. Portez-la à ébullition, puis réduisez le feu et laissez mijoter quelques minutes jusqu'à ce qu'elle épaississe légèrement. Cette marinade réduite servira de sauce teriyaki.

Une fois le poulet cuit, retirez-le de la poêle et coupez-le en tranches. Disposez les morceaux de poulet sur des assiettes individuelles. Versez la sauce teriyaki réduite sur le poulet. Garnissez avec des graines de sésame grillées et de la ciboule hachée si vous le souhaitez.

POUR **4 PERSONNES** | TEMPS DE PRÉPARATION : **30 MINUTES** | TEMPS DE MARINADE : **30 MINUTES** | TEMPS DE CUISSON : **20 MINUTES**

Poulet vapeur mariné au saké

Pour la marinade :

- 500 g de filets de poulet
- ¼ tasse de saké
- 2 cuil. à soupe de sauce soja
- 1 cuil. à soupe de mirin
- 1 cuil. à soupe de gingembre frais, râpé
- 2 gousses d'ail, émincées
- 1 cuil. à café de sucre (facultatif)

Pour la cuisson :

- 1 tasse d'eau
- 2 oignons verts, coupés en morceaux
- 1 morceau de gingembre (environ 5 cm), tranché
- 1 feuille de kombu (algue séchée, facultatif)

Pour la garniture :

- 2 oignons verts, émincés
- Graines de sésame grillées

Matériel :

Panier vapeur

Dans un grand bol, mélangez le saké, la sauce soja, le mirin, le gingembre râpé, l'ail émincé et le sucre (si utilisé). Ajoutez les filets de poulet et assurez-vous qu'ils sont bien enrobés de marinade. Couvrez et laissez mariner au réfrigérateur pendant au moins 30 min, ou jusqu'à 2 h pour une saveur plus intense.

Dans une grande casserole, ajoutez l'eau, les morceaux d'oignons verts, les tranches de gingembre et la feuille de kombu (si utilisée). Portez à ébullition, puis réduisez le feu pour laisser mijoter doucement.

Disposez les filets de poulet marinés dans un panier vapeur. Placez ce dernier sur la casserole, en veillant à ce que le fond du panier ne touche pas l'eau.

Couvrez et faites cuire à la vapeur pendant environ 15 à 20 min, ou jusqu'à ce que le poulet soit bien cuit et tendre. La température interne du poulet devrait atteindre 75 °C.

Retirez le poulet du panier vapeur et disposez-le sur une assiette de service. Garnissez avec les oignons verts émincés et les graines de sésame grillées.

POUR **6 PERSONNES** | TEMPS DE PRÉPARATION : **40 MINUTES**

Fondue au bœuf

Pour le bouillon :

- 600 g de filet de bœuf
- 3 oignons nouveaux
- 3 poireaux crayons
- 6 champignons shiitaké
- 100 g de pleurotes
- ¼ de botte de coriandre
- 1 bloc de 200 g de tofu
- ½ daïkon (ou radis blanc)
- 1 botte de ciboulette
- 1 carré de dashi kombu

Pour la sauce au citron vert :

- 1 citron vert
- 1 cuil. à soupe de vinaigre de riz
- 4 cuil. à soupe de sauce soja
- 2 cuil. à soupe de mirin
- Huile pimentée

Pour la sauce au sésame :

- 75 g de graines de sésame
- 1 cuil. à café de sucre blanc
- 10 cl de bouillon dashi
- 3 cuil. à soupe de sauce soja
- 2 cuil. à café de mirin
- 2 cuil. à café de saké

Préparez la sauce au citron. Pressez le citron vert et mélangez-le avec tous les ingrédients. Réservez au frais.

Pour la sauce au sésame, commencez par réduire les graines de sésame en poudre dans un mortier avec le sucre. Ajoutez les autres ingrédients et conservez au frais.

Préparez les ingrédients du bouillon : rincez abondamment les oignons et les poireaux, puis taillez-les en tronçons de 5 cm de long. Rincez les champignons, retirez les pieds terreux et coupez les têtes en deux ou en quatre.

Effeuillez la coriandre et coupez le tofu en gros cubes de 1 cm de côté. Coupez le bœuf en fines tranches comme vous le feriez pour un carpaccio. Épluchez et râpez finement le daïkon. Rincez et émincez finement la ciboulette.

Dans un caquelon, mettez de l'eau salée avec le carré de dashi kombu. Portez à frémissement et retirez l'algue. Mettez alors les champignons, les oignons, les poireaux, le tofu et la coriandre. Portez à ébullition et disposez le caquelon sur un réchaud au centre de la table.

Servez en même temps la viande, que chacun fera cuire dans le bouillon et accompagnera des sauces, de la ciboulette et du daïkon.

POUR **4 PERSONNES** | TEMPS DE PRÉPARATION : **30 MINUTES** | TEMPS DE MARINADE : **30 MINUTES** | TEMPS DE CUISSON : **30 MINUTES**

Steak haché façon Kyoshi

Pour les steaks hachés :

- 500 g de bœuf haché
- 1 oignon, finement haché
- 2 gousses d'ail, émincées
- 1 œuf
- ¼ tasse de chapelure panko (chapelure japonaise)
- 2 cuil. à soupe de sauce soja
- 1 cuil. à soupe de saké
- 1 cuil. à soupe de mirin
- Sel, poivre selon votre goût
- Huile végétale

Pour la sauce :

- ¼ tasse de sauce soja
- ¼ tasse de mirin
- ¼ tasse de saké
- 1 cuil. à soupe de sucre
- 1 cuil. à soupe de vinaigre de riz
- 1 cuil. à café de fécule de maïs, dissoute dans 1 cuil. à soupe d'eau

Pour la garniture :

- 2 oignons verts, émincés
- Graines de sésame grillées
- Gingembre frais râpé (facultatif)

Dans une poêle, faites revenir l'oignon haché et l'ail émincé à feu moyen jusqu'à ce qu'ils soient translucides. Laissez refroidir.

Dans un grand bol, mélangez le bœuf haché, l'oignon et l'ail cuits, l'œuf, le panko, la sauce soja, le saké, le mirin, le sel et le poivre.

Divisez le mélange en 4 portions égales et façonnez-les en steaks hachés.

Couvrez et réfrigérez pendant au moins 30 min pour que les saveurs se mélangent bien et que les steaks se raffermissent.

Dans une petite casserole, mélangez la sauce soja, le mirin, le saké, le sucre et le vinaigre de riz. Portez à ébullition, puis réduisez le feu et laissez mijoter pendant 5 min.

Ajoutez la fécule de maïs dissoute et remuez jusqu'à ce que la sauce épaississe. Retirez du feu et réservez.

Dans une grande poêle, chauffez un peu d'huile végétale à feu moyen. Faites cuire les steaks hachés pendant environ 5 à 7 min de chaque côté, jusqu'à ce qu'ils soient bien dorés et cuits à votre goût.

Réduisez le feu à doux et versez la sauce préparée sur les steaks dans la poêle. Laissez mijoter pendant quelques minutes pour que les steaks absorbent la saveur de la sauce.

Disposez les steaks hachés dans des assiettes de service, arrosez-les avec la sauce de la poêle et garnissez avec les oignons verts émincés, les graines de sésame grillées et le gingembre râpé si désiré.

POUR **4 PERSONNES** | TEMPS DE PRÉPARATION : **30 MINUTES** | TEMPS DE CUISSON : **15 MINUTES**

Sukiyaki

Pour le sukiyaki :

- 500 g de bœuf finement tranché (*ribeye* ou faux-filet)
- 200 g de tofu ferme, coupé en cubes
- ½ chou chinois, coupé en morceaux
- 1 botte de mizuna (ou épinards), coupé en morceaux
- 1 carotte, coupée en fines rondelles
- 1 oignon, tranché finement
- 200 g de shirataki (nouilles de konjac) ou d'udons
- 200 g de champignons shiitaké, coupés en tranches
- 2 oignons verts, coupés en morceaux
- 4 œufs (facultatif, pour tremper)
- Huile végétale

Pour la sauce warishita :

- ½ tasse de sauce soja
- ½ tasse de mirin
- ¼ tasse de saké
- ¼ tasse de sucre
- ½ tasse de dashi (bouillon de base japonais)

Dans une casserole, mélangez la sauce soja, le mirin, le saké, le sucre et le dashi. Portez à ébullition, puis réduisez le feu et laissez mijoter jusqu'à ce que le sucre soit complètement dissous. Réservez.

Coupez tous les légumes, le tofu et les champignons comme indiqué. Si vous utilisez des shirataki, rincez-les à l'eau chaude pour enlever l'odeur caractéristique.

Disposez tous les ingrédients préparés sur des assiettes autour de la table de cuisson.

Faites chauffer une grande poêle ou un nabe à feu moyen. Ajoutez un peu d'huile végétale et faites revenir quelques tranches de bœuf pour libérer leur saveur. Versez une partie de la sauce warishita dans la poêle.

Ajoutez progressivement les légumes, le tofu, les champignons et les nouilles dans la poêle, en les disposant de manière esthétique. Continuez à ajouter le bœuf tranché en veillant à ne pas surcharger la poêle.

Laissez les ingrédients cuire dans la sauce, en ajoutant de la sauce warishita au fur et à mesure que le liquide s'évapore.

Les convives peuvent se servir directement dans la poêle, en prenant des morceaux de viande, de légumes et de nouilles à leur goût.

Si vous le souhaitez, vous pouvez battre légèrement les œufs dans des petits bols et tremper les morceaux de bœuf cuits dedans avant de les manger.

POUR **2 PERSONNES** | TEMPS DE PRÉPARATION : **30 MINUTES** | TEMPS DE TREMPAGE : **1 H** | TEMPS DE CUISSON : **15 MINUTES** | TEMPS DE REPOS : **20 MINUTES**

Takikomi gohan

- 2 cuisses de poulet
- 300 g de riz blanc japonais à grain court
- 3 champignons shiitaké séchés
- 1 feuille de kombu séchée
- 2 carottes
- 100 g d'aburaage (tofu frit)
- 2 cm de gingembre frais
- 2 cuil. à soupe de sauce soja
- 2 cuil. à soupe de sauce tsuyu
- 2 cuil. à soupe de mirin
- 2 cuil. à soupe de saké
- Huile végétale

Rincez le riz puis faites-le tremper pendant 1 h.

Placez les champignons et la feuille de kombu dans 275 ml d'eau froide et laissez tremper 1 h. Cela fera un dashi.

Après 1 h, versez le riz dans une passoire pour bien l'égoutter. Retirez les champignons du dashi et coupez-les en fines tranches. Coupez les carottes en fines lamelles et l'aburaage en lanières.

Enlevez la peau du poulet et coupez-le en petits morceaux d'environ 2 cm. Faites chauffer une petite poêle et faites frire la peau sur feu moyen jusqu'à ce qu'elle soit croustillante. Coupez-la en petits morceaux et réservez.

Faites revenir le poulet dans la même poêle pendant 5 min. Ajoutez ensuite les carottes, le gingembre râpé, les champignons et l'aburaage. Faites sauter 1 min. Réservez.

Transférez le riz dans une casserole et versez le dashi. Incorporez tous les ingrédients précuits au-dessus du riz. Versez alors la sauce soja, la sauce tsuyu, le mirin et le saké. Ne mélangez pas. Couvrez et portez à ébullition 2 min. Réduisez le feu et faites cuire 15 min.

Hors du feu, laissez reposer 20 min à couvert. Récupérez le poulet et placez-le sur une planche à découper puis effilochez-le à l'aide de deux fourchettes. Incorporez-le de nouveau au riz et mélangez bien le tout. Servez chaud.

POUR **4 PERSONNES** | TEMPS DE PRÉPARATION : **25 MINUTES** | TEMPS DE CUISSON : **5 MINUTES** | TEMPS DE REPOS : **20 MINUTES**

Tataki de bœuf

- 400 g de filet de bœuf ou de cœur de rumsteck
- 2 cuil. à soupe d'huile végétale
- 3 cm de gingembre frais
- 2 carottes
- 1 oignon nouveau
- 1 daïkon (ou radis blanc)
- 1 botte de ciboulette
- 3 cuil. à soupe de sauce soja
- 1 cuil. à soupe de mirin
- 1 cuil. à soupe de vinaigre de riz

Badigeonnez le bœuf d'huile végétale. Préparez un saladier d'eau froide avec des glaçons. Dans une poêle très chaude, faites griller la viande de chaque côté pendant 1 à 2 min. Lorsqu'elle a une belle couleur sur toutes les faces, plongez-la dans de l'eau glacée pendant 10 min.

Sortez la viande du saladier et épongez-la. Réservez au réfrigérateur durant 20 min.

Épluchez le gingembre, les carottes, l'oignon nouveau et le daïkon. Émincez finement l'oignon et la ciboulette. Râpez finement le daïkon et les carottes. Coupez le gingembre en très fins bâtonnets.

Dans un saladier, mélangez les carottes avec le daïkon et l'oignon nouveau. Ajoutez la sauce soja, le mirin et le vinaigre de riz. Disposez le bœuf sur une planche à découper et coupez-le en tranches les plus fines possible.

Sur de grandes assiettes, disposez un lit de légumes que vous couvrirez de tranches de bœuf. Décorez avec la ciboulette et le gingembre, et servez aussitôt.

LES DO ET LES DON'T À TABLE

Que vous dîniez dans un restaurant traditionnel ou que vous preniez un repas décontracté avec des amis, connaître les choses à faire et celles à éviter dans la culture culinaire japonaise peut s'avérer utile afin de ne pas froisser vos hôtes. Voici quelques conseils essentiels à suivre lors d'un repas au Japon.

Les bonnes manières

Dire « *Itadakimasu* » avant de manger

Avant de commencer son repas, il est d'usage de dire « *Itadakimasu* », que l'on peut traduire par « Je reçois humblement ». Cette simple phrase est une façon de montrer sa gratitude envers la nourriture, envers les efforts déployés pour la préparer mais aussi envers les animaux et les plantes qui composent ce repas.

Utiliser correctement les baguettes

L'étiquette des baguettes est cruciale au Japon. Lorsqu'on ne les utilise pas, il est préférable de les déposer sur le repose-baguettes, appelé *hashioki*, plutôt que de les poser directement sur la table. Les baguettes doivent également toujours être positionnées parallèlement et surtout pas croisées.

Faire « slurper » les nouilles

Au Japon, le fait d'avaler ses nouilles – en particulier les ramens ou les soba – en faisant du bruit est non seulement acceptable, mais encouragé. Cela montre que vous appréciez le repas et il paraît même que cela améliore la saveur des nouilles en les aérant.

Exprimer sa gratitude en disant « *gochisousama* »

Après avoir terminé votre repas, dites « *Gochisousama deshita* », ce qui signifie « Merci pour le repas » afin d'exprimer votre gratitude au chef, à l'hôte ou à la personne qui vous a servi la nourriture.

Respecter le positionnement des aliments

Lors des repas officiels, les plats peuvent être disposés dans un ordre spécifique pour refléter l'harmonie et la présentation. Veillez à respecter cet ordre lorsque vous mangez.

Les usages à éviter

Ne pas planter les baguettes verticalement dans le riz

L'une des règles les plus importantes de l'étiquette japonaise est d'éviter de planter les baguettes verticalement dans un bol de riz. Cette pratique est réservée aux rites funéraires alors que l'on offre du riz au défunt en le plaçant sur son autel.

Ne pas passer la nourriture directement avec des baguettes

Faire passer de la nourriture des baguettes d'une personne à celles d'une autre est également un impair. L'étiquette veut que l'on place la nourriture dans une petite assiette avant de la transmettre à notre convive, ou, si vous n'avez pas de petite assiette à portée de main, de la déposer directement dans son assiette.

Ne pas se servir sa propre boisson

Lorsque l'on boit de l'alcool au Japon, il est d'usage de servir les boissons aux autres plutôt que de remplir son propre verre. Si vous remarquez que le verre de quelqu'un est vide, servez-lui un verre et il vous rendra probablement la pareille. De même, en signe de politesse, tenez votre verre lorsque quelqu'un vous sert.

Donner un pourboire

Contrairement à de nombreux autres pays, le pourboire ne fait pas partie de la culture japonaise et peut même être considéré comme impoli. Laisser un pourboire peut être déroutant ou embarrassant pour le personnel. Si vous souhaitez montrer votre reconnaissance pour un service de qualité, un simple « merci » et de la politesse suffisent.

Ne pas mélanger le wasabi avec la sauce soja

Dans la cuisine japonaise traditionnelle, il est déconseillé de mélanger wasabi et sauce soja, surtout lorsqu'on mange des sushis. Au lieu de cela, déposez une petite quantité de wasabi sur le sushi et trempez légèrement le poisson (et non le riz) dans la sauce soja. Cela permet de maintenir l'équilibre délicat des saveurs voulu par le chef.

POUR **2 PERSONNES** | TEMPS DE PRÉPARATION : **30 MINUTES** | TEMPS DE REPOS : **10 MINUTES** | TEMPS DE CUISSON : **20 MINUTES**

Goya champuru

- 1 goya, tranché et égrené
- 100 g de fines tranches de porc
- 1 cuil. à soupe d'huile végétale
- ½ oignon, coupé en fines rondelles
- 2 cuil. à soupe de sauce soja
- 1 cuil. à soupe de mirin
- Tofu ferme, coupé en dés (facultatif)
- 2 œufs, battus
- Sel, poivre noir moulu selon votre goût
- Graines de sésame grillées (pour garnir)

Placez les tranches de goya dans un bol, saupoudrez de sel et laissez-les reposer 10 min environ pour réduire l'amertume. Rincez ensuite les tranches à l'eau froide, égouttez-les et pressez doucement pour enlever l'excès d'eau.

Dans une poêle, chauffez l'huile végétale à feu moyen. Ajoutez les tranches de porc dans la poêle et faites-les cuire jusqu'à ce qu'elles soient dorées et cuites. Retirez-les de la poêle et réservez.

Dans la même poêle, ajoutez les rondelles d'oignon et faites-les sauter jusqu'à ce qu'elles deviennent tendres et légèrement dorées. Ajoutez les tranches de goya et faites sauter pendant quelques minutes jusqu'à ce qu'elles soient tendres. Ajoutez les tranches de porc cuites. Versez la sauce soja et le mirin dans la poêle. Si vous utilisez du tofu, ajoutez-le à ce stade.

Poussez les ingrédients dans la poêle pour créer un espace au centre. Versez-y les œufs battus avec une pincée de sel et de poivre, et remuez légèrement pour créer de petits morceaux d'œufs brouillés. Servez le goya champuru chaud, avec des graines de sésame grillées.

POUR **2 PERSONNES** | TEMPS DE PRÉPARATION : **20 MINUTES** | TEMPS DE CUISSON : **10 MINUTES**

Teppanyaki de bœuf aux légumes

- 250 g de fines tranches de bœuf (comme du filet mignon ou du contre-filet)
- 1 poivron rouge, coupé en lanières
- 1 poivron vert, coupé en lanières
- 1 oignon, coupé en lanières
- 200 g de champignons, émincés
- 2 cuil. à soupe d'huile végétale
- Sel, poivre noir selon votre goût
- Sauce teppanyaki (ou sauce soja)

Matériel :

- Plaque chauffante

Tranchez finement le bœuf et préparez les légumes en lanières.

Préchauffez la plaque chauffante à feu moyen-élevé et ajoutez 1 cuil. à soupe d'huile. Faites sauter les poivrons, l'oignon et les champignons jusqu'à ce qu'ils soient tendres mais encore croquants. Assaisonnez avec du sel et du poivre selon votre goût.

Ajoutez la seconde cuillerée à soupe d'huile sur la plaque chauffante. Faites sauter les tranches de bœuf rapidement jusqu'à ce qu'elles soient cuites selon vos préférences (habituellement, quelques minutes seulement pour une cuisson à point).

Disposez les légumes sur une assiette, placez les tranches de bœuf sur le dessus.

Servez immédiatement avec de la sauce teppanyaki ou de la sauce soja.

POUR **4 PERSONNES** | TEMPS DE PRÉPARATION : **20 MINUTES** | TEMPS DE CUISSON : **10 MINUTES**

Nanban de poulet de Miyazaki

- 400 g de filets de poulet (ou 400 g de haut de cuisse de poulet désossé)
- 1 pincée de sel et de poivre
- 1 poignée de farine
- 1 œuf battu
- 400 ml d'huile de friture

Pour la sauce tartare :

- 1 œuf dur, coupé en morceaux
- ¼ d'oignon, haché
- 10 g de cornichon, coupé en tout petits morceaux
- 3 cuil. à soupe de mayonnaise
- ½ cuil. à café de sauce soja
- 1 cuil. à café de jus de citron
- 1 pincée de sel et de poivre

Pour la sauce nanban :

- 3 cuil. à soupe de sauce soja
- 3 cuil. à soupe de vinaigre
- 3 cuil. à soupe de mirin
- 2 cuil. à soupe de sucre

Préparez la sauce tartare : mélangez tous les ingrédients dans un bol et réservez au frais.

Coupez le poulet en morceaux de la taille d'une bouchée, salez, poivrez et recouvrez-les de farine.

Préparez la sauce nanban : mélangez tous les ingrédients dans une petite casserole et faites chauffer jusqu'à ébullition.

Passez les morceaux de poulet dans l'œuf battu, puis faites-les frire dans l'huile à 180 °C.

Trempez les morceaux de poulet frit dans la sauce nanban.

Disposez le poulet dans une assiette et nappez de sauce tartare.

POUR **4 PERSONNES** | TEMPS DE PRÉPARATION : **15 MINUTES** | TEMPS DE CUISSON : **15 MINUTES**

Naporitan

- 200 g de spaghettis
- ½ oignon
- 2 petits (ou 1 gros) poivrons verts
- 50 à 80 g (1 pièce) de saucisse de porc (ou 100 g de champignons)
- 1 cuil. à soupe d'huile végétale
- 1 pincée de sel et de poivre
- 2 à 3 cuil. à soupe de ketchup
- 2 cuil. à soupe de vin rouge
- Parmesan râpé (facultatif)
- Tabasco® (facultatif)

Faites cuire les spaghettis selon les indications indiquées sur l'emballage.

Émincez l'oignon et les poivrons, coupez la saucisse en rondelles.

Dans une poêle, versez l'huile, puis faites sauter l'oignon, les poivrons et la saucisse à feu moyen. Salez et poivrez.

Poussez les ingrédients pour faire de la place à l'avant de la poêle, puis versez et épaississez le ketchup en le chauffant. Déglacez avec du vin rouge.

Mélangez bien tout le contenu de la poêle.

Ajoutez les spaghettis cuits et mélangez.

Ajoutez du parmesan râpé et du Tabasco® selon votre goût et dégustez chaud.

POUR **2 PERSONNES** | TEMPS DE PRÉPARATION : **10 MINUTES** | TEMPS DE CUISSON : **10 MINUTES**

Tonkatsu

- 2 escalopes de porc (filet ou côtelette)
- Farine tout usage
- 1 œuf battu
- Chapelure panko (chapelure japonaise)
- Sauce tonkatsu
- Riz cuit (voir recettes p. 124)
- Huile végétale (pour la friture)

Passez les escalopes de porc dans la farine, puis dans l'œuf battu et, enfin, dans la chapelure.

Faites frire les escalopes panées dans l'huile jusqu'à ce qu'elles soient dorées.

Égouttez sur du papier absorbant. Laissez reposer les escalopes quelques instants, puis coupez-les en tranches épaisses.

Servez avec de la sauce tonkatsu pour tremper et du riz cuit à la vapeur.

POUR **4 PERSONNES** | TEMPS DE PRÉPARATION : **30 MINUTES** | TEMPS DE CUISSON : **15 MINUTES**

Tsukune

- 500 g de poulet haché (vous pouvez utiliser un mélange de cuisse et de blanc pour plus de saveur)
- 1 œuf
- 2 cuil. à soupe de chapelure panko (chapelure japonaise)
- 2 gousses d'ail, émincées
- 1 morceau de gingembre (environ 2 cm), râpé
- 2 oignons verts, finement émincés
- 1 cuil. à soupe de sauce soja
- 1 cuil. à soupe de mirin
- 1 cuil. à soupe de saké (ou vin de cuisine)
- Sel, poivre selon votre goût

Pour la sauce :

- ¼ tasse de sauce soja
- ¼ tasse de mirin
- ¼ tasse de saké
- 2 cuil. à soupe de sucre

Pour la cuisson et la présentation :

- Huile végétale (pour la cuisson)
- Graines de sésame grillées (pour garnir, facultatif)
- Oignons verts émincés (pour garnir, facultatif)

Matériel :

- Piques à brochette en bois (trempées dans l'eau pendant 30 min pour éviter qu'elles ne brûlent)

Dans un grand bol, mélangez le poulet haché, l'œuf, le panko, l'ail émincé, le gingembre râpé, les oignons verts, la sauce soja, le mirin, le saké, du sel et du poivre.

Utilisez vos mains pour bien mélanger jusqu'à ce que tous les ingrédients soient bien incorporés et que la mixture soit homogène.

Avec vos mains légèrement humides, formez des boulettes de la taille d'une noix ou façonnez-les en petites saucisses allongées, selon votre préférence.

Enfilez les boulettes ou les petites saucisses sur les brochettes en bois.

Dans une petite casserole, mélangez la sauce soja, le mirin, le saké et le sucre. Portez à ébullition, puis réduisez le feu et laissez mijoter jusqu'à ce que le sucre soit dissous et que la sauce ait légèrement épaissi. Réservez.

Dans une grande poêle, chauffez un peu d'huile végétale à feu moyen. Faites cuire les brochettes de tsukune, en les tournant régulièrement, jusqu'à ce qu'elles soient bien dorées et cuites à cœur (environ 8 à 10 min).

Pendant les dernières minutes de cuisson, badigeonnez généreusement les tsukune avec la sauce préparée.

Disposez les brochettes de tsukune sur un plat de service, garnissez avec des graines de sésame grillées et des oignons verts émincés si désiré, et servez avec du riz blanc et des légumes sautés ou à la vapeur pour un repas complet.

POUR **4 PERSONNES** | TEMPS DE PRÉPARATION : **40 MINUTES** | TEMPS DE REPOS : **30 MINUTES** | TEMPS DE CUISSON : **20 MINUTES**

Yakinikudon

Pour la marinade :

- 500 g de bœuf tranché finement (bavette, entrecôte ou faux-filet)
- ¼ de tasse de sauce soja
- 2 cuil. à soupe de mirin
- 2 cuil. à soupe de saké (ou vin de cuisine)
- 1 cuil. à soupe de sucre
- 2 gousses d'ail, émincées
- 1 morceau de gingembre (environ 2 cm), râpé
- 1 cuil. à soupe d'huile de sésame
- 2 oignons verts, coupés en morceaux + un peu pour garnir
- Graines de sésame grillées (pour garnir)

Pour le riz :

- 2 tasses de riz japonais (riz à sushi)
- 2 ½ tasses d'eau

Dans un grand bol, mélangez la sauce soja, le mirin, le saké, le sucre, l'ail émincé, le gingembre râpé et l'huile de sésame. Ajoutez les tranches de bœuf et mélangez bien pour enrober la viande de marinade. Couvrez et laissez mariner au réfrigérateur pendant au moins 30 min, ou jusqu'à 2 h pour une saveur plus intense.

Rincez le riz à l'eau froide jusqu'à ce que l'eau soit claire. Dans une casserole, ajoutez le riz et l'eau. Couvrez et portez à ébullition. Réduisez le feu à doux et laissez cuire à couvert pendant 15 min. Retirez du feu et laissez reposer pendant 10 min, toujours couvert.

Faites chauffer une grande poêle ou une grille à feu moyen-élevé. Retirez le bœuf de la marinade et faites-le cuire dans la poêle chaude jusqu'à ce qu'il soit bien doré et cuit à votre goût, environ 2 à 3 min de chaque côté. Vous pouvez faire cuire les tranches de bœuf par petites quantités pour éviter de surcharger la poêle.

Pendant la cuisson, ajoutez les morceaux d'oignons verts dans la poêle pour les faire sauter légèrement avec le bœuf.

Répartissez le riz cuit dans des bols individuels. Disposez les tranches de bœuf grillé sur le riz. Garnissez avec des graines de sésame grillées et des oignons verts émincés.

Versez un peu de marinade restante dans la poêle et laissez réduire pour obtenir une sauce épaisse, puis versez cette sauce sur le bœuf et le riz.

POUR **2 PERSONNES** | TEMPS DE PRÉPARATION : **15 MINUTES** | TEMPS DE CUISSON : **10 MINUTES**

Yakitori de boeuf

- 2 steaks hachés
- 4 pincées de quatre-épices
- 1 cuil. à soupe d'huile d'olive

Pour la sauce :

- 2 cuil. à soupe de sauce soja
- 1 cuil. à soupe de vinaigre de riz
- 1 cuil. à café de miel
- 1 cuil. à café rase de sucre en poudre
- 1 cuil. à café de Maïzena®

Matériel :

- Piques à brochette

Préparez les boulettes. Dans un bol, mélangez les steaks hachés et le quatre-épices à l'aide d'une fourchette. Prenez une petite quantité de préparation dans vos mains et formez une boulette. Réservez sur une assiette. Procédez ainsi jusqu'à l'épuisement de la viande.

Préparez la sauce. Dans un bol, mélangez la sauce soja, le vinaigre de riz, le miel et le sucre.

Dans une poêle, faites chauffer l'huile et faites-y revenir les boulettes en les retournant régulièrement. Nappez d'un peu de sauce et placez les boulettes sur une assiette. Piquez-les afin de confectionner des brochettes.

Dans la poêle, faites chauffer le reste de sauce et ajoutez la Maïzena® diluée dans un peu d'eau. Dès que la sauce épaissit, coupez le feu et nappez-en les boulettes.

POUR **4 PERSONNES** | TEMPS DE PRÉPARATION : **20 MINUTES** | TEMPS DE REPOS : **30 MINUTES** | TEMPS DE CUISSON : **10 MINUTES**

Yakitori de poulet

- 500 g de poulet (blanc, cuisse ou combinaison)
- 1 poireau (partie blanche et verte), coupé en tronçons de 2 cm
- 1 poivron rouge, coupé en dés
- 1 oignon, coupé en dés
- 1 cuil. à soupe d'huile végétale (pour graisser le gril)
- Oignons verts, hachés (pour garnir)
- Graines de sésame grillées (pour garnir)

Pour la marinade :

- ¼ de tasse de sauce soja
- 2 cuil. à soupe de mirin
- 1 cuil. à soupe de saké
- 2 cuil. à soupe de sucre
- 1 gousse d'ail, hachée finement
- 1 cuil. à café de gingembre frais, râpé

Matériel :

- Piques à brochette

Dans un bol, mélangez la sauce soja, le mirin, le saké, le sucre, l'ail haché et le gingembre râpé pour créer la marinade. Découpez le poulet en morceaux d'environ 2 cm sur 2 cm. Enfilez les morceaux sur des brochettes.

Placez les brochettes dans un plat peu profond et versez la marinade sur les ingrédients. Assurez-vous que les brochettes sont bien enrobées. Couvrez le plat de film alimentaire et laissez mariner au réfrigérateur 30 min au moins, idéalement 1 à 2 h.

Préchauffez votre gril à feu moyen-vif. Graissez-le légèrement avec de l'huile végétale pour éviter que les brochettes ne collent.

Faites griller les brochettes 2 à 3 min environ de chaque côté, en les retournant fréquemment et en les badigeonnant de marinade pour obtenir une saveur encore plus intense.

Retirez les brochettes du gril et servez immédiatement. Garnissez avec des oignons verts hachés ou des graines de sésame pour la touche finale.

LE SAMPURU, LA GOURMANDISE EN TROMPE-L'ŒIL

Ces aliments en plastique, silicone ou résine qui imitent à la perfection les plats servis dans les restaurants sont placés derrière les vitrines afin d'aider les gourmands à choisir ce qu'ils s'apprêtent à déguster.

Des étagères remplies de vaisselle et d'ustensiles de cuisine, de la fumée qui s'échappe d'un liquide en train de bouillir, des hommes occupés à manipuler des ingrédients : si l'on regarde d'un œil distrait les images de *Tokyo-Ga*, film réalisé par Wim Wenders en 1985, on pourrait croire que tout ce petit monde est en train de cuisiner des plats savoureux et que la pièce est à coup sûr remplie d'une odeur exquise. Sauf qu'il n'en est rien : ce que l'on fabrique ici, ce ne sont pas des plats comestibles mais des *sampuru*, des plats factices certes plus vrais que nature, mais confectionnés à base de cire.

L'art du *sampuru*, dérivé du mot anglais « sample », est une singularité japonaise qui remonte aux années 1920. Cette technique de reproduction était initialement utilisée pour les médecins qui avaient besoin de copies d'organes pour des études pathologiques, comme on peut le découvrir dans l'ouvrage *Les Japonais mangent avec leurs yeux* de Yasunobu Nose. Sauf qu'en 1920, un restaurateur sollicite l'artisan afin qu'il reproduise quelques plats servis dans son établissement. La technique fait des émules et explose dans les années 1940. Pour certains, ces *sampuru* gagnent en popularité pour faciliter les commandes au restaurant des Européens et Américains arrivés dans l'archipel pour aider à la reconstruction du pays. Ces facs-similés font tomber les barrières linguistiques et permettent aux étrangers qui ne lisent ou ne parlent pas le japonais de choisir leur repas en toute confiance. Pour d'autres, ces *sampuru* sont, à l'inverse, de parfaits guides pour les Japonais qui peinent parfois à se familiariser avec les nouvelles offres de plats aux menus des restaurants.

L'aspect le plus étonnant du *sampuru* est le soin apporté afin que chaque objet confectionné donne l'eau à la bouche et soit le plus réaliste possible. Ainsi, les artisans ajoutent des couches de brillant pour simuler l'humidité ou la chaleur, ce qui donne l'impression que les nouilles viennent tout juste de sortir de l'eau bouillante ou que la bière pression a été tirée il y a quelques secondes. Pour certaines pièces d'exception, les grains de riz sont parfois fabriqués individuellement et placés ensuite un par un dans une assiette pour composer le plat final. Les modèles de *sampuru* sont également conçus pour correspondre exactement aux portions du restaurant afin que les clients puissent se rendre compte non seulement de ce qu'ils vont déguster, mais aussi du volume du plat afin d'éviter les déconvenues.

Un savoir-faire qui s'adapte

Malgré l'essor des techniques de production de masse et la délocalisation d'une bonne partie du marché en Chine, il existe encore au Japon plusieurs boutiques artisanales où les *sampuru* sont méticuleusement fabriqués à la main, préservant ainsi le savoir-faire traditionnel qui a vu le jour il y a plus d'un siècle. Des localités comme Gujo Hachiman, dans la préfecture de Gifu, sont célèbres pour être le berceau du *sampuru*. Ici, les artisans locaux continuent de créer des répliques de nourriture à la main en utilisant des techniques transmises de génération en génération. Il existe aussi des boutiques comme Iwasaki Be-I, l'un des producteurs de modèles alimentaires les plus réputés du Japon, et Ganso Shokuhin Sample-ya à Tokyo qui permettent aux visiteurs de découvrir cet artisanat typiquement nippon.

Mais avec l'arrivée du silicone qui remplace la cire, les *sampuru* sont désormais plus résistants. Alors la production s'adapte : si les restaurateurs achètent moins, les touristes étrangers prendront le relais. Les ateliers confectionnent désormais sushi, gyoza, ou tempura, en forme de porte-clés, de magnets voire de boucles d'oreille. Des souvenirs culinaires impérissables à rapporter dans ses bagages.

SUCRÉ & DESSERTS

pages. 262-289

LE JAPON SUCRÉ

Lorsque l'on pense à la cuisine japonaise, nous viennent davantage spontanément à l'esprit des aliments salés : ramens, currys ou sushis. Pourtant, le Japon fourmille de délices sucrés, l'incontournable mochi bien évidemment mais aussi d'autres douceurs que l'on savoure avec sophistication ou gourmandise.

Wagashi. Voilà un seul mot à retenir pour les becs sucrés qui voudraient affoler leurs papilles dans l'archipel. « *Wa* » peut être traduit par « japonais » et « *gashi* » signifie « gâteau ». Les *wagashi* sont donc des gâteaux japonais, à ne pas confondre avec les *yogashi*, « yo » signifiant « occidental », qui sont des pâtisseries venues de l'Ouest, et qui peuvent être confectionnées néanmoins autant par les Occidentaux que par les Japonais.

Cependant, les *wagashi* sont une sorte de grande famille aux multiples ramifications. Nous avons tout d'abord les plus traditionnels comme les *nerikiri*, qui s'achètent dans des établissements spécialisés et sont le plus souvent dégustés sur place. Ils sont également servis, et c'est ici que remonte leur origine, principalement lors de la cérémonie du thé.

Ensuite, les autres *wagashi*, moins « précieux », comme les *dorayaki* ou les *taiyaki* qui se trouvent dans les boulangeries, lors des *matsuri*, les festivals qui ponctuent l'année au Japon ou encore dans tous les konbini. Mais revenons dans un premier temps aux *wagashi* traditionnels. S'ils sont un véritable plaisir gustatif, ils se doivent aussi et surtout de respecter les préceptes de la cérémonie du thé, à laquelle ils sont étroitement liés. En effet, ils émergent en même temps que cette dernière durant l'époque Edo (1603-1868), alors qu'elle est principalement réservée aux samouraïs et aux citoyens de la classe supérieure.

Les *wagashi* doivent refléter et mettre en valeur, avec délicatesse et poésie, le passage des saisons. Et, pour ceci, les maîtres pâtissiers disposent de plusieurs techniques car, peu ou prou, les ingrédients utilisés dans la confection de ces bijoux comestibles sont toujours identiques : de l'eau, du sucre et de l'anko – de la pâte de haricots rouges.

Les couleurs, tout d'abord : le rose clair est utilisé pour rappeler la couleur printanière des fleurs de cerisier et de prunier, le rouge a les reflets des feuilles d'automne, quand le blanc rappelle les flocons de neige. Les formes, ensuite : les *wagashi* évoluent dans l'univers végétal. Ainsi, on peut savourer une multitude de petites douceurs qui prennent la forme de fleurs mais aussi de fruits ou de feuilles.

Qu'en est-il des autres *wagashi*, ceux que l'on peut déguster sur le pouce lors d'un festival ou pour combler un petit creux en passant au konbini ? Nous avons tout d'abord le *taiyaki*, une pâtisserie en forme de poisson, inspirée de la daurade japonaise qui est associée à la bonne fortune. De couleur brun doré, croustillant à l'extérieur et moelleux à l'intérieur, le *taiyaki* est traditionnellement fourré de pâte de haricots rouges sucrée, mais les versions modernes incluent des garnitures telles que de la crème pâtissière ou du chocolat.

Autre pâtisserie star, le *dorayaki*, deux gâteaux moelleux, ressemblant à des petits pancakes, appelés *castella* (une génoise japonaise), entre lesquels on trouve généralement de l'anko, pour la version la plus classique. Mais ici aussi ses variantes se sont élargies, puisqu'il peut être être garni de crème fouettée, de chocolat ou encore de matcha. Le *dorayaki* est aussi célèbre pour être la pâtisserie préférée du non moins célèbre chat-robot Doraemon, issu de l'anime éponyme.

Mais il n'y a pas que les pâtisseries fourrées qui garnissent les étals des boulangeries ou des stands de *street food*. On y trouve par exemple des *dango*, ces brochettes de boulettes de riz tendres et moelleuses à base de farine de riz gluant. Il en existe plusieurs variétés, mais l'une des plus courantes est le *dango mitarashi*, qui est recouvert d'un glaçage au soja sucré, ou encore le *dango hanami*, servi pendant la saison des cerisier en fleur avec des boulettes roses, blanches et vertes. Enfin, un passage au Japon sans déguster de *melon pan* ne serait pas complet. Ce petit pain japonais sucré se compose d'un petit pain doux et moelleux, un peu comme un pain au lait, recouvert d'une couche extérieure croustillante. Cette dernière est fabriquée à partir d'une pâte comprenant du sucre, du beurre et de la farine. Malgré son nom, il n'a pas toujours un goût de melon !

POUR **4 MOCHIS** I TEMPS DE PRÉPARATION : **30 MINUTES** I TEMPS DE CUISSON : **12 MINUTES**

Mochi au matcha

Pour la pâte à mochis :

- 60 g de farine de riz gluant
- 60 g de sucre
- 74 g d'eau filtrée
- 3 g de poudre de matcha
- 1 poignée de fécule de pomme de terre

Pour la garniture :

- 100 g d'anko (pâte de haricots rouges)

Placez tous les ingrédients de la pâte à mochis, sauf la fécule de pomme de terre, dans un récipient et mélangez.

Transvasez le mélange dans un récipient plat et faites cuire à la vapeur pendant 12 min.

Pendant ce temps, formez quatre boules de 25 g d'anko.

Une fois la pâte à mochis cuite, placez-la dans un bol et mélangez jusqu'à obtenir une pâte bien gluante.

Saupoudrez un plat vide avec la fécule de pomme de terre.

Posez la pâte sur la fécule et coupez-la en quatre parts égales.

Prenez une part de cette pâte à mochis dans la main et placez au centre de celle-ci une portion d'anko. Façonnez une boule.

Dégustez dans les deux jours.

LE THÉ MATCHA, L'OR VERT JAPONAIS

Depuis une poignée d'années, le matcha est partout, des pâtisseries aux cafés branchés. Sa couleur vert vif reconnaissable entre mille inonde également les réseaux sociaux. Sauf qu'il faut savoir distinguer le bon grain de l'ivraie parmi ces poudres qui pullulent sur les rayonnages.

Matcha latte à la mousse onctueuse, cake, flan, tiramisu, mochi mais aussi guacamole ou omelette : le matcha s'immisce dans les cuisines et revisite les mets les plus classiques en leur apportant un trait d'amertume – que l'on adore ou que l'on déteste – et en les parant de son vert frais et vif. Plutôt peu consommé dans l'archipel, hors de la cérémonie du thé, le matcha s'est depuis quelques années popularisé en Occident, notamment grâce à ses vertus antioxydantes et anti-inflammatoires. Il est devenu l'ingrédient magique, tant pour lutter contre le vieillissement que pour afficher une peau exemplaire, exempte de toute imperfection. Mais sa notoriété se heurte de plus en plus à une limite : le matcha ne peut se récolter qu'une fois par an et le Japon n'en produit que très peu (par rapport au thé vert classique dont on consomme les feuilles infusées et non broyées). Le matcha que l'on retrouve donc dans les épiceries ou en ligne est pour bonne partie issu de récoltes plus tardives, amoindrissant ses qualités tant gustatives que nutritives, et mélangé à d'autres types de thé. Parfois, il ne provient même pas du Japon.

C'est au XIIe siècle, par l'intermédiaire des moines bouddhistes, que le thé fait son apparition au Japon, depuis la Chine. Si sa consommation est d'abord réservée au cercle très fermé des religieux, il s'étend ensuite à la haute société japonaise. Le matcha devient l'un des ingrédients phares du Japon traditionnel puisqu'il est l'élément clé de la cérémonie du thé. C'est autour de lui et de sa préparation que l'on se retrouve pour partager un moment entre clans dans le Japon féodal ou en famille de manière plus contemporaine.

Principales zones de culture

Si le matcha peut se cultiver dans tout l'archipel, à l'exception des zones les plus septentrionales, il existe principalement trois ères de cultures de celui-ci.

Uji, dans la préfecture de Kyoto : Uji est la région historique de production du matcha. Les saisons bien marquées, l'hiver plutôt doux et les étés pluvieux en font une terre propice à son développement. Le matcha d'Uji a un arôme profond et une saveur douce.

Nishio, dans la préfecture d'Aichi : située au sud de Nagoya, la région de Nishio, grâce à ses sols azotés, permet la culture de feuilles de thé à la saveur corsée. 97 % des feuilles récoltées sont exclusivement utilisées pour produire du matcha en poudre ou des wagashi, ces pâtisseries japonaises traditionnelles haut de gamme.

La région de Kagoshima, sur l'île de Kyushu : après Shizuoka, la préfecture de Kagoshima est la plus grande région de production de thé vert au Japon. Ce qui la distingue principalement dans sa culture du matcha est qu'elle est essentiellement biologique. Le sol de la région, volcanique, riche en nutriments, et ses étés particulièrement chauds, suivis d'une saison des pluies intense, donnent au thé un goût astringent particulièrement apprécié des Japonais.

La récolte du matcha

Le matcha est un thé dont on consomme l'intégralité des feuilles, broyées en fine poudre. Pour l'obtenir, il faut suivre une technique séculaire : trois semaines avant la récolte, qui débute généralement en mai, les plans de thé sont recouverts d'une natte de paille appelée *honzu*. Cet ombrage contraint la plante à puiser dans le sol le maximum de nutriments et à produire des acides aminés. Les feuilles sont ensuite récoltées. Pour stopper le processus d'oxydation, elles sont chauffées à la vapeur pendant quelques secondes avant d'être refroidies, séchées puis débarrassées de toute leur humidité en les passant au four à sancha. Elles sont ensuite disposées à plat, avant d'être broyées soit sur une meule de pierre, soit grâce à une machine automatisée. Dans le premier cas, 40 g de matcha sont réduits en poudre en une heure, contre 10 à 30 kg dans le second. Après la récolte, les théiers sont taillés pour produire les meilleures feuilles l'année suivante. Dans ces conditions, et pour obtenir un thé de matcha de qualité, une seule récolte par an est possible, limitant ainsi les volumes de production. Certaines entreprises repoussent la taille afin de pouvoir multiplier les récoltes au cours de la saison.

Les différentes gammes

Ainsi, il existe plusieurs types, plusieurs gammes de matcha. Il y a d'abord celui issu des premières récoltes et composé des premières feuilles, dites « feuilles d'Ichibancha », et des bourgeons. Il est le plus « pur », idéal pour une consommation classique, avec de l'eau chaude. Ensuite, on trouve celui issu des feuilles nibancha, celles de la deuxième récolte. Ici, les tiges peuvent être incorporées lors du broyage. La couleur de ce matcha est un peu plus terne, conservant néanmoins une saveur riche. Il est idéal pour être mélangé, dans un latte ou dans un cocktail par exemple. Enfin, il y a celui issu des feuilles récoltées plus tardivement dans la saison. Le matcha prend alors une teinte plus jaunâtre et est également plus amer. Il peut être utilisé pour les pâtisseries ou pour toute autre recette de cuisine.

POUR **4 DAIFUKU** | TEMPS DE PRÉPARATION : **30 MINUTES** | TEMPS DE CUISSON : **3 MINUTES**

Daifuku

Pour la pâte :

- 100 g de farine de riz gluant (ou shiratamako)
- 50 g de sucre
- 150 ml d'eau
- Fécule de maïs (Maïzena®)

Pour la garniture :

- 120 g d'anko (pâte de haricots rouges)

Divisez la pâte d'anko en 4 petites boules égales (environ 30 g chacune).

Dans un grand bol, mélangez la farine de riz gluant et le sucre. Ajoutez progressivement l'eau, tout en mélangeant pour obtenir une pâte lisse, sans grumeaux. Une fois bien mélangée, couvrez le bol avec un film plastique et faites chauffer au micro-ondes pendant 1 min 30 s à 600 W.

Sortez la pâte, remuez avec une spatule humide (attention, c'est chaud), puis remettez-la au micro-ondes pour 1 à 1 min 30 de plus. La pâte doit être épaisse et collante, légèrement translucide.

Saupoudrez généreusement une surface de travail propre avec de la fécule de maïs pour éviter que la pâte ne colle. Déposez la pâte de mochi cuite sur la surface, et saupoudrez également de la fécule de maïs sur le dessus.

Avec vos mains farinées ou une spatule, étalez doucement la pâte jusqu'à ce qu'elle ait environ 0,5 cm d'épaisseur. Coupez la pâte en 4 parts égales.

Prenez une portion de pâte et aplatissez-la délicatement pour obtenir un cercle. Placez une boule d'anko au centre de la pâte, puis refermez-la en pinçant les bords pour bien sceller la pâte autour de la garniture.

Retournez le daifuku pour que la partie scellée soit en dessous. Répétez l'opération pour les autres.

Les daifuku se dégustent immédiatement ou peuvent être conservés quelques heures à température ambiante. Ils sont meilleurs frais.

POUR **12 DAIFUKU** | TEMPS DE PRÉPARATION : **30 MINUTES** | TEMPS DE CUISSON : **10 MINUTES**

Ichigo daifuku

- 135 g de sucre
- 265 ml d'eau froide
- 150 g de farine de riz gluant
- 10 fraises
- 300 g d'anko
- 50 g de fécule de pomme de terre
- Sucre glace (facultatif)

Portez à ébullition le sucre et l'eau dans une casserole et mélangez. Hors du feu, ajoutez la farine de riz. Remuez jusqu'à obtenir une pâte bien lisse, puis remettez sur le feu 2 min en remuant régulièrement.

Éteignez le feu et laissez refroidir 15 min en remuant de temps en temps. Faites une boule de la taille d'une grosse noix, puis aplatissez-la. Faites-en 12.

Enrobez les fraises d'anko, puis placez-en une au centre de chaque boule de pâte. Saupoudrez vos mains et les boules de fécule de pomme de terre pour empêcher la pâte de coller et pincez les bords ensemble pour fermer.

Saupoudrez de farine de riz ou de sucre glace.

POUR **12 MITARASHI DANGO** | TEMPS DE PRÉPARATION : **30 MINUTES** | TEMPS DE CUISSON : **10 MINUTES**

Mitarashi dango

Pour les dango (boulettes) :

- 100 g de farine de riz gluant (shiratamako ou mochiko)
- 80 ml d'eau chaude
- Fécule de maïs

Pour la sauce mitarashi :

- 2 cuil. à soupe de sucre
- 2 cuil. à soupe de sauce soja
- 1 cuil. à soupe de mirin (ou un peu de miel ou de sirop d'érable pour remplacer)
- 1 cuil. à soupe de fécule de maïs
- 60 ml d'eau

Matériel :

- Brochettes en bois (facultatif, mais typique)

Dans un grand bol, mélangez la farine de riz gluant avec l'eau chaude petit à petit. Pétrissez bien jusqu'à obtenir une pâte lisse et souple. Elle doit être légèrement collante, mais suffisamment ferme pour former des boules.

Divisez la pâte en 12 portions égales et roulez-les en petites boules de taille uniforme (environ 2 à 3 cm de diamètre chacune). Saupoudrez de fécule de maïs pour éviter que la pâte ne colle.

Faites bouillir une grande casserole d'eau. Plongez délicatement les boulettes dans l'eau bouillante. Elles vont d'abord couler, puis remonter à la surface au bout de quelques minutes (environ 3 à 5 min). Une fois qu'elles flottent, laissez-les encore cuire 1 à 2 min.

Retirez les boulettes à l'aide d'une écumoire et plongez-les immédiatement dans un bol d'eau glacée pour stopper la cuisson. Laissez-les refroidir quelques minutes, puis égouttez-les.

Dans une petite casserole, mélangez tous les ingrédients de la sauce mitarashi.

Faites chauffer le mélange à feu moyen en remuant constamment. La sauce va commencer à épaissir au bout de quelques minutes. Une fois qu'elle a une consistance sirupeuse, retirez-la du feu.

Enfilez 4 boulettes de dango par brochette (facultatif, vous pouvez aussi les servir sans brochette). Disposez les brochettes sur une assiette et nappez généreusement de sauce mitarashi chaude.

POUR **4 MANJU** | TEMPS DE PRÉPARATION : **30 MINUTES** | TEMPS DE CUISSON : **12 MINUTES**

Manju

Pour la pâte :

- 100 g de farine
- ½ cuil. à café de levure chimique
- 40 g de sucre
- 50 ml d'eau
- 1 cuil. à soupe de miel (ou sirop d'érable pour une alternative)

Pour la garniture :

- 120 g d'anko (pâte de haricots rouges)

Matériel :

- Cuiseur vapeur

Si vous utilisez de la pâte d'anko prête à l'emploi, divisez-la en 4 portions égales (environ 30 g par portion) et formez des petites boules. Réservez.

Dans un bol, tamisez la farine et la levure chimique ensemble.

Dans un autre bol, mélangez le sucre, l'eau et le miel jusqu'à ce que le sucre soit bien dissous.

Versez les ingrédients liquides dans la farine et mélangez bien jusqu'à obtenir une pâte homogène et légèrement collante. Si la pâte est trop collante, ajoutez un peu de farine supplémentaire, 1 cuil. à café à la fois.

Sur une surface légèrement farinée, divisez la pâte en 4 parts égales. Aplatissez chaque portion de pâte en un petit cercle d'environ 8 cm de diamètre.

Placez une boule d'anko au centre de chaque cercle de pâte, puis refermez doucement la pâte autour de la garniture, en pinçant bien les bords pour sceller. Roulez délicatement chaque manju entre vos mains pour lui donner une forme ronde et lisse.

Préparez un cuiseur vapeur. Si vous n'en avez pas, vous pouvez utiliser une passoire en métal placée au-dessus d'une casserole d'eau bouillante avec un couvercle. Tapissez le fond du cuiseur vapeur avec du papier sulfurisé pour éviter que les manju ne collent.

Placez délicatement les manju dans le cuiseur, en veillant à les espacer pour éviter qu'ils ne se touchent. Faites-les cuire à la vapeur pendant 10 à 12 min à feu moyen, jusqu'à ce que la pâte soit légèrement gonflée et cuite.

Laissez les manju refroidir légèrement avant de les déguster. Ils peuvent être servis chauds ou à température ambiante.

EXPLORER LES SAVEURS ÉTRANGES DU JAPON

Des graines de soja fermentées à la pâte de haricots rouges en passant par la prune saumurée, voici un plongeon dans les saveurs les plus intrigantes du Japon.

Si de multiples spécialités sont devenues familières aux palais occidentaux, le Japon offre également un éventail de saveurs qui peuvent sembler étranges ou étonnantes à ceux qui y goûtent pour la première fois. Ces aliments n'ont pas forcément bonne réputation auprès des visiteurs occidentaux, pourtant ils sont consommés régulièrement par les Japonais, alors on ne peut que vous encourager à tenter l'expérience pour saisir ce qu'est le « vrai » goût du Japon.

Le natto

Il s'agit de graines de soja fermentées dont la texture collante et filandreuse peut prendre les nouveaux venus au dépourvu. Le natto a une saveur unique, souvent décrite comme un mélange de noix, de terre et d'amertume. Certains comparent même le natto aux fromages forts, comme le bleu, quand d'autres trouvent son odeur si puissante qu'elle rappellerait celle de l'ammoniaque, ce qui peut constituer un obstacle pour les dégustateurs débutants.

Les haricots sont collants et gluants, ce qui ne fait qu'ajouter à l'expérience non conventionnelle. Souvent consommé au petit-déjeuner, le natto est riche en protéines, en fibres, en vitamines et en probiotiques. Il est considéré comme un superaliment au Japon.

L'anko

L'anko est une pâte de haricots rouges, fabriquée à partir de haricots azuki, qui entre dans la confection de nombreuses pâtisseries traditionnelles japonaises, comme le dorayaki, le taiyaki ou encore le mochi.

Sa texture légèrement granuleuse, proche de la crème de marrons, son goût aux nuances un peu terreuses et son faible taux de sucre peuvent surprendre les personnes habituées aux desserts occidentaux à teneur plutôt importante en sucre.

Il existe deux types principaux d'anko : le *koshian*, confectionné à partir de haricots rouges dont on a retiré la peau et qui ont été broyés après la cuisson, et le *tsubuan*, élaboré avec les haricots entiers qui sont uniquement bouillis avec du sucre.

Le shiso

Le shiso est une plante aromatique, au goût vif, frais et légèrement poivré avec une pointe d'agrume. Certains y décèlent même une touche d'anis ou de cannelle. Il est aromatique et laisse bien souvent comme une sensation de picotement sur la langue.

Les feuilles de shiso peuvent être utilisées crues dans les salades, comme garniture pour les sashimis, ou marinées et servies avec du riz. Mais elles sont aussi souvent associées à des plats aux saveurs plus riches afin d'y apporter un contraste rafraîchissant.

Par ailleurs, les propriétés médicinales de cette plante, notamment ses bienfaits pour la digestion, en font une plante populaire dans la médecine traditionnelle japonaise.

L'umeboshi

L'umeboshi est l'un des aliments les plus traditionnels du Japon. Il s'agit d'une prune marinée réputée pour son goût à la croisée des saveurs salées, acides et légèrement fruitées. Une combinaison notamment obtenue grâce au processus de saumurage.

L'umeboshi est appréciée pour ses bienfaits digestifs et sa capacité à équilibrer les saveurs d'un repas. Historiquement, l'umeboshi était utilisée pour prévenir la détérioration des aliments, en particulier lorsqu'ils étaient emballés avec du riz dans les bentos : le processus de saumurage crée un environnement très acide qui décourage la croissance bactérienne, ce qui en fait un conservateur naturel.

Le katsuobushi

Le katsuobushi, des flocons de bonite séchée, est un ingrédient clé dans de nombreux plats japonais, notamment le bouillon dashi, les okonomiyaki (une sorte d'omelette) ou encore les takoyaki (boulettes de poulpe). Le processus de fermentation et de séchage confère à la bonite un caractère profond, riche en umami, qui est au cœur de la cuisine japonaise, mais son arôme de poisson fortement marqué et sa saveur fumée peuvent décourager les néophytes. Les flocons de katsuobushi ont une texture presque semblable à du papier ils semblent virevolter sur le plat une fois déposés sur celui-ci.

POUR **12 DORAYAKI** | TEMPS DE PRÉPARATION : **30 MINUTES** | Temps de repos : **1 H** | TEMPS DE CUISSON : **10 MINUTES**

Dorayaki à l'anko

Pour la pâte à dorayaki :

- 180 g d'œufs (environ 3 œufs)
- 1 cuil. à café de bicarbonate de soude (à diluer dans 1 cuil. à café d'eau)
- 15 g de mirin
- 15 g de miel
- 160 g de sucre
- 180 g de farine
- 15 g de beurre fondu
- 30-40 ml de lait

Pour la garniture :

- 300 g d'anko (pâte de haricots rouges)

Battez les œufs dans un bol. Ajoutez le bicarbonate, le mirin et le miel en mélangeant bien à chaque étape. Ajoutez le sucre et mélangez. Ajoutez la farine et mélangez. Enfin, ajoutez le lait et le beurre fondu. Mélangez.

Laissez reposer la pâte au frigo au moins 1 h.

Faites cuire la pâte sur une plaque ou dans une poêle à feu doux. Versez l'équivalent de 2 à 3 cuil. à soupe de pâte pour former une mini-crêpe d'environ 8 à 10 cm ; retournez-la délicatement dès que de petites bulles apparaissent à la surface. Recommencez jusqu'à obtenir 24 crêpes. (Versez toujours la même quantité de pâte pour que les dorayaki soient de taille identique.)

Lorsque les 24 crêpes sont cuites, prenez-en une, recouvrez-la de 25 g d'anko et recouvrez le tout d'une autre crêpe pour former un sandwich. Vous obtiendrez ainsi 12 dorayaki.

POUR **10 DORAYAKI** | TEMPS DE PRÉPARATION : **30 MINUTES** | Temps de repos : **15 MINUTES** | TEMPS DE CUISSON : **10 MINUTES**

Dorayaki à la confiture

Pour la pâte à dorayaki :

- 2 gros œufs
- 100 g de sucre
- 1 cuil. à café d'extrait de vanille
- 160 g de farine
- 1 cuil. à café de levure chimique
- 2 cuil. à soupe de miel
- 2 cuil. à soupe d'eau

Pour la garniture et la cuisson :

- Anko (pâte de haricots rouges), selon vos goûts
- Huile ou beurre (facultatif)

Dans un bol, battez les œufs et le sucre jusqu'à obtenir un mélange mousseux. Ajoutez l'extrait de vanille et mélangez.

Dans un autre bol, tamisez ensemble la farine et la levure chimique. Ajoutez progressivement le mélange de farine tamisée au mélange œufs-sucre en mélangeant doucement avec une spatule pour éviter de trop mélanger. Ajoutez le miel et l'eau dans la pâte, et mélangez jusqu'à obtenir une consistance lisse. Laissez reposer la pâte 15 min environ pour permettre à la levure de faire effet.

Chauffez une poêle antiadhésive à feu moyen. Si nécessaire, vous pouvez la graisser légèrement avec un peu d'huile ou de beurre. Versez environ ¼ de tasse de pâte dans la poêle chaude pour former un petit pancake. Laissez cuire jusqu'à ce que des bulles se forment à la surface, puis retournez le pancake et faites cuire l'autre côté jusqu'à ce qu'il soit doré. Répétez le processus pour le reste de la pâte, en ajustant la taille des pancakes à votre goût.

Une fois les pancakes cuits, laissez-les refroidir légèrement. Étalez 1 cuil. à soupe généreuse d'anko sur la moitié des pancakes. Assemblez les dorayaki en déposant un pancake non garni sur un pancake garni d'anko, comme pour former un sandwich.

POUR **6 TAIYAKI** | TEMPS DE PRÉPARATION : **30 MINUTES** | TEMPS DE CUISSON : **35 MINUTES**

Taiyaki

Pour la pâte :

- 1 œuf
- 1 cuil. à soupe de sucre
- 100 ml de lait
- 1 cuil. à soupe d'eau
- 1 cuil. à soupe de miel (facultatif, pour plus de douceur)
- 100 g de farine
- ½ cuil. à café de levure chimique

Pour la garniture :

- 150 g d'anko (pâte de haricots rouges) ou de la crème pâtissière, du chocolat, etc.

Matériel :

- Un moule à taiyaki (disponible en ligne ou dans certains magasins spécialisés)

Dans un bol, battez l'œuf et le sucre jusqu'à obtenir un mélange homogène.

Ajoutez le lait, l'eau et le miel (si vous en utilisez), et mélangez bien.

Tamisez ensemble la farine et la levure chimique, puis incorporez les progressivement au mélange liquide. Remuez jusqu'à obtenir une pâte lisse, sans grumeaux.

Divisez la pâte d'anko en 6 portions égales (environ 25 g chacune) et formez des petites boules. Si vous utilisez une autre garniture, préparez-la également à l'avance.

Faites chauffer votre moule à taiyaki sur feu moyen et huilez légèrement les deux côtés du moule pour éviter que la pâte ne colle. Versez une petite quantité de pâte dans un côté du moule, en veillant à couvrir toute la surface du moule en forme de poisson (environ ⅓ du moule). Placez une boule d'anko ou de garniture au centre de la pâte. Recouvrez ensuite avec une autre fine couche de pâte pour bien enfermer la garniture.

Fermez le moule et faites cuire pendant environ 2 à 3 min de chaque côté, jusqu'à ce que le taiyaki soit bien doré et croustillant à l'extérieur. Tournez le moule plusieurs fois pour obtenir une cuisson uniforme.

Répétez l'opération avec le reste de la pâte et de la garniture pour obtenir 6 taiyaki.

POUR **2 PERSONNES** | TEMPS DE PRÉPARATION : **30 MINUTES** | TEMPS DE CUISSON : **30 MINUTES** | TEMPS DE REPOS : **2 H**

Anmitsu

- 100 g de gelée d'agar-agar
- 400 ml d'eau
- 50 g de sucre
- 100 g de mochis (tout prêts, dans le commerce)
- Fruits au choix (par exemple : fraises, kiwis, oranges), coupés en morceaux ou en tranches
- 100 g d'anko (pâte de haricots rouges)
- Sirop d'agave ou sirop de sucre brun, pour napper (facultatif)

Dans une casserole, mélangez la gelée d'agar-agar et le sucre. Ajoutez l'eau et chauffez à feu moyen. Remuez constamment jusqu'à ce que le mélange atteigne une texture lisse et uniforme. Portez à ébullition et laissez mijoter pendant environ 2 à 3 min. Retirez du feu et laissez refroidir légèrement.

Versez la gelée dans des moules individuels ou dans un plat peu profond. Laissez refroidir à température ambiante, puis réfrigérez jusqu'à ce que la gelée soit prise (environ 2 h).

Une fois la gelée prise, coupez-la en cubes de taille appropriée. Disposez les cubes avec des mochis et des morceaux de fruits dans des bols individuels.

Déposez 1 cuil. d'anko sur le dessus de chaque bol. Si vous le souhaitez, vous pouvez napper l'anmitsu avec un peu de sirop d'agave ou de sirop de sucre brun pour un goût plus sucré.

POUR **2 GÂTEAUX** | TEMPS DE PRÉPARATION : **30 MINUTES** | TEMPS DE CUISSON : **10 MINUTES** | TEMPS DE REPOS : **15 MINUTES**

Yokan

- 1 g d'agar-agar (environ ½ cuil. à café)
- 100 ml d'eau
- 100 g d'anko (pâte de haricots rouges)
- 1 cuil. à café de sucre (facultatif, selon la douceur de l'anko)

Dans une petite casserole, mélangez l'agar-agar avec l'eau froide. Laissez reposer pendant quelques minutes pour que l'agar-agar commence à se dissoudre.

Chauffez ensuite à feu moyen tout en remuant constamment jusqu'à ce que l'agar-agar soit complètement dissous (environ 2 min après ébullition). Assurez-vous qu'il n'y ait pas de grumeaux.

Ajoutez l'anko dans la casserole et mélangez bien. Si vous souhaitez un yokan plus sucré, ajoutez 1 cuil. à café de sucre et mélangez jusqu'à dissolution.

Continuez à chauffer et remuez pendant encore 1 à 2 min jusqu'à ce que le mélange soit bien homogène et légèrement épaissi.

Versez le mélange dans un petit moule rectangulaire ou dans des ramequins individuels. Tapotez doucement le moule sur une surface plane pour lisser la pâte et enlever les bulles d'air.

Laissez refroidir à température ambiante, puis placez le moule au réfrigérateur pendant au moins 1 h pour que le yokan prenne bien.

Une fois le yokan bien pris, démoulez-le doucement (si vous l'avez mis dans un moule rectangulaire, vous pouvez le couper en petits blocs) et servez-le froid.

POUR **4 PORTIONS** | TEMPS DE PRÉPARATION : **30 MINUTES** | TEMPS DE CUISSON : **10 MINUTES**

Zenzai

Pour les mochis :

- 50 g de farine de riz gluant (ou shiratamako)
- 50 ml d'eau
- Fécule de maïs (pour éviter que le mochi colle après cuisson)

Pour le zenzai :

- 150 g d'anko (pâte de haricots rouges) ou haricots azuki en boîte sucrés
- 300 ml d'eau
- 1 cuil. à soupe de sucre (facultatif, selon la douceur de l'anko)

Dans un bol, mélangez la farine de riz gluant avec l'eau jusqu'à obtenir une pâte lisse.

Couvrez le bol avec un film plastique et faites chauffer la pâte au micro-ondes pendant 1 min. Remuez, puis faites chauffer encore 30 s à 1 min jusqu'à ce que la pâte devienne légèrement translucide et collante.

Sur une surface saupoudrée de fécule de maïs, divisez la pâte en 4 petites portions et formez des boules de mochi. Saupoudrez-les de fécule pour éviter qu'elles ne collent entre elles. Réservez.

Dans une petite casserole, mélangez l'anko avec l'eau. Si vous utilisez des haricots azuki en boîte, vous pouvez aussi les mélanger avec de l'eau pour obtenir une consistance plus fluide.

Portez à ébullition à feu moyen en remuant de temps en temps. Si vous souhaitez un goût plus sucré, ajoutez 1 cuil. à soupe de sucre.

Laissez mijoter à feu doux pendant 5 à 10 min jusqu'à ce que la soupe ait une consistance légèrement épaisse et homogène.

Pendant que le zenzai mijote, faites griller les mochis légèrement à la poêle ou au four (en option). Le grillage donne un côté croustillant aux mochis qui contraste avec la texture douce du zenzai.

Versez la soupe de haricots rouges chaude dans des bols individuels et ajoutez les boules de mochi grillées ou nature par-dessus.

POUR **2 PERSONNES** | TEMPS DE PRÉPARATION : **30 MINUTES** | TEMPS DE CUISSON : **30 MINUTES**

Castella de Kyushu

- 400 g d'œufs (6 ou 7 œufs)
- 2 jaunes d'œufs
- 400 g de sucre
- 40 g de miel
- 30 g de sirop d'amidon
- 90 ml d'eau
- 200 g de farine

Préchauffez le four à 170 °C (th. 5-6).

Tapissez un moule rectangulaire (18 cm × 26 cm × 8 cm de hauteur, ou 2 moules à cake) de papier cuisson.

Dans un grand bol au bain-marie, battez les œufs, les jaunes d'œuf, le sucre, le miel et le sirop d'amidon et montez au ruban. Sortez du bain-marie.

Ajoutez l'eau, mélangez, puis ajoutez la farine tamisée en pluie et incorporez-la.

Versez l'appareil dans le moule. Commencez à cuire au four à 170 °C (th. 5-6).

Au bout de 1 min de cuisson, sortez le moule du four et écrasez légèrement la surface à l'aide d'une spatule en bois pour casser la croûte et les bulles qui se forment à la surface. Remettez au four.

Au bout de 1 min de cuisson, sortez le moule du four et incisez légèrement au milieu la préparation pour supprimer les bulles qui apparaissent. Introduisez une spatule à 3 cm de profondeur, faites lentement trois fois un « S ». Remettez au four.

Au bout de 1 min de cuisson, sortez le moule du four. Introduisez la spatule, cette fois-ci jusqu'au fond du moule, et faites trois fois un « S », sans mélanger de haut en bas. Remettez au four. Continuez de cuire à 170 °C (th. 5-6), 30 min.

Couvrez le moule ou placez une plaque de cuisson dessus. Baissez la température à 150 °C (th. 5), et faites cuire encore 30 à 35 min.

Sortez du four, déposez une feuille de papier cuisson à la surface du castella pour éviter qu'il ne sèche, et démoulez. Laissez refroidir. Coupez des tranches épaisses et dégustez froid.

POUR **3 SANDO** | TEMPS DE PRÉPARATION : **20 MINUTES** | TEMPS DE REPOS : **1H**

Sando aux fruits

- 6 tranches de pain de mie
- 9 fraises, sans leur calice
- 9 cubes de 2 cm × 2 cm d'ananas
- 2 kiwis, épluchés et coupés en quatre dans la longueur (vous pouvez aussi utiliser de la banane, des raisins blancs, des nectarines…)
- 200 ml de crème liquide entière
- 20 g de sucre

Placez le bol, les fouets de votre robot et la crème liquide au congélateur 10 min.

Coupez et préparez les fruits comme indiqué dans la liste des ingrédients.

Sortez le bol, la crème et les fouets du congélateur. Versez la crème dans le bol, ajoutez la moitié du sucre et battez. Lorsque la crème commence à monter, ajoutez le reste du sucre. Battez jusqu'à obtenir une crème fouettée assez ferme.

Posez une belle couche de crème fouettée (la moitié de la totalité de la crème) sur 3 tranches de pain de mie et étalez de manière homogène, sans en mettre sur le bord car cela peut déborder lorsqu'on referme le sando.

Posez ensuite les fruits sur la couche de crème, en dessinant un « X ». Vous pouvez faire un sando fraise, un sando kiwi et un sando ananas, ou mélanger les trois fruits dans un même sandwich.

Recouvrez avec le reste de la crème, puis refermez les sando avec les dernières tranches de pain.

Enveloppez les sando de film alimentaire et laissez reposer au frais 1 h.

Coupez les croûtes du pain (facultatif), puis coupez les sando en quatre, en suivant les diagonales dessinées par les fruits, pour obtenir quatre triangles égaux. Dégustez frais.

POUR **2 SANDO** | TEMPS DE PRÉPARATION : **35 MINUTES** | TEMPS DE CUISSON : **3 MINUTES**

Sando poire pochée au thé vert et aux épices

- 2 poires Conférence
- 4 tranches de pain de mie
- 10 g d'amandes effilées
- 5 cl de sirop d'érable
- Le zeste de ½ citron jaune

Pour le sirop d'épices :

- ½ l d'eau
- 150 g de sucre cassonade
- 1 bâtonnet de cannelle
- 2 étoiles de badiane
- 1 zeste d'orange
- ½ gousse de vanille
- 1 sachet de thé vert genmaicha

Lavez et épluchez les poires, et enlevez le pédoncule. Réservez-les dans une eau citronnée.

Préparez le sirop d'épices. Dans une casserole, mettez l'eau, le sucre de cassonade, les épices et faites bouillir à feu vif. Ajoutez le sachet de thé vert genmaicha et laissez infuser hors du feu.

Refaites bouillir le sirop d'épices avec les poires dedans. Pour la cuisson des poires, plantez un petit couteau au milieu d'une des poires. S'il n'y a pas d'obstruction, laissez refroidir les fruits dans le sirop à température ambiante. Plus les poires resteront dans le sirop, plus elles auront infusé et auront le goût de thé et d'épices.

Au four, sur une plaque de cuisson, colorez les amandes effilées avec du sirop d'érable à 200 °C (th. 6-7) durant 2 à 3 min.

Coupez les poires en deux et épépinez-les, puis émincez-les finement et disposez-les sur le pain. Ajoutez les amandes torréfiées et zestez un citron jaune. Le sando est prêt à être dégusté.

POUR **4 PERSONNES** | TEMPS DE PRÉPARATION : **30 MINUTES** | TEMPS DE CUISSON : **50 MINUTES** | TEMPS DE REPOS : **2 H**

Purin

Pour le caramel :

- 100 g de sucre
- 2 cuil. à soupe d'eau
- 1 cuil. à soupe d'eau chaude (pour arrêter la cuisson)

Pour le flan (purin) :

- 3 œufs
- 50 g de sucre
- 400 ml de lait
- 1 cuil. à café d'extrait de vanille

Dans une petite casserole, ajoutez les 100 g de sucre et les 2 cuil. à soupe d'eau. Faites chauffer à feu moyen sans remuer, jusqu'à ce que le mélange prenne une belle couleur ambrée.

Une fois que le caramel a atteint la bonne couleur, retirez la casserole du feu et ajoutez 1 cuil. à soupe d'eau chaude (attention aux éclaboussures). Versez immédiatement le caramel dans des ramequins, en le répartissant uniformément.

Préchauffez votre four à 150 °C (th. 5).

Dans un bol, battez les œufs avec le sucre jusqu'à ce que le mélange soit homogène.

Faites chauffer le lait à feu doux, sans le faire bouillir, puis retirez du feu. Ajoutez l'extrait de vanille.

Versez doucement le lait chaud dans le mélange œufs-sucre tout en fouettant pour éviter de cuire les œufs. Passez ce mélange au tamis pour éliminer d'éventuels grumeaux puis versez la préparation dans les ramequins, sur le caramel.

Placez les ramequins dans un grand plat allant au four. Ajoutez de l'eau chaude dans le plat (bain-marie) jusqu'à la moitié de la hauteur des ramequins.

Enfournez à 150 °C (th. 5) pendant environ 40 à 50 min, jusqu'à ce que les flans soient fermes mais encore légèrement tremblotants au centre.

Laissez refroidir à température ambiante, puis réfrigérez au moins 2 h avant de servir.

Pour démouler, passez délicatement un couteau le long des bords des ramequins. Retournez-les sur des petites assiettes et laissez le caramel couler sur le dessus du flan.

POUR **4 PERSONNES** | TEMPS DE PRÉPARATION : **35 MINUTES** | TEMPS DE CUISSON : **15 MINUTES** | TEMPS DE REPOS : **4 H**

Hojicha pudding

- 2 feuilles de gélatine (ou 4 g de gélatine en poudre)
- 500 ml de lait entier
- 10 g de thé hojicha (ou 3-4 sachets de hojicha)
- 50 g de sucre
- 200 ml de crème liquide
- 1 cuil. à café d'extrait de vanille (facultatif)

Si vous utilisez des feuilles de gélatine, faites-les tremper dans de l'eau froide pendant environ 5 à 10 min, jusqu'à ce qu'elles ramollissent. Si vous utilisez de la gélatine en poudre, dissolvez-la dans 2 cuil. à soupe d'eau froide et laissez-la gonfler pendant environ 5 min.

Dans une casserole, faites chauffer le lait à feu moyen jusqu'à frémissement (sans le faire bouillir). Retirez du feu et ajoutez les feuilles ou les sachets de hojicha dans le lait chaud. Laissez infuser pendant environ 5 min pour que le lait prenne la saveur du thé. Plus vous laissez infuser, plus le goût de hojicha sera prononcé. Filtrez le lait pour retirer les feuilles de thé ou les sachets.

Remettez le lait infusé au hojicha dans la casserole, ajoutez le sucre et chauffez doucement pour bien le dissoudre. Une fois le sucre dissous, retirez la casserole du feu et ajoutez la gélatine ramollie (ou la gélatine dissoute dans l'eau, si vous utilisez la version en poudre). Mélangez bien pour que la gélatine soit complètement incorporée. Ajoutez la crème liquide et, si vous le souhaitez, l'extrait de vanille pour un goût plus doux. Mélangez bien jusqu'à obtenir un mélange homogène.

Versez la préparation dans des petits ramequins ou des verrines.

Laissez refroidir à température ambiante, puis placez-les au réfrigérateur pendant au moins 4 h, ou jusqu'à ce que le pudding soit bien pris.

POUR **4 PERSONNES** | TEMPS DE PRÉPARATION : **40 MINUTES** | TEMPS DE CUISSON : **15 MINUTES** | TEMPS DE REPOS : **6 H**

Glace au matcha

- 2 cuil. à soupe de poudre de matcha (thé vert en poudre)
- 2 cuil. à soupe d'eau chaude
- 3 jaunes d'œufs
- 100 g de sucre
- 250 ml de lait entier
- 250 ml de crème liquide entière

Dans un petit bol, mélangez les 2 cuil. à soupe de poudre de matcha avec les 2 cuil. à soupe d'eau chaude. Fouettez bien pour dissoudre la poudre et éviter les grumeaux. Vous devriez obtenir une pâte lisse. Réservez.

Dans un bol, battez les jaunes d'œufs avec le sucre jusqu'à ce que le mélange devienne pâle et crémeux.

Dans une casserole, faites chauffer le lait et la crème entière à feu moyen, sans faire bouillir. Lorsque le mélange commence à frémir, retirez-le du feu.

Versez lentement le lait chaud sur le mélange œufs-sucre tout en fouettant constamment pour éviter que les œufs ne cuisent.

Remettez la préparation dans la casserole et faites cuire à feu doux, en remuant constamment avec une spatule en bois, jusqu'à ce que le mélange épaississe légèrement et nappe le dos de la cuillère. Ne laissez pas le mélange bouillir pour éviter de cailler les œufs.

Retirez du feu et passez la crème anglaise au tamis pour enlever les éventuels grumeaux.

Incorporez le mélange de matcha dans la crème anglaise chaude. Fouettez bien pour que le matcha soit parfaitement intégré et que la couleur soit homogène.

Laissez refroidir à température ambiante, puis placez au réfrigérateur pendant au moins 2 h pour que la préparation soit bien froide.

1. Turbinage (si vous avez une sorbetière)

Une fois le mélange refroidi, versez-le dans votre sorbetière et faites tourner selon les instructions de l'appareil, jusqu'à obtenir une consistance crémeuse et glacée (environ 20 à 30 min).

Transférez la glace dans un récipient hermétique et placez-la au congélateur pendant 2 à 4 h pour qu'elle raffermisse davantage.

2. Sans sorbetière

Si vous n'avez pas de sorbetière, versez la préparation dans un récipient adapté et placez-la au congélateur.

Remuez la glace toutes les 30 min à l'aide d'une fourchette ou d'un fouet pour briser les cristaux de glace et obtenir une texture plus onctueuse. Répétez cette opération 4 à 5 fois jusqu'à ce que la glace soit bien prise.

Sortez la glace du congélateur 5 à 10 min avant de la servir, pour qu'elle ramollisse légèrement.

POUR **4 PERSONNES** | TEMPS DE PRÉPARATION : **40 MINUTES** | TEMPS DE CUISSON : **15 MINUTES** | TEMPS DE REPOS : **6 H**

Glace au sésame noir

- 3 cuil. à soupe de pâte de sésame noir (ou 50 g de graines de sésame noir grillées)
- 3 jaunes d'œufs
- 100 g de sucre
- 250 ml de lait entier
- 250 ml de crème liquide entière
- 2 cuil. à soupe de miel (facultatif)

Si vous utilisez des graines de sésame noir et que vous n'avez pas de pâte toute prête, faites griller 50 g de graines de sésame noir dans une poêle à feu moyen pendant environ 5 min, jusqu'à ce qu'elles soient bien odorantes. Remuez régulièrement pour éviter qu'elles ne brûlent.

Laissez refroidir, puis mixez les graines dans un petit robot mixeur ou un moulin à épices jusqu'à obtenir une pâte lisse. Vous pouvez ajouter un peu d'huile neutre (comme de l'huile de sésame) pour aider à obtenir une consistance plus crémeuse.

Dans un bol, fouettez les jaunes d'œufs avec le sucre jusqu'à ce que le mélange soit bien pâle et crémeux.

Dans une casserole, faites chauffer le lait à feu moyen jusqu'à frémissement (sans le faire bouillir).

Versez lentement le lait chaud sur le mélange œufs-sucre tout en fouettant constamment pour éviter que les œufs ne cuisent.

Remettez la préparation dans la casserole et faites cuire à feu doux, en remuant constamment, jusqu'à ce que la crème épaississe légèrement et nappe le dos d'une cuillère. Attention à ne pas faire bouillir pour éviter de cailler les œufs.

Retirez du feu et passez la crème anglaise au tamis pour éliminer les éventuels grumeaux.

Incorporez la pâte de sésame noir dans la crème anglaise encore chaude et fouettez bien pour obtenir un mélange homogène. Si vous voulez une touche de douceur supplémentaire, ajoutez 2 cuil. à soupe de miel à cette étape.

Laissez refroidir à température ambiante, puis placez la préparation au réfrigérateur pendant au moins 2 h pour qu'elle refroidisse complètement.

1. Turbinage (avec une sorbetière)

Une fois la préparation bien froide, versez-la dans votre sorbetière et faites tourner selon les instructions de l'appareil, jusqu'à ce que la glace prenne une consistance crémeuse (environ 20 à 30 min).

Transférez la glace dans un récipient hermétique et placez-la au congélateur pendant 2 à 4 h pour qu'elle raffermisse.

2. Sans sorbetière

Si vous n'avez pas de sorbetière, versez la préparation dans un récipient plat et placez-la au congélateur.

Remuez la glace toutes les 30 min avec une fourchette ou un fouet pour briser les cristaux de glace et obtenir une texture crémeuse. Répétez cette opération environ 4 à 5 fois jusqu'à ce que la glace soit prise.

Sortez la glace du congélateur 5 à 10 min avant de la servir, pour qu'elle ramollisse légèrement.

POUR **4 PERSONNES** | TEMPS DE PRÉPARATION : **10 MINUTES** | TEMPS DE CUISSON : **1 H 30**

Yaki imo

- 4 patates douces japonaises

Lavez les patates douces et coupez les extrémités. N'essuyez pas, mais conservez-les humides.

Enroulez chacune dans du papier d'aluminium un peu froissé au préalable. Ne les enveloppez pas trop serrées, laissez une couche d'air pour une meilleure cuisson.

Faites cuire au four à 140 °C (th. 4-5), 90 à 120 min selon la taille des patates.

La cuisson est terminée lorsque vous pouvez enfoncer dedans un pic en bambou facilement.

Dégustez chaud ou froid, avec la peau si possible.

BOISSONS

pages 292-303

L'ART DE LA DÉGUSTATION DU THÉ

La cérémonie du thé fait partie des trois arts traditionnels japonais aux côtés de l'ikebana, l'art de l'arrangement floral, et du kodo, celui d'apprécier les parfums. Soumise à des rituels très codifiés, elle représente la quintessence de la culture nippone.

Le cadre sobre et épuré d'une maison de thé, les ustensiles de bois et de bambou qui traversent les âges, la maîtrise parfaite de chaque geste par le maître de thé… tout, dans le rituel de cette cérémonie, appelle au calme et à la méditation. Cet art de la dégustation du thé – il n'y a pas de mot dans le lexique japonais qui pourrait être traduit par « cérémonie du thé » – trouve ses origines en Chine, inspiré du bouddhisme zen.

C'est au début du IXe siècle que le thé vert en poudre, le matcha, est introduit au Japon par les moines bouddhistes. La dégustation du thé est ainsi avant tout une pratique religieuse rituelle, principalement afin d'aider les moines à rester éveillés pendant leur pratique de la méditation. Cependant, à partir du XVe et du XVIe siècle, cette consommation se déploie hors des enceintes des monastères. Les premiers à en bénéficier ? Les seigneurs féodaux, qui préparent le matcha selon le rituel chinois *cha-yoriai*, puis les membres de la haute société japonaise. Le choix d'objets particuliers pour préparer et servir le thé ainsi que la rigueur des conventions qui entourent ce moment donnent naissance au ***chanoyu*** : l'art de la dégustation du thé.

Déroulement d'une cérémonie

Avant de pénétrer dans la maison de thé, les invités doivent se soumettre à la purification rituelle en se lavant les mains et en se rinçant la bouche dans le *tsukubai*, un petit bassin de pierre qui borde la maison de thé. Une fois invités à entrer dans cette pièce d'une taille de quatre tatamis et demi, il est de coutume de se rendre vers la petite alcôve, le *tokonoma*, pour y observer un rouleau calligraphié aux couleurs de la saison ainsi que quelques objets de décoration, avant de prendre place sur les tatamis. L'hôte vêtu d'un kimono de cérémonie salue ses invités et se lance dans le nettoyage des ustensiles puis les positionne dans l'ordre de leur future utilisation. Du thé matcha est prélevé dans la boîte à thé, déposé dans le creux du bol, l'eau chaude est versée dans celui-ci puis le tout est mélangé dans le silence. L'hôte tend ensuite le bol aux invités qui prennent soin de le tourner afin que la face la plus travaillée de celui-ci soit visible par les autres convives qui lui font face. Lorsque tout le monde a fini la dégustation, les ustensiles sont nettoyés par l'hôte, les invités sont appelés à observer avec attention avant qu'ils ne soient invités à quitter la maison de thé. Une cérémonie, en fonction du type de thé choisi, du repas servi ou non, dure entre une et quatre heures.

Une cérémonie qui s'ouvre aux femmes

Traditionnellement, la cérémonie du thé est pratiquée aussi bien par les hommes que par les femmes, même si ces dernières restaient fortement minoritaires. C'est pendant la période Edo (1603-1868) que cette cérémonie est devenue davantage accessible aux femmes, à la suite de son intégration aux matières enseignées aux jeunes femmes des classes samouraï et aristocratique. Aujourd'hui, les écoles de thé au Japon forment aussi bien les hommes que les femmes à l'art du ***chanoyu***. Plusieurs écoles, telles que Urasenke, Omotesenke et Mushakōjisenke, maintiennent les traditions transmises de génération en génération.

Devenir un ***teishu*** nécessite des années d'études auprès d'un maître. La formation comprend non seulement l'apprentissage des détails complexes de la préparation du thé, mais aussi l'étude de la calligraphie, de l'arrangement floral et de l'appréciation de la céramique. La maîtrise de la cérémonie du thé passe également par la compréhension des principes philosophiques et spirituels qui la sous-tendent. Ce n'est qu'après une longue pratique que l'on peut obtenir le titre de maître de thé certifié.

Les ustensiles utilisés

Les ustensiles utilisés lors de la cérémonie du thé sont soigneusement sélectionnés et souvent transmis de génération en génération.

Chakin : toile blanche et rectangulaire confectionnée en lin ou en chanvre, utilisée pour essayer le bol après qu'il a été nettoyé.

Hishaku : longue louche en bambou utilisée pour transférer l'eau de la bouilloire en fonte vers les bols.

Chawen : le bol à thé dont il existe plusieurs gammes, notamment en fonction de la saison. En été, les bols peu profonds aux parois fines sont préconisés. À l'inverse, en hiver, ce sont les bols profonds aux parois plus épaisses qui ont la préférence des maîtres de thé.

Chashaku : l'écope à thé sculptée à partir d'une pièce de bambou. Elle sert à prélever la juste quantité de matcha et à le déposer au creux du bol.

Chasen : le fouet constitué de multiples petites tiges en bambou servant à mélanger le matcha à l'eau. Une fois par an, les *chasen* sont apportés dans les temples pour être brûlés lors d'une cérémonie appelée *chasen koyō*.

POUR **1 TASSE** | TEMPS DE PRÉPARATION : **10 MINUTES**

Thé matcha

- 1 à 2 cuil. à café de matcha (selon votre goût, pour un thé plus ou moins fort)
- 70 à 100 ml d'eau chaude (à environ 70-80 °C)

Matériel :

- Un bol à thé (*chawan*), un fouet en bambou (*chasen*), une cuillère en bambou (*chashaku*) ou une cuillère à café, un tamis (facultatif, mais recommandé)

Tamisez 1 à 2 cuil. à café de poudre de matcha dans le bol à thé (*chawan*) à l'aide d'un petit tamis. Cela permet d'éliminer les grumeaux et d'obtenir une texture plus lisse.

Chauffez de l'eau à environ 70-80 °C. Il est important que l'eau ne soit pas bouillante (100 °C) car cela rendrait le thé amer et détruirait certaines des propriétés du matcha. Si vous n'avez pas de thermomètre, laissez l'eau reposer pendant 1 à 2 min après l'ébullition pour qu'elle refroidisse légèrement.

Versez environ 70 à 100 ml d'eau chaude dans le bol contenant le matcha tamisé. Si vous débutez, commencez avec 70 ml pour une texture plus épaisse (*usucha*) ou 100 ml pour un thé plus léger.

À l'aide du fouet en bambou (*chasen*), fouettez vigoureusement le matcha en faisant des mouvements rapides en forme de « M » ou de « W » pour créer une mousse légère à la surface. Ne fouettez pas en cercles, mais plutôt en mouvements rapides et légers d'avant en arrière.

Continuez à fouetter jusqu'à ce qu'une belle mousse se forme à la surface du thé, sans grumeaux.

Dégustez immédiatement votre thé matcha. Traditionnellement, le thé est bu directement dans le bol, en le tenant à deux mains et en savourant chaque gorgée.

Astuce

Si vous souhaitez un matcha plus concentré et plus épais (appelé ***koicha***), utilisez 2 à 3 cuil. à café de matcha et seulement 50 ml d'eau chaude, en fouettant plus doucement pour ne pas former de mousse. Le koicha est souvent utilisé dans les cérémonies du thé formelles.

POUR **2 TASSES** | TEMPS DE PRÉPARATION : **10 MINUTES** | TEMPS DE CUISSON : **5 MINUTES**

Matcha latte

- ½ cuil. à café de poudre de matcha
- 2 cuil. à soupe d'eau chaude
- 300 ml de lait (végétal ou animal)
- Sucre (facultatif)

Dans chaque tasse, mélangez une petite quantité de poudre de matcha avec de l'eau chaude pour obtenir une pâte lisse.

Dans une casserole, faites chauffer le lait jusqu'à ce qu'il soit chaud, mais non bouillant.

Versez le lait chaud dans les tasses avec la pâte de matcha et mélangez bien.

Ajoutez du sucre selon votre goût. Servez chaud.

POUR **2 TASSES** | TEMPS DE PRÉPARATION : **15 MINUTES**

Dalgona matcha

- 1 blanc d'œuf
- 2 cuil. à café de sucre
- 1 cuil. à café de poudre de thé matcha
- 2 cuil. à café d'eau tiède
- 30 ml de lait

Dans un bol, battez le blanc d'œuf avec le sucre.

Dans un second bol, délayez le matcha dans l'eau tiède pour obtenir une pâte fluide et lisse.

Ajoutez la pâte au blanc d'œuf monté et fouettez jusqu'à l'obtention d'une préparation homogène.

Répartissez le lait dans deux tasses et nappez-le d'une couche de mousse au matcha.

POUR **1 TASSE** | TEMPS DE PRÉPARATION : **5 MINUTES**

Frappuccino matcha

- 150 ml de lait entier
- ½ cuil. à café de poudre de thé matcha
- 1 trait de sirop de vanille
- Glace pilée
- Crème fouettée (facultatif)

Versez le lait dans une tasse, puis remplissez-la de glace pilée quasiment jusqu'au bord.

Ajoutez le matcha et le sirop de vanille sur la glace.

Mélangez le tout 1 à 2 min.

Garnissez de crème fouettée (facultatif).

POUR **1 TASSE** | TEMPS DE PRÉPARATION : **10 MINUTES** | TEMPS DE CUISSON : **5 MINUTES**

Sakura latte

- 250 ml de lait
- 2 cuil. à soupe de poudre pour sakura latte
- 1 cuil. à soupe de miel
- 60 ml de crème fraîche

Dans une casserole, mettez le lait à chauffer. Ajoutez la poudre pour sakura latte. Mélangez bien jusqu'à frémissement du liquide.

Sortez du feu, ajoutez le miel et mélangez.

Dans un bol à part, versez la crème fraîche et battez-la jusqu'à ce qu'elle ait une texture mousseuse.

Dans une tasse, versez le lait infusé au sakura puis, avec une cuillère à soupe, déposez délicatement de la mousse de crème dessus.

POUR **1 TASSE** | TEMPS DE PRÉPARATION : **5 MINUTES** | TEMPS DE CUISSON : **5 MINUTES**

Thé hojicha

- 1 cuil. à soupe de feuilles de hojicha
- 250 ml d'eau

Faites bouillir l'eau puis retirez-la du feu.

Ajoutez les feuilles de hojicha et laissez infuser 30 s à 1 min, selon l'intensité souhaitée.

Filtrez et servez chaud ou glacé.

POUR **1 L DE THÉ** | TEMPS DE PRÉPARATION : **5 MINUTES** | TEMPS DE CUISSON : **5 MINUTES** | TEMPS DE REPOS : **2 H**

Thé au lait

- 1 l de lait entier
- 4 sachets de thé noir
- 4 à 6 cuil. à café de sucre roux en poudre

Dans une casserole, versez 250 ml de lait. Ajoutez les sachets de thé et le sucre.

Faites chauffer jusqu'à ce que le liquide frémisse. Remuez pour bien dissoudre le sucre.

Retirez la casserole du feu et ajoutez le lait restant.

Placez au réfrigérateur 2 h.

Retirez les sachets de thé et dégustez.

Ce thé peut être conservé dans une bouteille au réfrigérateur pendant 3 jours.

POUR **1 L DE THÉ** | TEMPS DE PRÉPARATION : **5 MINUTES** | TEMPS DE CUISSON : **5 MINUTES**

Mugicha

- 2 cuil. à soupe de grains d'orge grillés
- 1 l d'eau

Faites bouillir l'eau et ajoutez les grains d'orge torréfiés.

Laissez infuser pendant 5 à 10 min.

Filtrez et laissez refroidir. Servez glacé pour un rafraîchissement estival.

LE SAKÉ, L'ALCOOL DU JAPON

Cette boisson fermentée est indéniablement liée à l'archipel, où on l'appelle d'ailleurs *nihonshu*, que l'on peut littéralement traduire par « alcool du Japon ». Des rites shintoïstes aux fêtes de famille, le saké irrigue les moments importants de la vie.

Le saké est partout. Autrefois considéré comme une offrande aux dieux shinto mais aussi comme un moyen de communiquer avec eux, ce « nectar des dieux » reste encore aujourd'hui celui des grands moments de l'année. Ainsi, les participants aux fêtes religieuses, et notamment les porteurs de sanctuaires miniatures, purifient leur corps en buvant une offrande de saké. Lors des mariages shinto, les mariés en échangent trois coupes en signe de vœux. Il n'est pas rare non plus de voir des officiels un verre de saké à la main, en pleine rue, lors de l'inauguration d'un bâtiment fraîchement construit. Enfin, à chaque nouvelle année, on trinque avec du saké, appelé alors *o-toso*, qui est bu pour chasser les maladies des douze mois qui viennent de s'écouler et garantir une longue vie à celles et ceux qui l'auront savouré.

Mais qu'est-ce que le saké exactement ? Eh bien, le saké est une boisson alcoolisée fermentée, élaborée à partir d'eau, de riz et de koji. À la base, il y a donc les grains de riz, plus ou moins polis. Ils sont ensuite lavés, trempés, égouttés, cuits à la vapeur puis refroidis. Une partie du riz est ensuite ensemencée par le koji, des spores de champignons qui vont permettre de convertir l'amidon en sucre, pendant trois jours. On obtient alors le *koji-mai*, que l'on va utiliser pour la fermentation du saké. Pendant cette étape de fermentation, on mélange le *koji-mai*, du riz cuit et de l'eau de source. Un triptyque qui donne naissance au *shobo*, auquel on ajoute ou non des levures pour accélérer le processus de fermentation.

Tout cela file ensuite en cuve, où l'on ajoute graduellement tantôt du riz, de l'eau et du koji. C'est avec le pressurage et la filtration (et parfois la pasteurisation et une période de vieillissement en cuve) que se termine le processus. Le saké est alors prêt à être dégusté.

Les principaux types de saké sont généralement classés en fonction de leur méthode de production et du degré de polissage du riz utilisé pour le brassage. Voici un aperçu des types de saké les plus courants :

Junmai-shu

Junmai-shu signifie « saké de riz pur ». Aucune exigence n'est requise pour le polissage mais il tourne autour de 70 %. Sa saveur est riche et corsée, avec de fortes saveurs de riz. Il est fabriqué uniquement avec du riz, de l'eau, de la levure et de la moisissure koji (sans ajout d'alcool). Il a tendance à être plus robuste et terreux. Il peut être servi chaud ou froid, selon les préférences.

Honjozo-shu

Le Honjozo-shu est léger, doux et légèrement parfumé. Une petite quantité d'alcool distillé est ajoutée au cours du processus de brassage pour renforcer les saveurs et les arômes. Cela rend le saké plus léger et plus vif que le Junmai. 30 % du riz est poli. Il est souvent dégusté légèrement réchauffé ou à température ambiante.

Ginjo-shu

Fruité, floral et plus aromatique que le Junmai et le Honjozo, le Ginjo-shu nécessite un processus de brassage plus long. 60 % ou plus du grain de riz est poli. Ce saké est délicat et raffiné, avec des saveurs complexes, souvent agrémentées de notes de fruits comme la pomme ou la banane. Il se déguste de préférence frais pour préserver ses saveurs délicates.

Daiginjo-shu

Très aromatique, avec des notes fruitées et florales. Il s'agit d'un saké de grande qualité, qui nécessite un processus de brassage méticuleux. Au moins 50 % du grain de riz est poli. Il est souvent considéré comme l'un des sakés les plus élégants et les plus complexes, avec un goût raffiné et léger. Il est préférable de le déguster frais pour apprécier pleinement ses saveurs et ses arômes délicats.

Une consommation à la baisse

Aussi emblématique que soit le saké, sa consommation est en berne au Japon. Ses grandes heures sont derrière lui, celles de la haute croissance des années 1960 à 1990, lorsqu'il coulait à flots. Si, dans les années 1970, on comptait environ 4 000 brasseries de saké, elles ne sont plus que 1 200 en 2021. Malgré l'instauration de la journée du saké le 1er octobre et le lancement en 2022 d'une campagne intitulée *Sake viva !* par le gouvernement pour encourager les Japonais à boire davantage d'alcool, le saké attire de moins en moins : en 1995, la consommation moyenne par personne était de 100 litres, elle n'atteint désormais « que » 75 litres en 2020.

Pour autant, cet alcool commence à être davantage dégusté hors des frontières de l'archipel. Dans le trio de tête des pays importateurs : la Chine, les États-Unis et Hong Kong. En Europe, c'est en France que l'on en consomme le plus, une tendance en forte progression puisque les importations ont augmenté de 127,9 % en 2021.

POUR **1 L D'AMAZAKE** | TEMPS DE PRÉPARATION : **10 MINUTES** | TEMPS DE CUISSON : **10 MINUTES** | TEMPS DE FERMENTATION : **6 H**

Amazake

- 200 g de riz koji (levure de riz)
- 600 ml d'eau

Faites cuire du riz puis mélangez-le avec du koji dans une casserole.

Ajoutez de l'eau et laissez fermenter à basse température (autour de 60 °C) pendant 6 à 8 h.

Une fois sucré, filtrez et servez chaud ou froid.

POUR **1 VERRE** | TEMPS DE PRÉPARATION : **5 MINUTES**

Saké ginger

- 4 cl de saké
- Ginger beer, à votre convenance
- 5 baies roses
- Glaçons

Remplissez un verre à spritz de glaçons. Versez le saké.

Complétez avec de la ginger beer.

Décorez avec les baies roses.

POUR **1 VERRE** | TEMPS DE PRÉPARATION : **5 MINUTES**

Pink umeboshi

- 50 ml de tequila blanco
- 25 ml de jus de citron vert
- 15 ml de sirop simple
- 5 ml de confiture d'umeboshi
- Glace pilée

Placez tous les ingrédients dans un shaker.

Ajoutez de la glace.

Secouez énergiquement et servez dans un verre à martini.

POUR **1 VERRE** | TEMPS DE PRÉPARATION : **5 MINUTES**

Ramune

- 100 g de sucre
- 200 ml d'eau
- Le jus de 1 citron (jaune ou vert)
- Eau gazeuse

Faites dissoudre le sucre dans l'eau en la chauffant légèrement, puis laissez refroidir.

Ajoutez du jus de citron et mélangez.

Versez dans un verre avec de l'eau gazeuse bien fraîche pour obtenir un soda pétillant.

POUR **1 VERRE** | TEMPS DE PRÉPARATION : **5 MINUTES**

Melon soda

- 30 ml de sirop de melon (disponible en ligne ou dans les épiceries asiatiques)
- 200 ml d'eau gazeuse
- Glace à la vanille (facultatif, pour en faire un melon soda float)

Mélangez 30 ml de sirop de melon avec 200 ml d'eau gazeuse.

Ajoutez des glaçons et, si vous le souhaitez, ajoutez une boule de glace à la vanille pour une version « float ».

POUR **1 VERRE** | TEMPS DE PRÉPARATION : **5 MINUTES**

Calpis

- 200 g de yaourt nature
- 50 g de sucre
- 250 ml d'eau
- Glaçons
- Eau gazeuse (facultatif)

Mélangez le yaourt avec le sucre jusqu'à dissolution complète.

Ajoutez de l'eau et remuez bien.

Servez avec des glaçons ou avec de l'eau gazeuse, pour une version plus pétillante.

POUR **1 PICHET** | TEMPS DE PRÉPARATION : **5 MINUTES**

Saké chaud

- 180 ml de saké de qualité moyenne
- Eau chaude

Versez le saké dans un petit pichet.

Faites chauffer de l'eau dans une casserole jusqu'à 70-80 °C, puis retirez du feu.

Placez le pichet de saké dans l'eau chaude pour le chauffer doucement pendant 2 à 3 min.

Servez dans des petites tasses à saké.

WABI-SABI : LA PHILOSOPHIE JAPONAISE DE L'IMPERFECTION

Ce principe esthétique et philosophique reconnaît la beauté de l'imperfection, de l'éphémère et de l'incomplétude. Véritable manière de percevoir le monde, le wabi-sabi est profondément enraciné dans la culture japonaise et le bouddhisme zen.

Wabi-sabi, deux petits mots aux tonalités voisines qui rythment et influent le quotidien des Japonais. Initialement, les concepts de « wabi » et de « sabi » avaient des significations distinctes avant de fusionner progressivement pour former l'idée plus complexe de wabi-sabi telle que nous la connaissons aujourd'hui. *Wabi* faisait ainsi référence à l'austérité d'une vie solitaire, souvent dans la nature, loin des distractions matérielles de la société. Le terme *sabi*, quant à lui, était associé à la beauté tranquille qui vient avec l'âge et les marques laissées par le temps.

Au fil des siècles, ces termes ont évolué. *Wabi* recouvre l'idée d'un sentiment de paix plus profond trouvé dans la simplicité et le minimalisme, une vie vécue en harmonie avec la nature, libérée de l'encombrement de l'excès. *Sabi* désigne l'attrait pour les choses qui ont vécu, à l'usure façonnée par l'œuvre du temps : des matériaux patinés, les céramiques fissurées ou des surfaces ébréchées. Le wabi-sabi loue donc la beauté de l'imperfection, de l'impermanence, le reflet du cycle de la vie.

Wabi-sabi et bouddhisme zen

Le concept de wabi-sabi est intimement lié au bouddhisme zen. Daisetz Teitaro Suzuki, figure clé de l'introduction du zen en Occident, a décrit le wabi-sabi comme un état où « la beauté ne réside pas dans la chose elle-même mais dans le modèle des ombres, la lumière et l'obscurité, qu'une chose contre une autre crée ». Cette appréciation de la subtilité et de la nuance, ce qui n'est pas dit ou pas vu, est la pierre angulaire de l'esthétique wabi-sabi.

La cérémonie du thé est peut-être, plus que toute autre pratique, l'incarnation de l'esprit du wabi-sabi, conçue comme une expérience méditative qui valorise la simplicité, le naturel et l'épure. Sen no Rikyu, maître de thé du XVIe siècle et l'une des personnalités les plus influentes de l'histoire de la cérémonie, estimait que « la perfection de la cérémonie du thé réside dans sa simplicité sans prétention ». Les bols utilisés lors de ces cérémonies sont souvent rugueux et asymétriques, fabriqués à la main par des artisans qui laissent intentionnellement des traces de leur travail. Les fissures dans l'émail ou les bords irréguliers d'un bol à thé, loin d'être considérés comme des défauts, incarnent toute la singularité de l'objet utilisé par les maîtres de cérémonie.

Wabi-sabi dans la nature et l'architecture

La nature a toujours été une source d'inspiration primordiale pour le wabi-sabi. Cette philosophie trouve sa beauté dans le changement des saisons, le cycle de croissance et de décomposition, l'altération des matériaux naturels. La fleur de cerisier, qui s'épanouit un bref instant avant que ses pétales ne tombent au sol, illustre la beauté éphémère qui est au cœur du wabi-sabi. Comme l'a écrit le poète Fujiwara no Teika au XIIe siècle :

> « Les fleurs peuvent tomber / Même si nous voudrions qu'il en soit autrement / Mais c'est cette chute même / Qui nous apporte la beauté ».

Ainsi, dans l'architecture japonaise traditionnelle, le wabi-sabi se manifeste par l'utilisation de matériaux naturels et organiques tels que le bois et la pierre, qui vieillissent en se patinant et laissent transparaître les accrocs du passage du temps.

En tant que philosophie, le wabi-sabi nous invite donc à trouver la beauté dans l'inachevé, l'ancien et l'imparfait. Il offre un antidote à un monde qui privilégie souvent la nouveauté, l'uniformité et la quête d'une amélioration constante. L'imperfection, le vieillissement n'est pas un défaut, mais le reflet du cycle de la vie.

TABLE DES RECETTES

© Hachette Livre (Hachette Pratique), 2025
Imprint BIG IN JAPAN
58, rue Jean Bleuzen – 92178 Vanves Cedex
www.hachette-pratique.com

Tous droits de traduction, d'adaptation et de reproduction, totale ou partielle, pour quelque usage, par quelque moyen que ce soit, réservés pour tous pays.

Direction Hachette Pratique : Catherine Saunier-Talec

Directeur éditorial : Stéphane Rosa

Responsable de projet : Élise Ducamp

Conception graphique et mise en pages : Meriem Rezgui

Conception de couverture : Carla Dalvy

Illustration de la couverture : Carolie Hillman

Préparation de copie : Pauline Becet

Relecture : Nathalie Rachline

Fabrication : Léa Legentil

Photographie : Delphine Constantini (38, 39, 44, 73, 104, 111, 218, 254, 265, 275, 280)

Isabelle Kanako (48, 81, 156, 282), Nicolas Lobbestael (63)

Istock_TommasoT (18), GMVozd (21), gyro (27), Yuuji (33 haut, 46), Jonathan Austin Daniels (33 bas), boommaval boommaval (45), Lizzy Komen (51), kuppa_rock (57, 154), AnjelaGr (72), LauriPatterson (85), yumehana (96), KPS (121), DragonFly (125), MR-MENG (128), Mariha-kitchen (131), Pkheawtasang (143), Studiocasper (152), Luchezar (166), Kunihito Ikeda (173), Masa44 (180), Chaded2557 (187), Kazoka30 (193), Visualspace (195), YUNG HSING HE (200), Bonchan (203), ALLEKO (205), GMVozd (217), Koichi Yoshii (228), Yukimco (229), Elena_Daniieiko (231), Runin (237), Whitewish (241), Promo_Link (246), Withestorm (265), Ika Rahma (269, 277) Years (270), Lin Bran (287), w-stock (289), Ivan Bajic (294).

Responsable partenariats : Dana Lichiardopol-George

Illustrations : Adrien Matrin (10, 11, 12, 13)

Contact : webpratique@hachette-pratique .com

Dépôt légal : mars 2025

72 10200

ISBN : 978-2-01-718736-3/01

Achevé d'imprimer en janvier 2025 par Estelle Graficas en Espagne.

PAPIER À BASE DE FIBRES CERTIFIÉES

hachette s'engage pour l'environnement en réduisant l'empreinte carbone de ses livres. Celle de cet exemplaire est de :

3,5 kg éq. CO_2

Rendez-vous sur www.hachette-durable.fr

L'éditeur utilise des papiers composés de fibres naturelles, renouvelables, recyclables et fabriquées à partir de bois issus de forêts qui adoptent un système d'aménagement durable. L'éditeur attend également de ses fournisseurs de papier qu'ils s'inscrivent dans une démarche de certification environnementale reconnue.